KB057410

상담사례와 함께 살펴본

외국인근로자와 사용자가
꼭 알아야 할 법적 규정

편저 조희진

법문북스

머 리 말

외국인근로자란 대한민국 국적을 가지지 않은 사람으로서 국내에 소재하고 있는 사업 또는 사업장에서 임금을 목적으로 근로를 제공하고 있거나 제공하려는 사람을 말합니다.

외국인근로자는 1988년 서울올림픽을 개최하면서 국제사회의 관심을 받게 되고, 3저 호황으로 3D업종을 비롯한 중소규모 제조업이 인력난을 겪게 되면서 유입되기 시작하였습니다. 1992년 우리나라와 중국의 공식 수교 이후에는 중국 동포의 이주노동이 시작되었습니다. 정부는 1993년 산업기술연수생제도, 2004년 고용허가제 등을 통해 외국인 노동력 조절정책을 시행했으며, 중국, 구소련 지역 동포의 방문취업제를 도입하였습니다.

외국인근로자는 중소기업 제조업 및 농축산업 등의 인력난 해소에 이바지하고 있지만, 불법체류자 증가, 노동 인권 차별과 다문화사회의 갈등 등이 야기되고 있습니다. 경제사회의 국제화 진전 중에서 최근 국내에 취업하는 외국인근로자는 상당히 많아져서 전문기술분야에 취업하는 사람이나 국외 동포의 근로자 등 많은 외국인 근로자가 취업하고 있습니다.

이러한 외국인근로자를 체계적으로 도입·관리함으로써 원활한 인력수급 및 국민경제의 균형있는 발전을 도모함을 목적으로 하는 「외국인근로자의 고용 등에 관한 법률」이 2003년 8월 제정되었습니다. 이 법의 제정목적은 내국인근로자에 대한 고용기회 보호의 원칙하에 외국인근로자를 체계적으로 도입함으로써 인력수급을 원활히 하여 중소기업 등의 인력부족을 해소하고 지속적인 경제성장을 도모하는 한편, 외국인근로자에 대한 효율적인 고용관리와 근로자로서의 권익을 보호하기 위한 장치를 마련하려는 것입니다.

이 책에서는 외국인근로자의 취업과 고용에 대해 복잡한 절차들을 체계적으로 정리하였습니다. 이러한 자료들은 대법원의 판례와 고용노동부의 자료, 법제처의 생활법령과 대한법률구조공단의 상담사례 등을 참고하였으며, 이를 종합적으로 정리·분석하여 일목요연하게 알기쉽게 편집하였습니다.

이 책이 외국인근로자가 취업하려는데 제도를 잘 몰라서 억울하게 피해을 받으신 분이나 손해를 당한 분, 또 이들을 고용하고자 하는 사용자에게 큰 도움이 되리라 믿으며, 열악한 출판시장임에도 불구하고 흔쾌히 출간에 응해 주신 법문북스 김현호 대표에게 감사를 드립니다.

편저자 드림

차 례

Chapter 1. 외국인근로자 고용·취업 개요

Chapter 2. 외국인근로자 고용

Chapter 3. 외국인근로자 취업

Part 3. 외국인근로자 준수사항 247

Chapter 4. 국내체류 관련 정보

Chapter 5. 부록 : 관련법령

Chapter 1.
외국인근로자 고용·취업 개요

Part 1. 외국인근로자 고용·취업 제도

1. 외국인근로자의 정의

① "외국인근로자"란 대한민국의 국적을 가지지 않은 자로서 대한민국에 소재하고 있는 사업 또는 사업장에서 임금을 목적으로 근로를 제공하고 있거나 제공하려는 자를 말합니다(「외국인근로자의 고용 등에 관한 법률」 제2조 본문).

② 따라서, 대한민국의 국민으로서 외국의 영주권을 취득한 자 또는 영주할 목적으로 외국에 거주하고 있는 자인 '재외국민'(「재외동포의 출입국과 법적지위에 관한 법률」 제2조 제1호)은 외국인근로자가 아닙니다.

2. 외국인근로자의 취업과 체류자격

2-1. 취업활동이 가능한 체류자격의 취득

① 외국인이 대한민국에서 취업하려면 「출입국관리법」에 따라 취업
   활동을 할 수 있는 체류자격을 받아야 합니다(「출입국관리법」
   제18조 제1항).

② 취업활동을 할 수 있는 체류자격을 받지 않은 외국인이 취업을
   하면, 3년 이하의 징역 또는 3천만원 이하의 벌금에 처해집니다
   (「출입국관리법」 제94조 제8호).

③ 취업활동을 할 수 있는 체류자격을 받지 않은 외국인을 고용하
   거나 그 고용을 업으로 알선 또는 권유하면, 3년 이하의 징역
   또는 3천만원 이하의 벌금에 처해집니다(「출입국관리법」 제94조
   제9호 및 제10호).

2-2. 취업활동이 가능한 체류자격의 종류

대한민국에서 취업활동이 가능한 외국인의 체류자격은 아래 표와 같
습니다. 이 경우 '취업활동'은 해당체류 자격의 범위에 속하는 활동을
말합니다(「출입국관리법 시행령」 제23조, 별표 1 및 별표 1의2).

체류자격	체류자격에 해당하는 사람 또는 활동범위
1.단기취업 (C-4)	가. 일시 흥행, 광고·패션 모델, 강의·강연, 연구,기술지도 등 별표 1의2 중 14. 교수(E-1)부터 20.특정활동(E-7)까지의 체류자격에 해당하는 분야에 수익을 목적으로 단기간 취업활동을 하려는 사람 나. 각종 용역계약 등에 의하여 기계류 등의 설치·유지·보수, 조선 및 산업설비 제작·감독 등을 목적으로 국내 공공기관·민간단체에 파견되어 단기간 영리활동을 하려는 사람 다. 법무부장관이 관계 중앙행정기관의장과 협의하여 정하는

	농작물 재배·수확(재배·수확과 연계된 원시가공 분야를 포함한다) 및 수산물 원시가공 분야에서 단기간 취업 활동을 하려는 사람으로서 법무부장관이 인정하는 사람
2.교수 (E-1)	「고등교육법」에 따른 자격요건을 갖춘 외국인으로서 전문대학 이상의 교육기관 또는 이에 준하는 기관에서 전문분야의 교육 또는 연구지도 활동에 종사하려는 사람 ※「고등교육법」에 따른 자격요건이란? 「고등교육법」 제16조 및 「교수자격기준 등에 관한 규정」 별표에서는 대학, 산업대학, 교육대학, 교육대학, 전문대학, 원격대학, 기술대학 또는 각 종 학교의 교원과 조교의 자격기준 및 자격인정에 관한 사항이 규정되어 있습니다.
3.회화지도 (E-2)	법무부장관이 정하는 자격요건을 갖춘 외국인으로서 외국어전문학원, 초등학교 이상의 교육기관 및 부설어학연구소, 방송사 및 기업체부설 어학연수원 그 밖에 이에 준하는 기관 또는 단체에서 외국어 회화지도에 종사하려는 사람
4.연구 (E-3)	대한민국 내의 공공기관·민간단체로부터 초청되어 각종 연구소에서 자연과학·사회과학·인문학·예체능 분야의 연구 또는 산업상의 고도기술의 연구개발에 종사하려는 사람[교수(E-1) 자격에 해당하는 사람은 제외]
5.기술지도 (E-4)	자연과학 분야의 전문지식 또는 산업상의 특수한 분야에 속하는 기술을 제공하기 위해 대한민국 내의 공공기관·민간단체로부터 초청되어 종사하려는 사람
6.전문직업 (E-5)	대한민국의 법률에 의해 자격이 인정된 외국의 변호사, 공인회계사, 의사 그 밖에 국가공인 자격이 있는 사람으로서 대한민국의 법률에 따라 할 수 있도록 되어 있는 법률, 회계, 의료 등의 전문업무에 종사하려는 사람[교수(E-1)자격에 해당하는 사람는 제외]
7.예술흥행 (E-6)	수익이 따르는 음악, 미술, 문학 등의 예술활동과 수익을 목적으로 하는 연예, 연주, 연극, 운동경기, 광고·패션모델 그 밖에 이에 준하는 활동을 하려는 사람

8.특정활동 (E-7)	대한민국 내의 공공기관·민간단체 등과의 계약에 따라 법무부 장관이 특별히 지정하는 활동에 종사하려는 사람 ※ 법무부장관이 지정한 활동은 출입국·외국인정책 본부 홈페이지 (www.immigration.go.kr)를 참고하기 바랍니다.
9.계절근로 (E-8)	농작물 재배·수확·원시가공, 수산물 원시가공 분야에서 취업 활동을 하려는 사람으로서 법무부장관이 인정하는 사람
10.비전문 취업 (E-9)	「외국인근로자의 고용 등에 관한 법률」에 따른 국내 취업요 건을 갖춘 사람(일정 자격이나 경력 등이 필요한 전문직종에 종사하려는 사람은 제외)
11.선원취업 (E-10)	다음에 해당하는 사람과 그 사업체에서 6개월 이상 노무를 제공할 것을 조건으로 선원근로계약을 체결한 외국인으로서 「선원법」 제2조제6호에 따른 부원(部員)에 해당하는 사람 가. 「해운법」 제3조제1호•제2호•제5호 또는 제23조제1호 　　에 따른 사업을 경영하는 사람 나. 「수산업법」 제7조제1항제1호, 제40조제1항 또는 제51조 　　제1항에 따른 사업을 경영하는 사람 다. 「크루즈산업의 육성 및 지원에 관한 법률」 제2조제7호에 　　따른 국적 크루즈사업자로서 「크루즈산업의 육성 및 지 　　원에 관한 법률」 제2조제4호에 따른 국제순항 크루즈선 　　을 이용하여 사업을 경영하는 사람
12.거주 (F-2)	가. 국민의 미성년 외국인 자녀 또는 영주(F-5) 체류자격을 　　가지고 있는 사람의 배우자 및 그의 미성년 자녀 나. 국민과 혼인관계(사실상의 혼인관계 포함)에서 출생한 사 　　람으로서 법무부장관이 인정하는 사람 다. 난민의 인정을 받은 사람 라. 「외국인투자 촉진법」에 따른 외국투자가 등으로 다음 어 　　느 하나에 해당하는 사람 　　1) 미화 50만 달러 이상을 투자한 외국인으로서 기업투 　　　자(D-8) 체류자격으로 3년 이상 계속 체류하고 있는 　　　사람 　　2) 미화 50만 달러 이상을 투자한 외국법인이 「외국인 　　　투자 촉진법」에 따른 국내 외국인투자기업에 파견한 　　　임직원으로서 3년 이상 계속 체류하고 있는 사람 　　3) 미화 30만 달러 이상을 투자한 외국인으로서 2명 이 　　　상의 국민을 고용하고 있는 사람

	마. 별표 1의3 영주(F-5) 체류자격을 상실한 사람 중 국내 생활관계의 권익보호 등을 고려하여 법무부장관이 국내에서 계속 체류하여야 할 필요가 있다고 인정하는 사람 (강제 퇴거된 사람은 제외) 바. 외교(A-1)부터 협정(A-3)까지의 체류자격 외의 체류자격으로 대한민국에 5년 이상 계속 체류하여 생활 근거지가 국내에 있는 사람으로서 법무부장관이 인정하는 사람 사. 「국가공무원법」 또는 「지방공무원법」에 따라 공무원으로 임용된 사람으로서 법무부장관이 인정하는 사람 아. 나이, 학력, 소득 등이 법무부장관이 정하여 고시하는 기준에 해당하는 사람 자. 투자지역, 투자대상, 투자금액 등 법무부장관이 정하여 고시하는 기준에 따라 부동산 등 자산에 투자한 사람 또는 법인의 임원, 주주 등으로서 법무부장관이 인정하는 외국인 차. 법무부장관이 대한민국에 특별한 기여를 했거나 공익의 증진에 이바지했다고 인정하는 사람 카. 위의 아.부터 차.까지에 해당하는 사람의 배우자 및 자녀 (법무부장관이 정하는 요건을 갖춘 자녀만 해당) 타. 「지방자치분권 및 지역균형발전에 관한 특별법」 제2조제12호에 따른 인구감소지역 등에서의 인력 수급과 지역 활력 회복을 지원하기 위하여 법무부장관이 대상 업종·지역, 해당 지역 거주·취업 여부 및 그 기간 등을 고려하여 고시하는 기준에 해당하는 사람
13.재외동포 (F-4)	외국국적동포에 해당하는 사람. 다만, 다음의 어느 하나에 해당하는 경우는 제외합니다. 가. 단순노무행위를 하는 경우 나. 선량한 풍속이나 그 밖에 사회질서에 반하는 행위를 하는 경우 다. 그 밖에 공공의 이익이나 국내 취업질서 등의 유지를 위해 그 취업을 제한할 필요가 있다고 인정되는 경우 ※ 외국국적동포란 다음 중 어느 하나에 해당하는 사람을 말합니다 (「재외동포의 출입국과 법적 지위에 관한 법률」 제2조제2호 및 「재외동포의 출입국과 법적 지위에 관한 법률 시행령」 제3조). 1. 출생으로 대한민국의 국적을 보유했던 사람(대한민국정부 수립 이전에 국외로 이주한 동포 포함)으로서 외국국적을 취득한 사람 2. 1.에 해당하는 사람의 직계비속으로서 외국국적을 취득한 사람

14.결혼이민 (F-6)	가. 국민의 배우자 나. 국민과 혼인관계(사실상의 혼인관계 포함)에서 출생한 자녀를 양육하고 있는 부 또는 모로서 법무부장관이 인정하는 사람 다. 국민인 배우자와 혼인한 상태로 국내에 체류하던 중 그 배우자의 사망이나 실종, 그 밖에 자신에게 책임이 없는 사유로 정상적인 혼인관계를 유지할 수 없는 사람으로서 법무부장관이 인정하는 사람
15.관광취업 (H-1)	대한민국과 '관광취업'에 관한 협정이나 양해각서 등을 체결한 국가의 국민으로서 관광과 취업활동을 하려는 사람(협정 등의 취지에 반하는 업종이나 국내법에 따라 일정한 자격요건을 갖추어야 하는 직종에 취업하려는 사람은 제외)
16.방문취업 (H-2)	가. 체류자격에 해당하는 자: 외국국적동포(「재외동포의 출입국과 법적지위에 관한 법률」 제2조제2호)에 해당하고, 다음의 어느 하나에 해당하는 18세 이상인 사람 중에서 나목의 활동범위 내에서 체류하려는 사람으로서 법무부장관이 인정하는 사람 [재외동포(F-4)자격에 해당하는 사람은 제외] 1) 출생 당시에 대한민국 국민이었던 사람으로서 가족관계등록부, 폐쇄등록부 또는 제적부에 등재 되어 있는 사람 및 그 직계비속 2) 국내에 주소를 둔 대한민국 국민, 영주(F-5) 제5호에 해당하는 사람의 8촌 이내의 혈족 또는 4촌 이내의 인척으로부터 초청을 받은 사람 3) 국가유공자와 그 유족 등(「국가유공자 등 예우 및 지원에 관한 법률」 제4조)에 해당하거나 독립유공자와 그 유족 또는 그 가족(「독립유공자 예우에 관한 법률」 제4조)에 해당하는 사람 4) 대한민국에 특별한 공로가 있거나 대한민국의 국익증진에 기여한 사람 5) 유학(D-2) 자격으로 1학기 이상 재학 중인 사람의 부모 및 배우자 6) 국내 외국인의 체류질서 유지를 위해 법무부장관이 정하는 기준 및 절차에 따라 자진해서 출국한 사람 7) 1)부터 6)까지에 해당되지 않는 사람으로서 법무부장관이 정하여 고시하는 한국어시험, 추첨 등의 절차에 의해 선정된 사람

나. 활동범위
　　1) 방문, 친척과의 일시 동거, 관광, 요양, 견학, 친선경기, 비영리 문화예술 활동, 회의 참석, 학술자료 수집, 시장조사·업무연락·계약 등 상업적 용무나 그 밖에 이와 유사한 목적의 활동
　　2) 「통계법」 제22조에 따라 통계청장이 작성·고시 하는 한국표준산업분류(서비스업분류는 제외)에 따른 다음 산업 분야에서의 활동
　　　　(1) 작물 재배업(011)
　　　　(2) 축산업(012)
　　　　(3) 작물재배 및 축산 관련 서비스업(014)
　　　　(4) 연근해 어업(03112)
　　　　(5) 양식 어업(0321)
　　　　(6) 금속 광업(06)
　　　　(7) 연료용을 제외한 비금속광물 광업(07)
　　　　(8) 광업 지원 서비스업(08)
　　　　(9) 제조업(10~34) (상시 사용하는 근로자 수가 300명 미만이거나 자본금이 80억원 이하인 업체에 취업하는 경우에 한정)
　　　　(10) 건설업(41~42) (발전소·제철소·석유화학 건설현장의 건설업체 중 업종이 산업·환경설비 공사인 업체에 취업하는 경우는 제외)
　　3) 「통계법」 제22조에 따라 통계청장이 작성·고시하는 한국표준산업분류 중 서비스업분류에 따른 산업 분야에서의 활동. 다만, 다음의 산업분야에서의 활동은 제외한다.
　　　　(1) 수도업(36)
　　　　(2) 환경 정화 및 복원업(39)
　　　　(3) 자동차 및 부품 판매업(45)
　　　　(4) 육상 운송 및 파이프라인 운송업(49). 다만, 육상 여객 운송업(492)은 허용한다.
　　　　(5) 수상 운송업(50)
　　　　(6) 항공 운송업(51)
　　　　(7) 창고 및 운송 관련 서비스업(52). 다만, 다음의 산업분야는 허용한다.
　　　　　　(가) 냉장·냉동 창고업(52102). 다만, 내륙에 위치한 업체에 취업하는 경우로 한정한다.
　　　　　　(나) 물류 터미널 운영업(52913). 다만, 「통계법」 제22조에 따라 통계청장이 작성·고시하

는 한국표준 직업분류에 따른 하역 및 적재 관련 단순종사원(92101)으로 취업하는 경우로 한정한다.

(다) 항공 및 육상 화물 취급업(52941). 다만, 다음의 경우로 한정한다.

① 「축산물 위생관리법」 제2조제3호에 따른 식육을 운반하는 업체에 취업하는 경우

② 「생활물류서비스산업발전법」 제2조제3호가목에 따른 택배서비스사업을 하는 업체에 통계 청장이 작성·고시하는 한국표준직업분류에 따른 하역 및 적재 관련 단순 종사원(92101)으로 취업하는 경우

(8) 출판업(58). 다만, 서적, 잡지 및 기타 인쇄물 출판업(581)은 허용한다.

(9) 우편 및 통신업(61)

(10) 컴퓨터 프로그래밍, 시스템 통합 및 관리업(62)

(11) 정보서비스업(63)

(12) 금융업(64)

(13) 보험 및 연금업(65)

(14) 금융 및 보험 관련 서비스업(66)

(15) 부동산업(68)

(16) 연구개발업(70)

(17) 전문 서비스업(71)

(18) 건축기술, 엔지니어링 및 기타 과학기술 서비스업(72)

(19) 사업시설 관리 및 조경 서비스업(74). 다만, 사업시설 유지관리 서비스업(741)과 건물 및 산업설비 청소업(7421)은 허용한다.

(20) 고용 알선 및 인력 공급업(751). 다만, 「가사근로자의 고용개선 등에 관한 법률」 제2조제2호에 따른 가사서비스 제공기관에 취업하는 경우는 허용한다.

(21) 공공행정, 국방 및 사회보장행정(84)

(22) 교육 서비스업(85)

(23) 국제 및 외국기관(99)

3. 체류자격별 취업활동의 제한

3-1. 단기취업(C-4), 교수(E-1), 회화지도(E-2), 연구(E-3), 기술지도(E-4), 전문직업(E-5), 예술흥행(E-6), 특정활동(E-7), 계절근로(E-8), 비전문취업(E-9), 선원취업(E-10), 관광취업(H-1) 또는 방문취업(H-2)의 체류자격에 해당하는 경우

① 해당 외국인근로자는 지정된 근무처 외에서 근무해서는 안 됩니다(「출입국관리법」 제18조제2항).

- 예외적으로 전문적인 지식·기술 또는 기능을 가진 사람으로 서 교수(E-1), 회화지도(E-2), 연구(E-3), 기술지도(E-4), 전문직업(E-5), 예술흥행(E-6), 특정활동(E-7) 자격으로 외국인 등록을 하고 체류 중인 사람에 대해서는 위의 지정근무처 근무제한규정이 적용되지 않습니다(「출입국관리법」 제21조 제3항, 「출입국관리법 시행령」 제26조의2 제1항).

- 이를 위반하면 1년 이하의 징역 또는 1천만원 이하의 벌금에 처해집니다(「출입국관리법」 제95조 제5호).

② 해당 외국인근로자가 그 체류자격의 범위에서 근무처를 변경하거나 추가하려면 「출입국관리법 시행령」 제26조에 따라 미리 법무부장관의 허가를 받아야 합니다(「출입국관리법」 제21조 제1항 본문).

- 예외적으로 전문적인 지식·기술 또는 기능을 가진 사람으로 교수(E-1), 회화지도(E-2), 연구(E-3), 기술지도(E-4), 전문직업(E-5), 예술흥행(E-6), 특정활동(E-7) 자격으로 외국인등록을 하고 체류 중인 사람은 근무처를 변경하거나 추가한 날부터 15일 이내에 「출입국관리법 시행령」 제26조의2에 따라 법무부장관에게 신고하면 됩니다(「출입국관리법」 제21조 제1항 단서).

- 이를 위반하면 1년 이하의 징역 또는 1천만원 이하의 벌금에 처해집니다(「출입국관리법」 제95조 제5호).

③ 누구든지 다른 법률에 의해 고용을 알선하는 경우를 제외하고는 근무처의 변경·추가허가(「출입국관리법」 제21조 제1항)를 받지 않은 해당 외국인근로자를 고용하거나 고용을 알선해서는 안 됩니다(「출입국관리법」 제21조 제2항).

  - 이를 위반하여 근무처의 변경 또는 추가허가를 받지 않은 외국인의 고용을 업으로 알선하면 3년 이하의 징역 또는 2천만원 이하의 벌금에 처해지며(「출입국관리법」 제94조 제13호), 그 외국인을 고용하면 1년 이하의 징역 또는 1천만원 이하의 벌금에 처해집니다(「출입국관리법」 제95조제6호).

3-2. 거주(F-2)(가목부터 다목까지 및 아목부터 타목까지의 어느 하나의 체류자격을 가지고 있는 사람), 재외동포(F-4), 영주(F-5) 또는 결혼이민(F-6)의 체류자격에 해당하는 경우

① 해당 외국인근로자는 취업활동의 제한을 받지 않습니다(「출입국관리법 시행령」 제23조 제2항 및 제3항).

② 거주(F-2)의 라목 또는 바목의 체류자격을 가지고 있는 사람은 그의 종전 체류자격에 해당하는 분야에서 활동을 계속하고 있는 경우 취업활동의 제한을 받지 않습니다(「출입국관리법 시행령」 제23조 제2항 제2호).

③ 다만, 위 표의 제13호[재외동포(F-4)]의 체류자격에 해당하는 외국인은 다음의 행위를 할 수 없습니다(「출입국관리법 시행령」 제23조 제3항).

1. 단순노무행위 : 단순하고 일상적인 육체노동을 요하는 업무로서 「한국표준직업분류」(통계청고시 제2017-191호,2017. 7. 3 발령, 2018. 1. 1. 시행)에 따른 단순노무직 근로자의 취업 분야의 행위를 말합니다(「출입국관리법 시행규칙」 제27조의2 제1항). 다만, 「국가균형발전 특별법」 제2조제9호에 따른 인구감소지역에서 거주하거나 취업하려는 사람으로서 법무부장관이 인정하는 사람은 제외됩니다(「출입국관리법 시 행령」 제23조 제3항 제1호).

2. 선량한 풍속이나 그 밖의 사회질서에 반하는 행위 : 다음 어느 하나에 해당하는 행위를 말합니다(「출입국관리법 시행 규칙」 제27조의2 제2항).

가. 복표발행업, 현상업, 회전판돌리기업, 추첨업 또는 경품업 등(「사행행위 등 규제 및 처벌 특례법」 제2조제1항제2호 및 「사행행위 등 규제 및 처벌 특례법 시행령」 제1조의

2)의 사행행위 영업장소 등에 취업하는 행위

나. 유흥주점(「식품위생법」 제36조제3항 및 「식품위생법 시행령」 제21조제8호라목)에서 유흥종사자로 근무하는 행위

다. 다음의 어느 하나에 해당하는 풍속영업(「풍속영업의 규제에 관한 법률」 제2조 및 「풍속영업의 규제에 관한 법률 시행령」 제2조) 중 선량한 풍속에 반하는 영업장소 등에 취업하는 행위

    1) 단란주점영업 및 유흥주점영업(「식품위생법」 제36조제2항 및 「식품위생법 시행령」 제21조 제8호다목·라목)

    2) 숙박업, 이용업 및 목욕장업(「공중위생관리법」 제2조제1항제2호부터 제4호까지)

    3) 비디오물감상실업(「영화 및 비디오물의 진흥에 관한 법률」 제2조제16호가목), 노래연습장업(「음악산업진흥에 관한 법률」 제2조제13호) 및 게임제공업·복합유통게임제공업(「게임산업진흥에 관한 법률」 제2조제6호 및 제8호)

    4) 무도학원업 및 무도장업(규제「체육시설의 설치·이용에 관한 법률」 제10조제1항제2호)

    5) 청소년 출입·고용금지업소[「청소년 보호법」 제2조제5호 가목8) 또는 9)]

3. 그 밖에 공공의 이익이나 국내 취업질서 등을 유지하기 위해서 그 취업을 제한할 필요가 있다고 인정되는 행위

※ 재외동포의 취업활동 제한에 관한 구체적 범위는 법무부 장관이 재외동포의 출입국 및 체류심의조정위원회의 심의·조정을 거쳐 고시 됩니다[「출입국관리법 시행규칙」 제27조의2 제3항 및 「재외동포 (F-4)자격의 취업활동 제한범위 고시」

※ 재외동포(F-4) 자격의 취업활동 제한범위 고시

[시행 2023. 5. 1.] [법무부고시 제2023-187호, 2023. 5. 1.,제정]

□ 재외동포(F-4) 자격의 취업활동 제한범위

1. 일반 기준

가. 단순노무행위를 하는 경우([붙임 1] 참조)

나. 선량한 풍속이나 그 밖의 사회질서에 반하는 행위를 하는 경우
- 「사행행위 등 규제 및 처벌 특례법」 제2조제1항제1호 및 동법 시행령 제1조의2 등에서 규정하고 있는 사행행위 영업장소 등에 취업하는 행위
- 「식품위생법」 제36조제3항 및 동법 시행령 제21조제8호 등에서 규정하고 있는 유흥주점 등에서 유흥종사자로 근무 하는 행위
- 「풍속영업의 규제에 관한 법률」 제2조 및 동법 시행령 제2조 등에서 규정하고 있는 풍속영업 중 선량한 풍속에 반하는 영업장소 등에 취업하는 행위

다. 그 밖에 공공의 이익이나 국내 취업질서 등을 유지하기 위하여 그 취업을 제한할 필요가 있다고 인정되는 경우([붙임2] 참조)

2. 예외 기준

○ 「출입국관리법 시행령」 제23조제3항제1호 관련
- 「국가균형발전 특별법」 제2조제9호에 따른 인구감소지역 중 법무부장관이 정한 지역특화형 비자 사업 대상 시·군·구에 거소를 두고 거소가 속한 광역시 또는 도 내에서 제1호 가목 또는 다목의 취업활동을 하는 재외동포(F-4)는 취업활동의 제한을 받지 않음(다만, 나목은 제한)

□ 재검토기한

　○ 법무부장관은 「훈령·예규 등의 발령 및 관리에 관한 규정」에 따라
　　이 고시에 대하여 2023년 1월 1일을 기준으로 매 3년이 되는 시
　　점(매 3년째의 12월 31일까지를 말한다)마다 그 타당성을 검토하여
　　개선 등의 조치를 하여야 함

□ 다른 규정의 폐지

　○ 재외동포(F-4)의 취업활동 제한범위 고시(법무부고시 제2018-70호,
　　'18. 3. 26.)는 이 고시 시행과 동시에 폐지함

□ 시행일 : 2023. 5. 1.부터

[붙임 1] 〈단순노무행위에 해당하는 세부 직업〉

구분	종류	상 세 설 명
단순 노무 종사자 (대분류9)	(1) 건설 단순 종사원 (91001)	건축 및 토목공사와 관련하여 육체적인 노동으로 단순 하고 일상적인 업무에 종사하는 자를 말한다. 【직업 예시】 •건물건축 운반인부 •보석 단순노무원 •해체작업 단순노무원 •토목건설 단순노무원 •수로정비 단순노무원 •관정 단순노무자 •댐건설 단순노무원 •건물정비잡역부 【제외】 •전통건물 건축원(77241) •조적공(77251) •건물해체원(77293)
	(2) 광업 단순 노무원 (91002)	광산 또는 채석장의 폐쇄된 작업장에서 목제 및 철제 지주를 제거, 노천광에서 백악, 점토, 자갈 또는 모래 를 채굴하는 일에 부속된 단순하고 일상적인 일을 수 행하는 자를 말한다. 【직업 예시】 •채석장 굴삭 단순노무자 •채광 단순노무자 【제외】 •광원(77411) •채석원(77412)

(3) 하역 및 적재 관련 단순 종사원 (92101)	각종 제조업체, 시장, 부두, 화물운송업체 등에서 상품을 포장, 선적, 하역 및 적재하는 업무를 수행하는 자를 말한다. 【직업 예시】 •적재원 •하역원 •육상화물하역원 •부두노무원 •선박하역원 •제품운반원
(4) 이삿짐 운반원 (92102)	이삿짐을 포장, 선적, 하역 및 적재하는 등 운반업무를 수행하는 자를 말한다. 【직업 예시】 •이삿짐 운반원
(5) 그 외 하역 및 적재 단순 종사원 (92109)	상기 세세분류 어느 항목에도 포함되지 않은 유사한 직무를 수행하는 자를 말한다. 한 장소에서 다른 장소로 운반하기 위하여 사무실 또는 가정용 가구 및 기기를 운반, 하역하는 직무가 여기에 포함된다. 【직업 예시】 •가구 운반원 •가구 하역원 •냉동물 운반원 •과실 운반원 •어류 운반원 •고기 운반원 •식료품 운반원 •창고 운반원
(6) 우편 집배원 (92210)	우체국의 관할구역에 설치되어 있는 우체통에서 우편물을 수집하고, 관할 구역에 송달할 우편물을 표기 주소지에 배달하는 자를 말한다. 【직업 예시】 •우체부 •우편물 집배원 •우편배달원
(7) 택배원 (92221)	차량을 이용하여 고객들이 주문·구매한 상품을 고객이 원하는 장소로 운반하는 자를 말한다. 【직업 예시】 •택배 배달원
(8) 그 외 택배원 (92229)	의뢰인이 요청한 문서, 문서철, 소포 및 통신문 등의 물품을 수령자에게 빠르게 배달하는 자를 말한다. 【직업 예시】 •퀵서비스 배달원 •오토바이 퀵서비스 배달원

(9) 음식 배달원 (92230)	각종 음식점 등에서 고객의 요구에 따라 해당 요리를 특정장소까지 배달하는 자를 말한다. 【직업 예시】 •식사배달원 •야식배달원 •요리배달원 •도시락배달원 •중국음식 배달원 •분식배달원 •음식배달원 •치킨배달원 •피자 배달원
(10) 음료 배달원 (92291)	우유, 녹즙, 발효유 등을 정기적으로 배달하는 자를 말한다. 【직업 예시】 •우유 배달원(방문판매 제외) •야쿠르트 배달원(방문판매 제외) •녹즙 배달원(방문판매 제외)
(11) 신문 배달원 (92292)	가정이나 사무실 등 정기 구독자가 요구한 장소로 신문을 배달하는 자를 말한다. 신문대금을 징수하기도 한다. 【직업 예시】 •신문 배달원(방문판매 제외)
(12) 그 외 배달원 (92299)	상기 세세분류 어느 항목에도 포함되지 않은 유사한 직무를 수행하는 자를 말한다.
(13) 수동 포장원 (93001)	자재나 제품을 상자, 가방 및 기타 출하 또는 저장용 용기에 담아 손으로 포장하는 자를 말한다. 【직업 예시】 •수동 포장원
(14) 수동 상표 부착원 (93002)	수동으로 상표나 라벨을 부착하는 자를 말한다. 【직업 예시】 •수작업라벨부착원 •수작업상표부착원

(15) 건물 청소원 (94111)	공공건물, 사무실, 상업건물, 아파트 등의 건물을 청소, 정돈하는 자를 말한다. 【직업 예시】 •사무실 청소원 •공공건물 청소원 •오피스텔 청소원 •아파트 청소원 •병원 청소원 •호텔 청소원
(16) 운송장비 청소원 (94112)	비행기, 선박, 기관차의 외부, 바닥, 유리창을 청소하는 자를 말한다. 【직업 예시】 •기관차 청소원 •선박 청소원 •비행기 청소원 •버스 청소원
(17) 그 외 청소원 (94119)	상기 세세분류 어느 항목에도 포함되지 않은 유사한 직무를 수행하는 자가 여기에 분류된다.
(18) 쓰레기 수거원 (94121)	건물, 야적장, 거리 및 기타 공공장소에서 빗자루, 봉투, 집게, 플라스틱 통 등의 쓰레기 수거용구를 이용하여 쓰레기를 수집하고 제거하는 자를 말한다. 분뇨 수거도 여기에 포함된다. 【직업 예시】 •쓰레기 수거원 •쓰레기 청소부 •분뇨 수거원
(19) 거리 미화원 (94122)	거리, 공항, 역 및 기타 공공장소를 청소하는 자를 말한다. 【직업 예시】 •거리 미화원 •공원 청소원
(20) 재활용품 수거원 (94123)	건물 및 기타 공공장소에서 재활용품을 수거하여 재활용하거나 간단한 수리를 거쳐 판매하는 자를 말한다. 【직업 예시】 •재활용품 수거원

(21) **그 외** **환경** **미화원 및** **재활용품** **수거원** **(94129)**	상기 세세분류 어느 항목에도 포함되지 않은 유사한 직무를 수행하는 자가 여기에 분류된다.
(22) **아파트** **경비원** **(94211)**	아파트의 내·외부를 순찰하고 출입자를 통제하며 각종 시설물을 유지 및 관리하는 자를 말한다. 【직업 예시】 •아파트경비원 •빌라경비원
(23) **건물** **경비원** **(94212)**	학교의 내·외부를 순찰하고 출입자를 통제하며 각종 시설물을 유지 및 관리하는 자를 말한다. 또한 일반적인 빌딩이나 업무 공간 및 공장의 내·외부를 순찰하고 출입자를 통제하며 각종 시설물을 유지 및 관리한다. 【직업 예시】 •청사경비원 •학교경비원 •상가경비원 •건물경비원 •병원경비원 •빌딩경비원 •빌딩시설경비원 •빌딩보안원 •시장경비원 •공장경비원 •공사현장경비원 •공사경비원
(24) **그 외** **건물관리원** **(94219)**	상기 세세분류 어느 항목에도 포함되지 않은 유사한 직무를 수행한다. 【직업 예시】 •교회 관리인 •성당지기 •공원순찰원 •공원안전요원 •공원관리인 •공원질서요원 •놀이시설질서유지원 •별장 관리인
(25) **검표원** **(94220)**	공원, 영화관, 공연장, 운동 경기장, 유원지, 전시장 등 입장객의 표를 확인하고 입장시키는 업무를 하는 자를 말한다. 【직업 예시】 •고속버스검표원 •극장검표원 •놀이공원검표원 •통행료검표원 •승차권검표원 •사우나검표원

(26) 주유원 (95310)	주유소나 가스충전소에 고용되어 연료 및 기타 자동차 소모품 등을 판매하는 자를 말한다. 【직업 예시】 •주유원 •가스충전원
(27) 매장 정리원 (95391)	도소매업체에서 매장에 진열되어 판매될 제품을 운송하거나 쇼핑카터 등의 운송수단 등을 정리하는 자를 말한다. 【직업 예시】 •매장정리원 •상품운반원 •판매보조원 •상품진열원 •쇼핑카터운반 •정리원
(28) 전단지 배포원 및 벽보원 (95392)	각종 점포나 상품의 광고 전단지를 거리나 지하철역, 버스 정류장에서 행인들에게 배포하는 자를 말한다. 포스터와 같은 홍보물을 전봇대나 벽 또는 지정된 게시판 등에 붙인다. 【직업 예시】 •카달로그 배포원 •벽보원 •광고스티커 부착원 •포스터 부착원 •홍보지 배포원 •스티커 부착원
(29) 그 외 판매관련 단순 종사원 (95399)	상기 세세분류 어느 항목에도 포함되지 않은 유사한 직무를 수행하는 자가 여기에 분류된다. 【직업 예시】 •휴대품 보관소 접수원 •헬스클럽 탈의실 보관원
(30) 산불 감시원 (99104)	산불의 예방 진화작업에 참여하는 산불 감시원도 여기에 분류 된다. 【직업 예시】 •산불 감시원

(31) 계기 검침원 (99211)	가스·수도·전력사용량을 검침하기 위하여 수용가를 방문하여 계량기를 검침하여 기록하는 자를 말한다. 【직업 예시】 •계기 검침원(가스, 수도, 전기 등) •전기 안전 점검원
(32) 가스 점검원 (99212)	도시가스 또는 LP가스를 사용하는 가정 및 사업체를 방문하여 가스누출 여부 등 가스사용의 안전을 점검하고, 경우에 따라 필요한 조치를 요구한다. 【직업 예시】 •가스 점검원
(33) 자동판매 기관리원 (99220)	각종 대금의 수금업무를 담당한다. 자동판매기를 유지·관리하며 수금하는 자를 말한다. 【직업 예시】 •자동판매기 유지 및 수금원
(34) 주차 관리원 (99231)	차량의 무료 또는 유료 주차시설을 운용·관리·안내하는 자를 말한다. 【직업 예시】 •주차관리원 •주차장 관리원
(35) 주차 안내원 (99232)	차량의 무료 또는 유료 주차시설을 안내하는 자를 말한다. 【직업 예시】 •주차 안내원
(36) 구두 미화원 (99910)	사무실이나 식당 등을 방문하여 구두를 수집하고, 구두를 닦아주거나 광내고 간단한 수선을 실시하는 자를 말한다. 【직업 예시】 •구두 미화원 •구두닦이

(37) 세탁원 및 다림질원 (99920)	의류, 섬유직물 및 유사물품을 손으로 세탁 또는 구김을 펴는 정도의 단순한 다림질하는 자를 말한다. 【직업 예시】 •손 세탁원 •단순 다림질원 【제외】 •드라이클리닝기 조작원(82301) •그 외 세탁기계 조작원(82309)	
(38) 환경 감시원 (99991)	자연환경 보호를 위하여 감시업무를 수행하는 자를 말한다. 쓰레기 투석, 낚시, 물놀이, 폐수방류 등에 대한 단속을 위하여 도보 및 차량을 이용하여 순회하며 주변을 감시하고 단속한다. 환경을 오염시키는 자를 단속하여 보고하고 관련기관에 고발조치 한다. 투석된 오염물질을 제거하도록 관련 부서에 보고한다. 기타 주변 환경보호를 위한 감시활동을 수행한다. 【직업 예시】 •환경 감시원	
(39) 그 외 서비스관련 단순 종사원 (99999)	상기 세세분류 어느 항목에도 포함되지 않은 유사한 직무를 수행하는 자가 여기에 분류된다. 【직업 예시】 •심부름원 •사환	

[붙임 2]

〈 그 밖에 공공의 이익이나 국내 취업질서 유지 등을 유지하기 위하여 그 취업을
제한할 필요가 인정되는 세부 직업 〉

구 분	종 류	상 세 설 명
서비스 종사자 (대분류4)	(1) 피부관리사 내 발 관리사 (42231)	신체의 각 기관과 관계있는 발바닥의 특정부위를 지압, 마사지, 자극함으로써 피로를 풀어주고, 혈 액 순환을 촉진하여 질병을 예방하며 건강유지에 도움을 주는 일을 하는 자를 말한다. 【직업 예시】 •발 마사지사 •발 관리사
	(2) 목욕 관리사 (42234)	손님이 목욕하는 것을 도와주며, 피로를 풀 수 있 도록 안마, 미용서비스를 하는 자를 말한다. 【직업 예시】 •목욕관리사
	(3) 혼례 종사원 (42320)	결혼식을 진행하기 위하여 의자, 카펫 등을 정리 하고 필요한 서류를 준비하며, 예식 진행과정을 신랑 · 신부의 의상과 행동을 교정해주는 자를 말 한다. 요청 시 주례업무를 대행하는 사람도 이 직 종에 포함한다. 【직업 예시】 •예식진행보조원 •예식종사원 •폐백종사원 •전문 주례사
	(4) 노래방 서비스원 (43232)	노래방에서 고객의 편의를 위하여 기기의 사용을 도와주거나 음료를 판매하는 등 각종 서비스를 제 공하는 자를 말한다. 【직업 예시】 •노래방종사원 •노래방 관리인

	(5) 그 외 오락시설 서비스원 (43239)	상기 세세분류 어느 항목에도 포함되지 않은 기타 오락시설 종사자가 여기에 분류된다. 【직업 예시】 •PC방종사원 •PC방관리인 •비디오방 종사원 •비디오방 관리인 •만화방 관리인
	(6) 골프장 캐디 (43292)	골프장에서 골프 치는 사람들을 위해 골프백이나 골프기구를 정리하고, 거리에 따라 알맞은 골프기 구를 선정해 주고, 골프코스나 골프장의 지형지물 에 대해 조언하고 즐거운 골프가 될 수 있도록 골퍼들에게 서비스를 제공하는 자를 말한다. 【직업 예시】 •캐디 •골프진행 도우미
	(7) 주류 서비스 종사원 (44223)	주점, 클럽 등의 주류 접객업소에서 주류의 선택 을 도와 제공하고, 고객에게 주류 목록을 제시하 는 자를 말한다. 또한 주류의 특성에 관한 질문 등에 답하고, 요리와 잘 어울리는 주류를 추천하 기도 한다. 【직업 예시】 •소믈리에 •와인스튜어드 •호스트(식음료관련)
판매 종사자 (대분류5)	(8) 노점 및 이동 판매원 (53220)	일정 매장을 개설하지 않고, 일정한 구역의 노상 에 노점 등 임시매장을 설치하거나 순회하면서 각 종 상품을 판매하는 자를 말한다. 【직업 예시】 •노점상 •노점 판매원 •신문가두 판매원 •열차객실 판매원

3-3. 방문취업동포(H-2) 〈건설업종취업등록제〉

① 2009년 5월부터 방문취업동포 건설업종 취업등록제가 시행됩니다. 이후로 방문취업동포가 건설업에 취업하기 위해서는 건설업 취업등록 신청 및 취업교육 등 절차를 거쳐 반드시 "건설업 취업 인정 증명서"를 발급받아야 하며, 2009년 12월부터는 건설업 취업 인정증명서 없이 건설업에 취업할 수 없습니다.

② 건설업 취업 인정증명서 없이 건설업에 근무하는 자는 체류기간 연장불허(1회 위반) 및 사증·체류허가 취소(2회 이상 위반) 등 법적 불이익을 받게 됩니다.

■ 대한민국에서 취업활동이 가능한 외국인의 체류자격은 어떻게 되나요?

Q. 대한민국에서 취업활동이 가능한 외국인의 체류자격은 어떻게 되나요?

A. ① 대한민국에서 취업활동을 할 수 있는 체류자격에는 단기취업(C-4), 교수(E-1), 회화지도(E-2), 연구(E-3), 기술지도(E-4), 전문직업(E-5), 예술흥행(E-6), 특정활동(E-7), 계절근로(E-8), 비전문취업(E-9), 선원취업(E-10), 관광취업(H-1), 방문취업(H-2), 거주(F-2), 재외동포(F-4), 영주(F-5), 결혼이민(F-6)이 있습니다.

② 단기취업(C-4), 교수(E-1), 회화지도(E-2), 연구(E-3), 기술지도(E-4), 전문직업(E-5), 예술흥행(E-6), 특정활동(E-7), 계절근로(E-8), 비전문취업(E-9), 선원취업(E-10), 관광취업(H-1), 방문취업(H-2)의 체류자격을 가진 외국인근로자는 지정된 근무처에서만 근무해야 하며, 그 체류자격의 범위 내에서 근무처를 변경하거나 추가하려면 미리 법무부장관의 허가를 받아야 합니다.

③ 거주(F-2), 재외동포(F-4), 영주(F-5), 결혼이민(F-6)의 체류자격을 가진 사람은 취업활동의 제한을 받지 않습니다.

■ 재외동포자격으로 대한민국에 입국한 유흥주점의 종업원으로 일할 수
있나요?(F-4)

Q. 동생 수술 때문에 돈이 급하게 필요해요. 유흥주점에서 일하면
   돈을 많이 벌 수 있다던데, 재외동포(F-4) 자격으로 대한민국에
   입국한 유흥주점의 종업원으로 일할 수 있나요?

A. 불가능합니다.

   재외동포(F-4) 체류자격으로 입국한 경우에는 취업활동에 제한
   을 받지 않는 것이 원칙이지만, 유흥주점 등 일정 분야에서는
   일할 수 없습니다.

   ◇ 재외동포(F-4) 체류자격으로 근무할 수 없는 분야

   1. 단순노무행위: 단순하고 일상적인 육체노동을 요하는 업무
      로서 「한국표준직업분류」에 따른 단순노무직 근로자의 취
      업분야의 행위. 다만, 「국가균형발전 특별법」에 따른 인구
      감소지역에서 거주하거나 취업하려는 사람으로서 법무부장
      관이 인정하는 사람은 제외

   2. 선량한 풍속이나 그 밖의 사회질서에 반하는 행위(단란주점영업
      및 유흥주점영업장소 등에 취업하는 행위 포함)를 하는 경우

   3. 그 밖에 공공의 이익이나 국내 취업질서 등의 유지를 위해
      서 그 취업을 제한할 필요가 있다고 인정되는 행위

■ 3개월짜리 관광비자를 받고, 1개월은 대한민국을 여행하고 남은 2개월 동안 회화학원에서 일하려는데 별 문제가 없을까요?

Q. 3개월짜리 관광비자를 받았어요. 1개월은 대한민국을 여행하고 남은 2개월 동안 회화학원에서 일하려는데 별 문제가 없을까요?

A. 외국인이 대한민국에서 취업하려면 「출입국관리법」에 따라 취업활동을 할 수 있는 체류자격(VISA)을 받아야 합니다. 따라서 관광비자로 대한민국에 머물고 있는 경우에는 종류여하를 불문하고 근로행위를 할 수 없습니다.

회화학원에 취업하려면 이에 해당하는 체류자격인 회화지도(E-2) 비자를 미리 받아 입국하거나, 관광비자(B-2 또는 C-3)로 입국했다면 국내에서 회화지도 비자로 체류자격을 변경해야 합니다.

취업활동을 할 수 있는 체류자격을 받지 않은 외국인이 취업을 하면, 3년 이하의 징역 또는 3천만원 이하의 벌금에 처해집니다.

또한, 취업활동을 할 수 있는 체류자격을 받지 않은 외국인을 고용하거나 그 고용을 업으로 알선 또는 권유하면, 3년 이하의 징역 또는 3천만원 이하의 벌금에 처해집니다.

■ 비자 연기도 할 수 있는 경우, 한국에서 다시 F2비자를 발급 받아서 외국인 등록증을 만들어야 하나요?

Q. 외국인과 결혼하여 아내가 지금 아이 출산 때문에 한국에 나가 있습니다. 그런데 지금 의료보험 가입이 되어 있지 않습니다. 외국인 등록증이 없다고 안 된다고 한다고 하네요. 아내가 한국으로 입국할 때 이번의 비자는 내 이름으로 해서 비자가 나왔습니다. 내가 아는 것은 C3단기 비자는 아니구요. 그리고 청두(성도) 영사관에서 아내에게 F2 비자는 줄 수가 없다고 하더라구요, 이유는 우리 부부 나이 차이가 너무 많이 나기 때문에 법무부에서 성도 영사관에는 10세 이상이 차이가 나면 F2 비자를 줄 수 없게 해 놓았다고 하면서. 내 이름으로 해서 S21이라는 비자를 주셨습니다. 그리고 비자 연기도 할 수 있다고 하더군요. 이럴 경우 한국에서 다시 F2비자를 발급 받아서 다시 외국인 등록증을 만들어야 하나요?

A. 귀하의 질의는 거주(F-2)자격에 대한 문의로 판단됩니다.

국민과 결혼한 외국인배우자는 양쪽 국가에서 발행한 혼인증명서가 있으면, 거주(F-2)자격으로 체류자격변경허가 신청이 가능하며, 제출서류는 신청서, 여권, 혼인관계증명서, 배우자 주민등록등본, 신원보증서, 재정 관련입증서류(본인 및 배우자 명의의 재직증명서, 전세금 또는 등기부등본, 3천만원 이상 은행잔고증명서 중 택일), 컬러사진(3*4) 1매, 수수료 등입니다. 체류자격변경허가 및 외국인등록은 주소지 관할 출입국관리사무소에서 실태조사를 거쳐 허가여부를 결정하므로, 서울출입국관리사무소를 방문하시기 바랍니다.

■ 법적으로 문제없이 한국에서 취업을 하려면 어떠한 방법이 있는지요?

Q. 부친께서 중국에 업무차 장기간 계시다 현지인과 재혼을 하셔서 지금은 모두 한국에 나와 계십니다(현지 재혼녀 한국으로 귀화함). 이 분의 중국(한족임) 사촌동생이 한국으로 취업을 희망하고 있습니다. 24살 여자입니다. 현재 중국 여행사에 한화로 약 1,400만원 상당의 알선료를 내고, 국내 2년제 대학으로 유학을 오려 하고 있으며, 6개월간 한국어 및 문화 등을 대학에서 교육받고, 취업을 하려고 합니다(학교 측에서는 등록금만 내면 유학생 신분을 유지해준다고 함). 이렇게 큰돈을 들여서 편법으로 들어오는 것 보다, 법적으로 문제없이 한국에서 취업을 하려면 어떠한 방법이 있는지 문의 드리고자 합니다.

A. 귀하는 방문취업관련 친인척 초청에 대해 문의하셨습니다. 방문취업 사증발급의 기본대상은 사증발급 신청시 접수시를 기준으로 하여 만 25세 이상의 외국국적동포입니다.

방문취업관련 친인척초청은 만약 혼인·귀화 등으로 인한 국적취득자의 경우 본인과 배우자의 초청인원을 합산하여 3명이 가능하며, 본인의 경우 국적취득 후 2년이 경과하여야 하고, 배우자가 한국 국적을 취득한 상태이어야 초청하실 수 있습니다.

■ 인도 요리사 고용을 위한 절차는 어떻게 되나요?

Q. 저는 ○○시에서 인도 음식점 오픈을 고려중인 사람입니다. 인도 요리사 2명을 고용하여 오픈하고 싶은데 구체적인 절차를 알려 주시기를 부탁드립니다. 인도 요리사는 제가 인도 있는 친구를 통해 물색해 두었습니다.

A. 귀하께서는 인도 요리사의 초청(취업비자 신청) 요건과 절차에 대해 문의하신 것으로 이해됩니다.

○ 외국인이 한국에서 취업하고자 하는 경우에는 취업할 수 있는 비자를 소지하여야 하고 우리나라 취업비자 종류에는 일정한 요건을 충족하는 외국인이 국내에서 주방장 및 조리사로 취업할 수 있는 특정활동 비자가 있습니다.

○ 인도음식 주방장 및 조리사가 포함되어 있는 특정활동(E-7) 비자는 대한민국내의 공사기관 등과의 계약에 의하여 법무부장관이 특히 지정하는 활동에 종사하고자 하는 외국인에게 발급되는 비자입니다.

○ E-7 비자의 발급 절차는 먼저 초청인이 사증발급인정서를 국내 관할 출입국관리사무소에 신청하고 심사 후 사증발급인정번호를 발급(허가)받게 되면 피초청외국인이 자국 대한민국대사관 또는 영사관에 사증발급을 신청하시면 됩니다.

○ 외국인 주방장 및 조리사를 초청하고자 하는 경우에는 초청자가 관광편의시설업 지정업체(관광편의시설업지정증)이어야 하고, 사업자 등록증 사본, 영업신고증 사본, 고용계약서 사본, 신원보증서, 영업실적 증빙서류, 외국인 관광객 유치실적 증빙서류, 업체현황, 한국인과 대체가 불가한 필수전문 요리사의 구체적 활용계획서 등과 함께 외국인의 요리사자격증, 경력(재직)증명서, 이력서 등의 요건을 갖추

어야 합니다(※ 심사 과정에서 필요하다고 인정하는 때에는 제출서류를 가감할 수 있습니다).

○ 아울러, E-7비자(주방장 및 조리사) 허가 여부는 관할 출입국관리사무소장이 고용주(초청자)의 적격 여부, 외국인의 전공, 자격, 기술, 기능 등과 근무처와의 직접적 연관성, 기술, 기능 등 보유 여부, 국민 대체고용이 부적절하여 고용필요성이 인정되는 지 여부, 고용의 타당성, 초청자의 업체 운영실태 등을 종합적으로 고려하여 판단하고 있음을 양지해 주시고 미리 관할 출입국관리사무소에 내방하시어 개별 상담을 받아 보시기 바랍니다.

○ 특정활동 자격에 대한 사증발급인정서 신청, 사증 신청 등에 대한 절차는 ☞ 출입국외국인 정책본부 홈페이지(www.hikorea.go.kr) → 정보마당 → 출입국/체류안내 → 사증(VISA) → 체류자격별 사증발급안내 → 특정활동(E-7) 등에서 확인하실 수 있으니 참고하시기 바랍니다.

■ F1비자로 취직이 가능한가요? 취직이 가능하다면 어떤 직종에 종사할 수 있나요?

Q. 지금 영주권 취득 단계라 F1비자로 있는데 F1비자로 취직이 가능한가요? 취직이 가능하다면 어떤 직종에 종사할 수 있나요?

A. 귀하의 질의 사항은 F1 자격소지자의 취직여부에 대한 질의로 이해합니다.

방문동거(F-1)자격을 소지한 중국동포중 취업자격 구비 등 일정요건에 해당하는 자에 대한 유학(D-2), 일반연수(D-4) 및 교수(E-1) 내지 특정활동(E-7)으로 활동에 대한 체류자격외활동을 신청하시면 취업이 가능함을 알려드립니다.

■ F4비자는 어떤 업종에 종사 할 수 있나요?

Q. F4비자 취득후 최대 몇 년 동안 한국에 거주 할 수 있나요? 2
년에 한 번씩 연장을 해야 되나요? 듣는 말에 의하면 F4비자
변경 후 제조업 종사는 불가능하다고 하는데 그러면 F4비자는
어떤 업종에 종사 할 수 있나요? (기존 H2에서 F4로 변경함).
F4취득 후 기존에는 가족도 요청할 수 있었는데 지금 현재는 어
떠한가요?

A. 귀하의 민원 요지는 재외동포자격(F-4)소지자의 취업등과 관련
된 것으로 판단됩니다. 재외동포 자격을 가진 경우 취업활동에
제한을 받지는 않으며, 허용되는 취업활동이라도 국내법령에
의하여 일정한 자격을 요하는 때에는 그 자격을 갖추어야 합니
다. 다만, 다음에 해당하는 경우는 취업할 수 없습니다.

1. 단순노무행위를 하는 경우(법무부고시 제2010-297호,
2010.4.8)

2. 사행행위 등 선량한 풍속 기타 사회질서에 반하는 행위를
하는 경우

3. 기타 공공의 이익이나 국내 취업질서 등의 유지를 위하여
그 취업을 제한할 필요가 있다고 인정되는 경우
그러나 예외적으로 방문취업(H-2)자격소지자가 일정 업종
의 동일 직장에서 2년이상 근속하여 재외동포자격(F-4)으
로 변경한 경우에는 위의 취업활동 가능 분야에 더하여
단순노무행위 중 제조업, 농축산어업분야에서 근무가 가
능합니다(이외 다른 단순노무행위는 불가).
재외동포 자격은 최대 체류기간이 정해져 있지는 않으며
현재는 가족초청은 제한하고 있습니다.
그리고 재입국 후 외국인등록증 재발급은 주소지 관할 출
입국관리사무소를 방문하여 신청하셔야 합니다.

■ 외국인 초청 관련하여 교육연수 차원에서, 타이완이나 싱가폴의 본사 투자법인의 사원이, 한국에서 근무하기 위한 비자를 취득할 수 있는 것인지요?

Q. 저희 회사는 일본에서 100%투자한 외국인투자기업이며, 한국 이외에도 타이완과 상가폴에도 일본 본사에서 투자한 그룹사들이 있습니다. 문의 드리고자 함은 그룹사내에서 국적에 상관없이 필요한 사람을 필요한 국가에 배치하고자 하는 인사전략을 취하고자 합니다. 기간은 최소 3년 이상을 계획하고 있습니다. 1. 교육연수 차원에서, 타이완이나 싱가폴의 본사 투자법인의 사원이, 한국에서 근무하기 위한 비자를 취득할 수 있는 것인지? 2. 취득할 수 있다면 어떤 종류의 비자인지? 3. 교육연수가 아닌 필수전문 인력이라면 싱가폴/타이완의 해외거점 직원이 D-8 비자 취득이 가능한지? 참고로 타이완이나 싱가폴의 경우 한국에서 직접 투자한 회사가 아닌, 한국의 투자회사인 일본 본사가 직접 투자한 회사입니다.

A. 귀하의 민원 요지는 대한민국에 투자한 외국인투자기업이 일본에 본사를 두고 한국 이외에도 타이완과 싱가폴에도 투자한 기업이 있는 경우에 타이완이나 싱가폴의 본사 투자법인의 사원이 한국에서 근무하기 위해 어떤 종류의 사증을 받아야 하는 지와 필수전문인력인 경우 타이완이나 싱가폴 해외지점 직원이 D-8 사증을 받을 수 있는 지에 대해 문의하신 것으로 이해됩니다.

외국인투자기업 또는 외국에 투자한 기업체 등에서 인턴(실습사원)으로 교육 또는 연수를 받거나 연구활동에 종사하고자 하는 자는 일반연수(D-4-2)자격 사증을 신청할 수 있으며, 외국인투자촉진법에 따른 외국인투자기업의 경영·관리 또는 생산기술 분야에 종사하려는 필수전문인력(국내에서 채용하는 자는 제외)인 경우에는 기업투자(D-8)자격 사증을 신청할 수 있음을 알려드립니다.

외국인의 초청 및 사증발급 관련 업무는 체류지 관할 출입국관리사무소(출장소)에 위임되어 있으며, 사증발급 및 각종 체류허가 신청은 관할 출입국관리사무소에 하실 수 있습니다.

사증발급 신청 절차, 요건, 비용, 서류 등은 제한된 지면 등으로 인해 관련된 모든 내용을 적어 드리기가 곤란하여 "외국인을 위한 전자정부" 홈페이지를 알려드리니 참고하시기 바랍니다.

■ 외국인이 가스사용시설 안전관리자로 취업이 가능한지요?

Q. 외국인으로서 외국인 등록증과 취업 교육을 마친자로서 가스
사용 시설 안전 관리자 교육을 이수하고 자격증을 취득 가능한
지요? 취득이 가능하면 보일러 가스 사용 취업도 가능한지 문
의드립니다.

A. 가스3법령(고압가스안전관리법, 도시가스사업법, 액화석유가스
의 안전관리 및 사업법)에는 외국인에 대해 가스사용시설 안전
관리자 교육이수 및 자격증 취득을 제한하는 규정이 명시적으
로 없으므로 가스사용시설 안전관리자 양성교육을 받고 자격을
취득하는 것은 가능하나, 다만, 노동종합상담센터에 유선으로
확인한 결과, 가스사용시설의 안전관리자는 외국인근로자의 취
업 허용사업장에 해당되지 않음을 알려드리오니 참고하시기 바라
며, 외국인근로자를 고용할 수 있는 사업장에 대해 보다 궁금한
사항이 있는 경우에는 노동종합상담센터(전화 1544-1350)로 문
의하여 주시기 바랍니다.

4. 「외국인근로자의 고용 등에 관한 법률」의 외국인근로자 고용·취업

4-1. 「외국인근로자의 고용 등에 관한 법률」의 적용범위

① 「외국인근로자의 고용 등에 관한 법률」은 '비전문취업(E-9) 또는 방문취업(H-2)'의 체류자격을 가진 외국인근로자를 고용하고 있거나 고용하려는 사업 또는 사업장에 한정해서 적용됩니다(「외국인근로자의 고용 등에 관한 법률」 제2조·제3조 제1항 본문 및 「외국인근로자의 고용 등에 관한 법률 시행령」 제2조).

② 다만, 「선원법」의 적용을 받는 선박에 승무하는 선원 중 대한민국 국적을 가지지 않은 선원 및 그 선원을 고용하고 있거나 고용하려는 선박의 소유자에 대해서는 「외국인근로자의 고용 등에 관한 법률」이 적용되지 않습니다(「외국인근로자의 고용 등에 관한 법률」 제3조 제1항 단서).

4-2. 외국인근로자의 법적지위

① 「외국인근로자의 고용 등에 관한 법률」은 외국인근로자를 내국
인과 동일하게 "근로자"로 인정하고 있으며, 이에 따라 외국인근
로자는 취업기간 동안 내국인과 동일하게 「근로기준법」, 「최저
임금법」 등 노동 관계 법령의 적용을 받습니다.

② "근로자"란?

직업의 종류와 관계없이 임금을 목적으로 사업이나 사업장에 근
로를 제공하는 자를 말합니다(「근로기준법」 제2조 제1항 제1호).

> ※ 판례(대법원 2005. 11. 10. 선고 2005다50034)는 "근로기준법상의 근로자
> 에 해당하는지 여부를 판단함에는 그 계약의 형식이 「민법」상의 고용계약인
> 지 또는 도급계약인지에 관계없이 그 실질 면에서 근로자가 사업 또는 사업
> 장에 임금을 목적으로 종속적인 관계에서 사용자에게 근로를 제공하였는지
> 여부에 따라 판단하여야 하고, 그러한 종속적인 관계가 있는지 여부를 판단
> 함에는 업무의 내용이 사용자에 의하여 정하여지고 취업규칙 또는 복무(인사)
> 규정 등의 적용을 받으며 업무수행과정에서도 사용자로부터 구체적 개별적인
> 지휘·감독을 받는지 여부, 사용자에 의하여 근무시간과 근무장소가 지정되고
> 이에 구속을 받는지 여부, 근로자 스스로가 제3자를 고용하여 업무를 대행케
> 하는 등 업무의 대체성 유무, 비품·원자재·작업도구 등의 소유관계, 보수의
> 성격이 근로 자체에 대한 대상적 성격이 있는지 여부와 기본급이나 고정급이
> 정하여져 있는지 여부 및 근로소득세의 원천징수 여부 등 보수에 관한 사항,
> 근로제공관계의 계속성과 사용자에의 전속성의 유무와 정도, 사회보장제도에
> 관한 법령 등 다른 법령에 의하여 근로자의 지위를 인정받는지 여부, 양 당
> 사자의 사회·경제적 조건 등을 종합적으로 고려하여 판단하여야 한다."고 하
> 여 사용종속관계를 판단기준으로 하고 있습니다.

③ "사용자"란?

사업주 또는 사업 경영 담당자, 그 밖에 근로자에 관한 사항에
대해 사업주를 위해 행위하는 자를 말합니다(「근로기준법」 제2
조 제1항 제2호).

④ "사업주"란 근로자를 사용하여 사업을 행하는 자로서 그 사업을
책임지고 경영하는 자를 말하고, "사업경영담당자"란 사업경영

일반에 대하여 권한과 책임을 지는 자로서 사업주로부터 사업경영의 전부 또는 일부에 대하여 포괄적인 위임을 받고 대외적으로 사업을 대표하거나 대리하는 자를 말하며(대법원 1997. 11. 11. 선고 97도813 판결), "그 밖에 근로자에 관한 사항에 대해 사업주를 위해 행위하는 자"란 사업주 또는 사업경영담당자로부터 그 권한을 위임받아 자신의 책임 아래 근로자를 채용하거나 해고하는 등 인사처분을 할 수 있고, 직무상 근로자의 업무를 지휘·감독하여 근로조건에 관한 사항을 결정하고 집행하는 자를 말합니다.

⑤ 다만, 가사(家事)사용인(가정부, 정원사 등 가정에서 가사 일반을 보조하기 위해 고용된 사람)의 경우에는 노동 관계 법령이 적용되지 않습니다(「근로기준법」 제11조 제1항 단서). 또한 농림·축산·수산사업에 종사하는 외국인근로자는 관련 법령에 따라 일부 예외적인 규정이 적용됩니다(「근로기준법」 제63조 제1호 및 2호).

■ 불법체류 외국인근로자도 근로자에 해당하나요?

A는 태국국적을 가진 외국인입니다. A는 기술연수 체류자격으로 입국하여, 고용될 수 있는 체류자격이 없는 상태에서 주식회사X 와 고용계약을 체결하고 X회사의 공장에서 노무직으로 종사하고 있습니다. 어느 날 A는 작업장에서 작업을 하던 중 작업대가 넘어져 덮치는 바람에 방광파열 등의 부상을 입었습니다. X회사는 「산업재해보상보험법」의 적용대상이 되는 사업장입니다.

Q-1. A는 불법체류 외국인근로자로 취업자격이 없습니다. A가 X 회사와 체결한 근로계약은 규제「출입국관리법」 제18조의 고용제한규정을 위반하여 체결된 것인데, 이런 경우 A와 X회사의 근로계약은 무효가 되나요?

Q-2. A가 부상을 당할 당시에 취업자격이 없었는데도 「산업재해보상보험법」상의 요양급여를 받을 수 있을까요?

A-1. 「출입국관리법」 제18조의 고용제한규정은 취업자격 없는 외국인의 고용이라는 사실적 행위 자체를 금지하고자 하는 것일 뿐, 취업자격 없는 외국인이 사실상 제공한 근로에 따른 권리나 이미 형성된 근로관계에 있어, 근로자의 신분에 따른 노동 관계법상의 제반 권리 등의 법률효과까지 금지하려는 규정으로 보기는 어렵습니다. 그렇기 때문에 고용제한규정을 위반하여 근로계약을 체결하였더라도 그 근로계약이 당연무효가 되는 것은 아니지만, 이미 형성된 근로관계가 아닌 한 취업자격 없는 A와의 근로관계는 정지되고, X회사와 A는 언제든지 취업자격이 없음을 이유로 근로계약을 해지할 수 있습니다.

A-2. A가 부상 당시에 취업자격이 없었더라도, X회사와의 근로계약을 당연무효라고 할 수 없는 이상 A는 부상 당시 X회사

에 근로를 제공하고 임금을 받아온 자로서 「근로기준법」상
의 근로자입니다. 따라서 A는 「산업재해보상보험법」상의 요
양급여를 받을 수 있습니다.

※ 가사사용인의 경우 노동 관계 법령이 적용되지 않기 때문에 「민법」의 강행규
  정에 배치되지 않는 범위에서 계약자유의 원칙에 따라 근로시간·해고·휴일·휴
  가나 그 밖의 모든 근로조건에 대해 고용주와 계약에 따라 자유롭게 결정·시
  행할 수 있습니다.

※ 농림·축산·수산사업에 종사하는 외국인근로자에게는 「근로기준법」의 근로시
  간, 휴게와 휴일에 관한 규정이 적용되지 않습니다(「근로기준법」 제63조 제
  1호 및 제2호).

⑥ 외국인근로자와 사용자 간에는 표준근로계약서[「외국인근로자의
   고용 등에 관한 법률 시행규칙」 별지 제6호서식 및 별지 제6호의
   2서식(농업·축산업·어업분야 해당)]를 사용하여 근로계약을 체결해
   야 하며(「외국인근로자의 고용 등에 관한 법률」 제9조 제1항), 사
   용자는 외국인근로자라는 이유로 부당한 차별적 처우를 해서는
   안 됩니다(「외국인근로자의 고용 등에 관한 법률」 제22조).

4-3. 외국인근로자 고용·취업 제도

4-3-1. 비전문취업(E-9) 체류자격 외국인근로자에 대한 고용허가제도

① "「외국인근로자의 고용 등에 관한 법률」의 고용허가제도"란 국내인력을 구하지 못한 대한민국 기업이 정부로부터 고용허가를 받아 비전문취업(E-9) 체류자격을 가진 외국인근로자를 고용할 수 있도록 한 제도입니다(「외국인근로자의 고용 등에 관한 법률」 제8조).

② 대한민국과 외국인근로자에 관한 송출양해각서(MOU)가 체결된 송출국가의 외국인근로자는 ⓐ 한국어능력시험 합격, ⓑ 외국인구직자명부 등록, ⓒ 근로계약체결, ⓓ 사증발급, ⓔ 입국, ⓕ 외국인등록, ⓖ 외국인취업교육 이수 등의 절차를 거쳐 대한민국에서 취업할 수 있습니다.

4-3-2. 방문취업(H-2) 체류자격 외국인근로자에 대한 특례고용 가능확인제도

① "「외국인근로자의 고용 등에 관한 법률」의 특례고용가능확인제도"란 국내인력을 구하지 못한 대한민국 기업(일정한 규모의 건설업, 서비스업, 제조업, 농업, 어업 또는 광업 분야)이 정부로부터 특례고용가능확인을 받아 3년간 그 허용인원수 범위에서 방문취업(H-2) 체류자격을 가진 외국국적동포를 고용할 수 있도록 한 제도입니다(「외국인근로자의 고용 등에 관한 법률」 제12조).

② 방문취업(H-2) 체류자격을 가진 외국인근로자는 ⓐ 외국인취업교육 이수, ⓑ 구직신청, ⓒ 외국인구직자명부 등록, ⓓ 근로계약체결 등의 절차를 거쳐 대한민국에서 취업할 수 있습니다.

4-4. 외국인근로자의 고용·취업 관련 기관

4-4-1. 외국인력정책위원회 및 외국인력정책실무위원회

① 「외국인근로자의 고용 등에 관한 법률」에 따라 외국인근로자의 고용관리 및 보호에 관한 주요사항을 심의·의결하거나 사전에 심의하기 위해 국무총리 소속 하에 외국인력정책위원회가 설치되어 있고, 외국인력정책위원회에 외국인력정책실무위원회가 각각 설치되어 있습니다(「외국인근로자의 고용 등에 관한 법률」 제4조 제1항 및 제5항).

② 외국인력정책위원회(위원장: 국무조정실장)는 외국인근로자 관련 기본계획, 외국인근로자 도입업종 및 규모 등에 관한 사항을 심의·의결하고, 외국인력정책실무위원회(위원장: 고용노동부차관)는 외국인근로자 고용제도의 운영 등에 관한 사항을 심의합니다 (「외국인근로자의 고용 등에 관한 법률」 제4조 제1항, 제4항, 제5항 및 「외국인근로자의 고용 등에 관한 법률 시행령」 제7조 제3항).

4-4-2. 고용노동부(지방고용노동관서 포함), 한국산업인력공단 및 한국고용정보원 등

① 「외국인근로자의 고용 등에 관한 법률」에 따른 외국인근로자 고용·취업 관련 권한 또는 업무는 각각 고용노동부, 고용센터, 한국산업인력공단, 한국고용정보원 등에서 수행하고 있습니다.

② 각 기관별 업무의 내용은 아래 표와 같습니다.

구 분	업무
고용 노동부장관	1. 외국인근로자 도입계획의 공표·변경(「외국인근로자의 고용 등에 관한 법률」 제5조제1항 및 제2항) 2. 외국인근로자 관련 업무를 지원하기 위한 조사·연구사업(「외국인근로자의 고용 등에 관한 법률」 제5조제3항) 3. 한국어능력시험 실시기관의 선정(「외국인근로자의 고용 등에 관한 법률」 제7조제2항) 4. 외국인근로자 고용제도 등에 대한 홍보사업(「외국인근로자의 고용 등에 관한 법률」 제21조제5호)
고용센터 소장 (지방 고용노동 관서의 장 또는 직업안정 기관의 장)	1. 내국인 구인신청 접수(「외국인근로자의 고용 등에 관한 법률」 제6조제1항) 2. 구인을 위한 상담·지원(「외국인근로자의 고용 등에 관한 법률」 제6조제2항) 3. 외국인근로자 고용허가신청 접수(「외국인근로자의 고용 등에 관한 법률」 제8조제1항) 4. 사용자에게 적격자 추천(「외국인근로자의 고용 등에 관한 법률」 제8조제3항) 5. 외국인근로자 고용허가서 발급(「외국인근로자의 고용 등에 관한 법률」 제8조제4항) 6. 고용특례자의 구직신청 접수(「외국인근로자의 고용 등에 관한 법률」 제12조제2항) 7. 고용특례자 근로개시 신고의 수리(「외국인근로자의 고용 등에 관한 법률」 제12조제4항 및 「외국인근로자의 고용 등에 관한 법률 시행규칙」 제12조의3) 8. 특례고용가능확인서 발급신청 접수(「외국인근로자의 고용 등에 관한 법률」 제12조제3항 전단) 9. 특례고용가능확인서 발급(「외국인근로자의 고용 등에 관한 법률」 제12조제3항 후단) 10. 고용 상황 변경시 신고의 수리(「외국인근로자의 고용 등에 관한 법률」 제17조제1항) 11. 외국인근로자 고용허가의 취소명령(「외국인근로자의 고용 등에 관한 법률」 제19조) 12. 외국인근로자 고용의 제한(「외국인근로자의 고용 등에 관한 법률」 제20조)

	13. 외국인근로자의 다른 사업 또는 사업장으로의 변경신청 접수(「외국인근로자의 고용 등에 관한 법률」제25조제1항)
	14. 사용자의 재고용 허가 요청의 접수 및 처리(「외국 인근로자의 고용 등에 관한 법률」 제27조의2제1항제2호 및 「외국 인근로자의 고용 등에 관한 법률 시행령」 제31조제1항제1호)
	15. 재입국 후의 고용허가 신청의 접수 및 처리
	16. 사용자나 외국인근로자 또는 「외국인근로자의 고용 등에 관한 법률」에 따라 지원을 받는 외국인근로자 관련 단체에 대한 명령·조사 및 검사 등(「외국인근로자의 고용 등에 관한 법률」 제26조제1항 및 「외국인근로자의 고용 등에 관한 법률 시행령」 제31조제1항제3호)
	17. 과태료의 부과·징수(「외국인근로자의 고용 등에 관한 법률」 제32조 및 「외국인근로자의 고용 등에 관한 법률 시행령」 제31조제1항제4호)
	18. 외국인근로자 고용 사업 또는 사업자에 대한 지도 점검(「외국인근로자의 고용 등에 관한 법률 시행령」제23조제2항 및 제31조제1항 제5호)
한국산업 인력공단	1. 외국인 취업교육(「외국인근로자의 고용 등에 관한 법률」 제11조제1항)
	2. 사용자에 대한 교육사업(「외국인근로자의 고용 등에 관한 법률」 제11조의2, 제21조제2호 및 「외국인근로자의 고용 등에 관한 법률 시행령」 제31조제2항제1호)
	3. 송출국가와 관련된 외국인근로자의 출입국 지원사업 (「외국인근로자의 고용 등에 관한 법률」 제21조제1호 및 「외국인근로자의 고용 등에 관한 법률 시행령」 제31조제2항제2호)
	4. 송출국가의 공공기관과의 협력사업(「외국인근로자의 고용 등에 관한 법률」 제21조제3호 및 「외국인근로자의 고용 등에 관한 법률 시행령」 제31조제2항제3호)
	5. 위탁받은 사업에 관한 수수료 등의 징수(「외국인근로자의 고용 등에 관한 법률」 제27조제2항 및 「외국인근로자의 고용 등에 관한 법률 시행령」 제31조제2항제4호)
	6. 외국인구직자명부의 작성·관리(「외국인근로자의 고용등에 관한 법률 시행령」 제12조제2항 및 제31조제 2항제5호)

한국산업 인력공단 노사 발전재단 중소기업 중앙회 (제조업분야) 농업협동 조합중앙회 (농축산업 분야) 수산업 협동조합 중앙회 (어업분야) 대한 건설협회 (건설업분야)	1. 송출국가와 관련된 사업을 제외한 외국인근로자의 출입국 지원사업(「외국인근로자의 고용 등에 관한 법률」 제21조제 1호 및 「외국인근로자의 고용 등에 관한 법률 시행령」 제 31조제2항제2호) 2. 외국인근로자에 대한 교육사업(「외국인근로자의 고용 등에 관한 법률」 제21조제2호 및 「외국인근로자의 고용 등에 관 한 법률 시행령」 제31조제3항제1호) 3. 외국인근로자 관련 민간단체와의 협력사업(「외국인근로자의 고용 등에 관한 법률」 제21조제3호 및 「외국인근로자의 고 용 등에 관한 법률 시행령」 제31조제3항제2호) 4. 외국인근로자 및 그 사용자에 대한 상담 등 편의 제공사업 (「외국인근로자의 고용 등에 관한 법률」 제21조제4호 및 「외국인근로자의 고용 등에 관한 법률시 행령」 제31조제3항 제3호) 5. 위탁받은 사업과 관련된 수수료 등의 징수(「외국인 근로자 의 고용 등에 관한 법률」 제27조제2항 및 「외국인근로자의 고용 등에 관한 법률 시행령」 제31조제3항제4호) 6. 외국인근로자의 국내생활 적응 및 대한민국 문화에 대한 이 해 증진과 관련된 사업(「외국인근로자의 고용 등에 관한 법 률 시행령」 제26조제2호 및 제31조제3항제5호) 7. 보증보험·상해보험 운영의 지원사업(「외국인근로자의 고용 등에 관한 법률 시행령」 제26조제3호 및 제31조제3항제 6호)
한국고용 정보원	외국인근로자 고용관리 전산시스템의 개발·운영사업(「외국인근 로자의 고용 등에 관한 법률 시행령」 제26조제1호 및 제31조 제4항)

■ 불법체류인 상태로 공장에서 근무하다가 다쳤는데, 요양급여를 받을 수 있나요?

Q. 불법체류인 상태로 공장에서 근무하다가 다쳤는데 회사에서 병원비를 줄 수 없다고 합니다. 「산업재해보상보험법」의 요양급여를 받을 수 있나요?

A. 불법체류 외국인근로자도 근로를 제공하는 한 근로자로 보아야 하므로 「산업재해보상보험법」에 따른 요양급여를 받을 수 있습니다.

판례(대법원 1995.9.15. 선고 94누12067 판결)는 "외국인이 취업자격이 아닌 산업연수 체류자격으로 입국하여 구 산업재해보상보험법(1994.12. 22. 법률 제4826호로 전문 개정되기 전의 것)의 적용대상이 되는 사업장인 회사와 고용계약을 체결하고 근로를 제공하다가 작업 도중 부상을 입었을 경우, 비록 그 외국인이 구 출입국관리법상의 취업자격을 갖고 있지 않았다 하더라도 그 고용계약이 당연히 무효라고 할 수 없고, 위 부상 당시 그 외국인은 사용 종속관계에서 근로를 제공하고 임금을 받아 온 자로서 근로기준법 소정의 근로자였다 할 것이므로 구 산업재해보상보험법상의 요양급여를 받을 수 있는 대상에 해당한다"고 하여 불법체류 근로자도 근로를 제공하는 한 근로자로 인정하고 있습니다.

Part 2. 외국인근로자 권리보호 제도

1. 노동 관계 법령에 의한 보호

1-1. 「대한민국헌법」상 근로자의 노동기본권

「대한민국헌법」에서는 근로자의 근로권, 단결권, 단체교섭권, 단체행동권을 보장하는 규정을 두고 있습니다. 노동기본권의 주요 내용은 다음과 같습니다.

권리	주요 내용
근로권	취업의 기회를 보장받을 국민의 권리 정당한 대우를 받으며 일할 근로자의 권리
단결권	근로자가 근로조건과 경제적·사회적 지위의 향상을 위해 노동조합을 자주적으로 조직하고 이에 자유롭게 가입·활동할 수 있는 권리 노동조합이 자주적이고 자유롭게 활동할 수 있는 권리
단체교섭권	노동조합대표가 사용자와 근로조건의 유지·개선과 노동조합의 활동 보장 등에 관해서 교섭할 수 있는 권리
단체행동권	노동조합이 자신의 주장을 유리하게 관철시킬 목적으로 집단적 실력행사를 할 수 있는 권리

1-2. 노동 관계 법령에 따른 보호

외국인근로자에 대하여 노동 관계 법령이 적용되는 범위는 다음 과같습니다.

구분	적용 범위
「근로기준법」	- 상시 5명 이상 근로자를 사용하는 모든 사업 또는 사업장. 다만, 동거하는 친족만을 사용하는 사업 또는 사업장과 가사(家事)사용인에게는 적용 제외(「근로기준법」 제11조제1항) - 상시 4명 이하의 근로자를 사용하는 사업 또는 사업장에 대해서는 일부 적용(「근로기준법」 제11조제2항 및 「근로기준법 시행령」 별표 1) - 상시 10명 이상의 근로자를 사용하는 사용자는 취업규칙 작성(「근로기준법」 제93조)
「최저임금법」	- 근로자를 사용하는 모든 사업 또는 사업장(「최저임금법」 제3조제1항 본문). 다만, 다음의 어느 하나에 해당되면 적용 제외(「최저임금법」 제3조제1항 단서, 제2항 및 「최저임금법 시행령」 제6조) 동거하는 친족만을 사용하는 사업 또는 사업장 가사사용인 - 「선원법」의 적용을 받는 선원과 선원을 사용하는 선박의 소유자 - 근로자의 정신 또는 신체의 장애가 해당 근로자를 종사시키려는 업무의 수행에 직접적으로 현저한 지장을 주는 것이 명백하다고 인정되는 자로서 사용자가 적용 제외에 대해 고용노동부장관의 인가를 받은 자
「남녀고용평등과 일·가정 양립 지원에 관한 법률」	근로자를 사용하는 모든 사업 또는 사업장에 적용(「남녀고용평등과 일·가정 양립 지원에 관한 법률」 제3조제1항 본문). 다만, 동거하는 친족만을 사용하는 사업 또는 사업장과 가사사용인에 대하여는 적용 제외(「남녀고용평등과 일·가정 양립 지원에 관한 법률」 제3조제1항 단서 및 「남녀고용평등과 일·가정 양립 지원에 관한 법률 시행령」 제2조)

「근로자참여 및 협력증진에 관한 법률」	근로조건에 대한 결정권이 있는 상시 30명 이상의 근로자를 사용하는 사업 또는 사업장(「근로자참여 및 협력증진에 관한 법률」 제4조제1항)
「노동조합 및 노동관계조정법」	근로자를 사용하는 모든 사업 또는 사업
「임금채권보장법」	- 근로자를 사용하는 모든 사업 또는 사업장(「임금채권보장법」 제3조). 다만, 다음의 어느 하나에 해당되면 적용 제외(「임금채권보장법」 제3조 단서, 「산업재해보상보험법」 제6조 및 「산업재해보상보험법 시행령」 제2조제1항) 1. 「공무원 재해보상법」 또는 「군인 재해보상법」에 따라 재해보상이 행해지는 사업(다만, 순직 유족급여 또는 위험직무순직유족급여를 받는 경우 제외) 2. 「선원법」·「어선원 및 어선 재해보상보험법」 또는 「사립학교교직원 연금법」에 따라 재해보상이 행해지는 사업 3. 가구내 고용활동 4. 농업·임업(벌목업은 제외)·어업·수렵업 중 법인이 아닌 자의 사업으로서 상시근로자수가 5명 미만인 사업 5. 국가 및 지방자치단체가 직접 행하는 사업
「근로자퇴직급여 보장법」	근로자를 사용하는 모든 사업 또는 사업장. 다만, 동거하는 친족만을 사용하는 사업과 가구 내 고용활동에는 적용 제외(「근로자퇴직급여 보장법」 제3조)

2. 「근로기준법」에 의한 보호

2-1. 「근로기준법」의 기본 원칙

[1] 근로조건 저하금지의 원칙

① 「근로기준법」에서 정하는 근로조건은 최저기준이므로 근로관계 당사자는 이 기준을 이유로 근로조건을 낮출 수 없습니다(「근로기준법」 제3조).

② 「근로기준법」에서 정한 근로조건의 기준에 미치지 못하는 근로계약은 무효가 되고, 무효가 된 부분은 「근로기준법」에서 정하는 바에 따르게 됩니다(「근로기준법」 제15조).

[2] 근로조건 대등결정의 원칙

근로조건은 근로자와 사용자가 동등한 지위에서 자유의사에 따라 결정되어야 합니다(「근로기준법」 제4조).

[3] 근로조건 준수의 원칙

근로자와 사용자는 각자가 단체협약, 취업규칙과 근로계약을 지키고 성실하게 이행할 의무가 있습니다(「근로기준법」 제5조).

[4] 근로자 평등대우의 원칙

① 사용자는 근로자에 대하여 남녀의 성을 이유로 차별적 대우를 하지 못하고, 국적·신앙 또는 사회적 신분을 이유로 근로조건에 대한 차별적 처우를 하지 못합니다(「근로기준법」 제6조).

② 예컨대, 대한민국 국적을 가진 근로자와 외국 국적을 가진 근로자가 동일한 직무를 하고 동일한 직무성과를 냈는데도 사용자가 외국인근로자에 대해 외국인이라는 이유로 성과급을 낮게 책정하는 경우는 국적을 이유로 한 차별에 해당한다고 할 것입니다.

③ 다만, 근로자의 학력, 능력, 근무경력, 담당업무 등 정당한 사유에 따라 차별을 두는 것은 차별대우에 해당하지 않습니다.

④ 이를 위반하면 500만원 이하의 벌금에 처해집니다(「근로기준법」 제114조 제1호).

[5] 강제근로금지의 원칙

① 사용자는 폭행, 협박, 감금 그 밖에 정신상 또는 신체상의 자유를 부당하게 구속하는 수단으로써 근로자의 자유의사에 어긋나는 근로를 강요하지 못합니다(「근로기준법」 제7조).

② 이를 위반하면 5년 이하의 징역 또는 5천만원 이하의 벌금에 처해집니다(「근로기준법」 제107조).

[6] 폭행금지의 원칙

① 사용자는 사고의 발생이나 그 밖의 어떠한 이유로도 근로자를 폭행하지 못합니다(「근로기준법」 제8조).

② 이를 위반하면 5년 이하의 징역 또는 5천만원 이하의 벌금에 처해집니다(「근로기준법」 제107조).

[7] 중간착취배제의 원칙

① 누구든지 법률에 따르지 않고는 영리로 다른 사람의 취업에 개입하거나 중간인으로서 이익을 취득하지 못합니다(「근로기준법」 제9조).

② 다만, 「직업안정법」에 따라 등록한 유료직업소개사업과 허가를 받은 근로자공급사업, 「파견근로자 보호 등에 관한 법률」에 의해 허가를 받은 근로자파견사업은 허용됩니다.

③ 이를 위반하면 5년 이하의 징역 또는 5천만원 이하의 벌금에 처해집니다(「근로기준법」 제107조).

2-2. 근로계약의 체결

2-2-1. 서면에 의한 체결

① "근로계약"이란 근로자가 사용자에게 근로를 제공하고 사용자는 이에 대해 임금을 지급하는 것을 목적으로 체결된 계약을 말합니다(「근로기준법」 제2조 제1항 제4호).

② 근로계약은 서면계약이 원칙이나 명시, 묵시 또는 구두의 방법으로 가능합니다(대법원 1972. 11. 4. 선고, 72다895 판결). 그러나 사용자와 비전문취업(E-9) 또는 방문취업(H-2) 체류자격을 가진 외국인근로자 간의 근로계약은 표준근로계약서를 사용하도록 의무화하고 있습니다(「외국인근로자의 고용 등에 관한 법률」 제9조 제1항).

2-2-2. 근로조건의 명시

① 사용자는 근로계약을 체결할 때에 다음의 근로조건을 명시해야 합니다. 이 경우 임금의 구성항목·계산방법·지급방법, 소정근로시간, 유급휴일, 연차유급휴가에 관한 사항은 서면(전자문서를 포함)으로 명시하고 근로자의 요구가 있으면 그 근로자에게 교부해야 합니다(「근로기준법」 제17조, 제93조 및 규제「근로기준법 시행령」 제8조).

1. 임금

2. 소정근로시간

3. 유급휴일

4. 연차유급휴가

5. 취업의 장소와 종사하여야 할 업무에 관한 사항

6. 업무의 시작과 종료 시각, 휴게시간, 휴일, 휴가 및 교대 근로에 관한 사항

7. 임금의 결정·계산·지급 방법, 임금의 산정기간·지급시기 및 승급에 관한 사항

8. 가족수당의 계산·지급 방법에 관한 사항

9. 퇴직에 관한 사항

10. 퇴직급여, 상여 및 최저임금에 관한 사항

11. 근로자의 식비, 작업 용품 등의 부담에 관한 사항

12. 근로자를 위한 교육시설에 관한 사항

13. 출산전후휴가·육아휴직 등 근로자의 모성 보호 및 일·가정 양립 지원에 관한 사항

14. 안전과 보건에 관한 사항

15. 근로자의 성별·연령 또는 신체적 조건 등의 특성에 따른 사

업장 환경의 개선에 관한 사항

16. 업무상과 업무 외의 재해부조에 관한 사항

17. 직장 내 괴롭힘의 예방 및 발생 시 조치 등에 관한 사항

18. 표창과 제재에 관한 사항

19. 그 밖에 해당 사업 또는 사업장의 근로자 전체에 적용될 사항

20. 사업장의 부속 기숙사에 근로자를 기숙하게 하는 경우에는 기숙사 규칙에서 정한 사항

② 명시된 근로조건이 사실과 다를 경우에 근로자는 근로조건 위반을 이유로 손해의 배상을 청구할 수 있으며 즉시 근로계약을 해제할 수 있습니다(「근로기준법」 제19조 제1항).

③ 근로자가 손해배상을 청구할 경우에는 노동위원회에 신청할 수 있으며, 근로계약이 해제되었을 경우에는 사용자는 취업을 목적으로 거주를 변경하는 근로자에게 귀향 여비를 지급해야 합니다(「근로기준법」 제19조 제2항).

2-2-3. 근로계약기간

① 근로계약기간은 기간을 정하지 않은 것과 일정한 사업의 완료에 필요한 기간을 정한 것 외에는 1년을 초과하지 못합니다(「근로기준법」 제16조).

② 근로계약기간의 종료와 갱신에 관하여 판례는 "근로계약기간을 정한 경우에 있어서 근로관계는 특별한 사정이 없는 한 그 기간이 만료하면 사용자의 해고 등 별도의 조치가 필요 없이 당연히 종료되는 것"으로 보고 있고(대법원 1995. 7. 11 선고, 95다9280 판결), "계약기간이 끝난 후에도 근로자가 계속 근로하고 노사 쌍방이 상당한 기간 내에 이의를 제기하지 않은 경우에는 동일조건으로 근로계약은 묵시의 갱신이 성립된 것"으로 보고 있습니다.

③ 「외국인근로자의 고용 등에 관한 법률」에서는 사용자와 외국인 근로자가 3년의 기간 내에서 근로계약을 체결하거나 갱신할 수 있도록 규정하고 있습니다(「외국인근로자의 고용 등에 관한 법률」 제9조 제3항).

2-2-4. 근로계약 체결 시 금지 사항

① 사용자는 근로계약 불이행에 대한 위약금 또는 손해배상액을 예정하는 계약을 체결하지 못합니다(「근로기준법」 제20조).

② 사용자는 전차금(前借金)이나 그 밖에 근로할 것을 조건으로 하는 전대채권(前貸債權)과 임금을 상계(相計)하지 못합니다(「근로기준법」 제21조).

③ "전차금"이란 취업 후 임금에서 변제할 것을 예정하여 사용자가 근로자 또는 친권자에게 미리 빌려주는 금전을 말하고, "전대채권"이란 전차금 이외에 근로할 것을 조건으로 사용자가 근로자 또는 친권자 등에 지급하는 금전을 말합니다.

④ 사용자는 근로계약에 덧붙여 강제 저축 또는 저축금의 관리를 규정하는 계약을 체결하지 못합니다(「근로기준법」 제22조).

2-3. 취업규칙의 작성과 변경

2-3-1. 취업규칙의 의미

① "취업규칙"이란 사용자가 소속 사업장의 근로자들이 준수해야 할 복무규율과 임금, 근로시간 등 근로조건에 관한 구체적인 사항을 정한 문서를 말합니다.

② 취업규칙의 작성 및 신고의무

상시 10명 이상의 근로자를 사용하는 사용자는 다음의 사항에 관한 취업규칙을 작성해서 관할 지방고용노동관서의 장에게 신고해야 합니다. 변경하는 경우에도 신고해야 합니다(「근로기준법」 제93조).

1. 업무의 시작과 종료 시각, 휴게시간, 휴일, 휴가 및 교대 근로에 관한 사항

2. 임금의 결정·계산·지급 방법, 임금의 산정기간·지급시기 및 승급에 관한 사항

3. 가족수당의 계산·지급 방법에 관한 사항

4. 퇴직에 관한 사항

5. 퇴직급여, 상여 및 최저임금에 관한 사항

6. 근로자의 식비, 작업 용품 등의 부담에 관한 사항

7. 근로자를 위한 교육시설에 관한 사항

8. 출산전후휴가·육아휴직 등 근로자의 모성 보호 및 일·가정 양립 지원에 관한 사항

9. 안전과 보건에 관한 사항

10. 근로자의 성별·연령 또는 신체적 조건 등의 특성에 따른 사업장 환경의 개선에 관한 사항

11. 업무상과 업무 외의 재해부조에 관한 사항

12. 직장 내 괴롭힘의 예방 및 발생 시 조치 등에 관한 사항

13. 표창과 제재에 관한 사항

14. 그 밖에 해당 사업 또는 사업장의 근로자 전체에 적용될 사항

2-3-2. 취업규칙의 게시

① 사용자는 취업규칙을 근로자가 자유롭게 열람할 수 있는 장소에 항상 게시하거나 갖추어 두어 근로자에게 널리 알려야 합니다 (「근로기준법」 제14조제1항).

② 이를 위반하면 1차 30만원, 2차 50만원, 3차 100만원의 과태료가 부과됩니다(「근로기준법」 제116조제2항제2호 및 「근로기준법 시행령」 별표 7 제2호나목).

2-3-3. 취업규칙의 효력

① 취업규칙에서 정한 기준에 미달하는 근로조건을 정한 근로계약은 그 부분에 관해서 무효가 됩니다. 이 경우 무효로 된 부분은 취업규칙에서 정한 기준에 따릅니다(「근로기준법」 제97조).

② 취업규칙을 주지·게시해야 효력이 발생하는지에 대해 판례(대법원 2004. 2. 12. 선고 2001다63599 판결)는 "취업규칙은 사용자가 정하는 기업 내의 규범이기 때문에 사용자가 취업규칙을 신설 또는 변경하기 위한 조항을 정하였다고 하여도 그로 인하여 바로 효력이 생기는 것이라고는 할 수 없고 신설 또는 변경된 취업규칙의 효력이 생기기 위하여는 반드시 규제「근로기준법」 제13조 제1항에서 정한 방법에 의할 필요는 없지만, 적어도 법령의 공포에 준하는 절차로서 그것이 새로운 기업 내 규범인 것을 널리 종업원 일반으로 하여금 알게 하는 절차 즉, 어떠한 방법이든지 적당한 방법에 의한 주지가 필요하다"고 하여 사용자의 주지·게시 조치를 효력발생요건으로 보고 있습니다.

2-4. 임금 지급

2-4-1. 임금의 의미

"임금"이란 사용자가 근로의 대가로 근로자에게 임금, 봉급이나 그 밖의 어떠한 명칭으로든지 지급하는 모든 금품을 말합니다(「근로기준법」 제2조 제1항 제5호).

2-4-2. 임금의 종류

① 임금에는 통상임금과 평균임금이 있습니다.

"통상임금"이란 근로자에게 정기적·일률적으로 소정(所定)근로 또는 총 근로에 대해 지급하기로 정해진 시간급금액·일급금액·주급금액·월급금액 또는 도급금액을 말하는 것으로서(「근로기준법 시행령」 제6조 제1항), 아래 표의 수당을 산정하는 기초가 됩니다.

② "소정근로시간"이란 법정근로시간의 범위에서 근로자와 사용자 간에 정한 근로시간을 말합니다(「근로기준법」 제2조 제1항 제8호).

수당		지급액
해고예고수당(「근로기준법」 제26조)		통상임금의 30일분
연장근로, 야간근로의 가산수당	「근로기준법」 제56조	통상임금의 50% 이상
휴일근로의 가산수당		8시간 이내의 휴일근로: 통상임금의 50%
		8시간을 초과한 휴일근로: 통상임금의 100%
연차유급휴가수당(「근로기준법」제60조)		통상임금 또는 평균임금의 100%
출산전후휴가 급여 등(「남녀고용평등과 일·가정 양립 지원에 관한 법률」 제18조)		통상임금의 100%

③ "평균임금"이란 평균임금을 산정해야 할 사유가 발생한 날 이전 3개월 동안에 그 근로자에 대해 지급된 임금의 총액을 그 기간의 총일수로 나눈 금액을 말하는 것으로서(「근로기준법」 제2조제1항제6호), 아래 표의 수당을 산정하는 기초가 됩니다.

수당	지급액
퇴직금(「근로자퇴직급여 보장법」 제8조제1항)	평균임금의 30일분
휴업수당(「근로기준법」 제46조)	평균임금의 70% 이상
연차유급휴가수당(「근로기준법」 제60조)	통상임금 또는 평균임금의 100%
재해보상금(「근로기준법」 제78조부터 제84조까지)	재해보상 유형에 따라 달라짐
감급액(「근로기준법」 제95조)	1회의 감급액이 평균임금의 1일분의 50% 미만, 임금총액의 10% 미만

④ 근로자가 취업한 기간이 3개월 미만인 경우에도 이에 준해서 평균임금이 산정됩니다(「근로기준법」 제2조제1항제6호).

⑤ 산출된 평균임금이 그 근로자의 통상임금보다 적으면 그 통상임금액을 평균임금으로 합니다(「근로기준법」제2조제2항).

2-4-3. 임금지급의 원칙

① 임금은 통화(通貨)로 직접 근로자에게 그 전액을 지급해야 합니다(「근로기준법」 제43조 제1항 본문).

② 따라서, 어음·수표(은행에 의해 지급이 보장된 자기앞수표는 제외), 상품교환권이나 회사의 생산제품을 임금으로 지급하는 것은 원칙적으로 허용되지 않습니다.

③ 다만, 법령 또는 단체협약에 특별한 규정이 있는 경우에는 임금의 일부를 공제하거나 통화 이외의 것으로 지급할 수 있습니다(「근로기준법」 제43조 제1항 단서).

④ 임금은 매월 1회 이상 일정한 날짜를 정하여 지급해야 합니다(「근로기준법」 제43조 제2항 본문). 다만, 임시로 지급하는 임금, 수당이나 그 밖에 이에 준하는 것 또는 다음 중 어느 하나에 속하는 임금에 대해서는 예외입니다(「근로기준법」 제43조제2항 단서 및 「근로기준법 시행령」 제23조).

1. 1개월을 초과하는 기간의 출근 성적에 따라 지급하는 정근수당
2. 1개월을 초과하는 일정 기간을 계속하여 근무한 경우에 지급되는 근속수당
3. 1개월을 초과하는 기간에 걸친 사유에 따라 산정되는 장려금, 능률수당 또는 상여금
4. 그 밖에 부정기적으로 지급되는 모든 수당

⑤ 또한, 근로자가 출산, 질병, 재해, 그 밖에 비상(非常)한 경우의 비용에 충당하기 위해 임금 지급을 청구하면 지급기일 전이라도 이미 제공한 근로에 대한 임금을 지급해야 합니다(「근로기준법」 제45조 및 「근로기준법 시행령」 제25조).

⑥ 이상의 임금지급 기준을 위반하면 3년 이하의 징역 또는 3천만 원 이하의 벌금에 처해집니다(「근로기준법」 제109조 제1항). 다만, 이 경우 피해자의 명시적인 의사와 다르게 공소를 제기할 수 없습니다(「근로기준법」 제109조 제2항).

⑦ 「최저임금법」에 따른 최저임금 이상의 지급원칙에 관해서는 이하(「최저임금법」에 의한 보호)에서 설명합니다.

2-4-4. 임금의 지급보장 : 휴업기간 중의 임금

① "휴업수당"이란 사용자의 귀책사유로 휴업하는 기간 중에 사용자가 지급해야 하는 임금의 일정비율에 해당하는 수당을 말합니다(「근로기준법」 제46조 제1항).

② 휴업수당액은 평균임금의 70% 이상이 원칙이나, 다음과 같은 경우에는 평균임금의 70%보다 낮은 금액을 지급할 수 있습니다(「근로기준법」 제46조).

  1. 평균임금의 70%에 해당하는 금액이 통상임금을 초과하는 경우. 이 경우에는 통상임금을 휴업수당으로 지급합니다.

  2. 부득이한 사유로 사업을 계속하는 것이 불가능해서 노동위원회의 승인을 받은 경우

③ 이를 위반하면 3년 이하의 징역 또는 3천만원 이하의 벌금에 처해집니다(「근로기준법」 제109조 제1항).

2-5. 근로시간

2-5-1. 법정근로시간

① 1주 간의 근로시간은 휴게시간을 제외하고 40시간을 초과할 수 없습니다(「근로기준법」 제50조 제1항).

② 1일의 근로시간은 휴게시간을 제외하고 8시간을 초과할 수 없습니다(「근로기준법」 제50조 제2항).

③ 15세 이상 18세 미만인 자의 근로시간은 1일에 7시간, 1주일에 35시간을 초과하지 못합니다(「근로기준법」 제69조 본문).

> ※ "휴게(休憩)시간"이란?
> "휴게시간"이란 근로시간 중에 근로자가 작업에 관한 사용자의 지휘·감독으로부터 벗어나서 자유로이 이용할 수 있는 시간을 말하며, 근로시간에 포함되지 않고, 이 시간에는 임금이 지급되지 않습니다.

> ※ 판례(대법원 1993.5.27. 선고 92다24509 판결)는 "근로기준법상의 근로시간이라 함은 근로자가 사용자의 지휘, 감독 아래 근로계약상의 근로를 제공하는 시간을 말하는바, 근로자가 작업시간의 중도에 현실로 작업에 종사하지 않은 대기시간이나 휴식, 수면시간 등이라 하더라도 그것이 휴게시간으로서 근로자에게 자유로운 이용이 보장된 것이 아니고 실질적으로 사용자의 지휘, 감독 하에 놓여 있는 시간이라면 이를 당연히 근로시간에 포함시켜야 할 것이다"라고 하여 휴게시간을 실질적 의미로 파악하고 있습니다.

④ 사용자는 근로시간이 4시간인 경우에는 30분 이상, 8시간인 경우에는 1시간 이상의 휴게시간을 근로시간 도중에 주어야 하며, 이러한 휴게시간은 근로자가 자유롭게 이용할 수 있습니다(「근로기준법」 제54조).

2-5-2. 연장·야간 및 휴일 근로의 제한

① 연장근로는 당사자 간에 합의하고 연장근로수당을 지급하더라도 1주일에 12시간을 초과할 수 없습니다(「근로기준법」 제53조 제1항).

② 15세 이상 18세 미만인 자의 연장근로시간은 당사자가 합의하더라도 1일에 1시간, 1주일에 5시간을 초과할 수 없습니다(「근로기준법」 제69조 단서).

③ 사용자는 산후 1년이 지나지 않은 여성에 대해서는 단체협약이 있는 경우라도 1일 2시간, 1주에 6시간, 1년에 150시간을 초과하는 연장근로를 시키지 못합니다(「근로기준법」 제71조).

④ 사용자는 임신 중의 여성근로자에게 연장근로를 시킬 수 없습니다(「근로기준법」 제74조 제5항).

⑤ 사용자가 18세 이상의 여성에 대해 야간근로 또는 휴일근로를 시키려면 그 근로자의 동의를 받아야 합니다(「근로기준법」 제70조 제1항).

⑥ 사용자는 임산부와 18세 미만자에 대해 다음의 어느 하나에 해당하는 경우로서 지방고용노동관서의 장의 인가를 받은 경우가 아니면 야간근로 또는 휴일근로를 시키지 못합니다(「근로기준법」 제70조 제2항).

1. 18세 미만자의 동의가 있는 경우

2. 산후 1년이 지나지 않은 여성의 동의가 있는 경우

3. 임신 중의 여성이 명시적으로 청구하는 경우

⑦ 사용자는 당사자 간의 합의에 의한 연장근로, 야간근로(오후 10시부터 오전 6시까지 사이의 근로) 또는 휴일근로에 대해 통상임금의 50% 이상을 가산해서 지급해야 합니다(「근로기준법」 제56조). 다만, 사용자가 근로자대표와 서면 합의를 하는 경우에는 연장근로·야간근로 및 휴일근로에 대해 임금 지급을 대신해서 휴가를 줄 수 있습니다(「근로기준법」 제57조).

2-6. 휴일·휴가

2-6-1. 휴일·휴가의 의미

"휴일"이란 근로제공의 의무가 없는 날을 의미하며, "휴가"는 근로제공 의무가 있으나 법에서 또는 사용자의 승낙으로 근로제공이 면제된 날을 의미합니다.

2-6-2. 휴일의 종류

① 휴일의 종류에는 법정휴일과 약정휴일이 있습니다.

※ "주휴일"이란?
① 1주 간의 소정근로일을 개근한 자에 대해 주는 유급휴일을 말합니다(「근로기준법 시행령」 제30조).
② 사용자는 근로자에게 1주일에 평균 1회 이상의 휴일을 주어야 하며(「근로기준법」 제55조제1항), 반드시 일요일을 의미하는 것이 아니라, 취업규칙이나 단체협약에 의해 미리 정해진 어느 특정일에 주휴일을 주어야 한다는 것입니다.

② "법정휴일"이란 「근로기준법」의 주휴일(週休日)과 「근로자의 날 제정에 관한 법률」의 '근로자의 날'(5월 1일) 등 법령에 의한 휴일을 말하며, 반드시 유급휴일입니다.

② "약정휴일"이란 단체협약·취업규칙·근로계약 등에서 특정일을 휴일로 정한 날을 말하며, 약정휴일을 유급휴일로 할 것인지는 단체협약·취업규칙·근로계약 등에서 정하는 바에 따릅니다.

2-6-3. 휴가의 종류

※ "연차유급휴가"란?
"연차유급휴가"란 사용자가 근로자에게 매년 유급으로 제공해야 하는 휴가를 말합니다.

① 현행 「근로기준법」에서 규정하고 있는 휴가에는 연차유급휴가, 생리휴가, 출산전후휴가, 유산(遺産)·사산(死産)휴가가 있습니다.

② 사용자는 1년 이상 근속하며 80% 이상 출근한 근로자에게 15 일의 유급휴가를 주어야 합니다(「근로기준법」 제60조 제1항). 근로자가 업무상의 부상 또는 질병으로 휴업한 기간, 임신 중의 여성이 출산전후휴가, 유산·사산휴가로 휴업한 기간, 육아휴직으로 휴업한 기간은 출근한 것으로 봅니다(「근로기준법」 제60조 제6항).

③ 사용자는 계속해서 근로한 기간이 1년 미만인 근로자 또는 1년 간 80% 미만 출근한 근로자에게 1개월 개근 시 1일의 유급휴 가를 주어야 합니다(「근로기준법」 제60조 제2항).

④ 사용자는 3년 이상 계속해서 근로한 근로자에게 15일의 유급휴 가에 최초 1년을 초과하는 계속 근로연수 매 2년에 대해 1일을 가산한 유급휴가를 주어야 합니다. 이 경우 가산휴가를 포함한 총 휴가일수는 25일을 한도로 합니다(「근로기준법」 제60조 제4항).

⑤ 사용자는 연차유급휴가를 근로자가 청구한 시기에 주어야 하고, 그 기간에 대해서는 취업규칙 등에서 정하는 통상임금 또는 평 균임금을 지급해야 합니다. 다만, 근로자가 청구한 시기에 휴가 를 주는 것이 사업 운영에 막대한 지장이 있는 경우에는 그 시 기를 변경할 수 있습니다(「근로기준법」 제60조 제5항).

⑥ 연차유급휴가는 1년간(계속하여 근로한 기간이 1년 미만인 근로 자는 최초 1년의 근로가 끝날 때까지의 기간) 행사하지 않으면 소멸됩니다. 다만, 사용자의 귀책사유로 사용하지 못한 경우에는 소멸되지 않습니다(「근로기준법」 제60조 제7항).

※ "모성보호휴가"란?
  사용자는 여성근로자가 청구하면 월 1일의 생리휴가를 주어야 합니다(「근로기준 법」 제73조).

⑦ 사용자는 근로자대표와의 서면 합의에 따라 연차유급휴가일을 대신해서 특정한 근로일에 근로자를 휴무시킬 수 있습니다(「근로기준법」 제62조).

⑧ 사용자는 임신 중의 여성에게 출산 전과 출산 후를 통해 90일(한 번에 둘 이상 자녀를 임신한 경우에는 120일)의 출산전후휴가를 주어야 합니다. 이 경우 휴가기간의 배정은 출산후에 45일(한 번에 둘 이상 자녀를 임신한 경우에는 60일) 이상의 기간이 배정되어야 합니다(「근로기준법」 제74조 제1항).

⑨ 사용자는 임신 중인 여성 근로자가 유산의 경험 등으로 출산후휴가를 청구하는 경우 출산 전 어느 때라도 휴가를 나누어 사용할 수 있도록 해야 합니다. 이 경우 출산 후의 휴가 기간은 연속하여 45일(한 번에 둘 이상 자녀를 임신한 경우에는 60일) 이상이 되어야 합니다(「근로기준법」 제74조 제2항).

2-7. 근로시간과 휴게·휴일·휴가의 특례

2-7-1. 연장근로와 휴게의 특례

① 「통계법」에 따라 통계청장이 고시하는 산업에 관한 표준의 중분류 또는 소분류 중 다음 중 어느 하나에 해당하는 사업에 대하여 사용자가 근로자대표와 서면으로 합의한 경우에는 주(週) 12시간을 초과하여 연장근로를 하게 하거나 휴게시간을 변경할 수 있습니다(「근로기준법」 제59조 제1항).

1. 육상운송 및 파이프라인 운송업(다만, 노선(路線) 여객자동차 운송사업은 제외)

2. 수상운송업

3. 항공운송업

4. 그 밖에 운송 관련 서비스업

5. 보건업

② 사용자는 위의 합의에 따라 연장근로를 한 경우에는 근로일 종료 후 다음 근로일 개시 전까지 근로자에게 연속하여 11시간 이상의 휴식 시간을 주어야 합니다(「근로기준법」 제59조 제2항).

2-7-2. 근로시간·휴게·휴일·휴가에 관한 특례

① 「근로기준법」 제4장과 제5장에서 정한 근로시간, 휴게와 휴일에 관한 규정은 다음 중 어느 하나에 해당하는 근로자에 대해서는 적용하지 않습니다(「근로기준법」 제63조 및 「근로기준법 시행령」 제34조).

1. 토지의 경작·개간, 식물의 식재(植栽)·재배·채취 사업, 그 밖의 농림 사업에 종사하는 근로자

2. 동물의 사육, 수산 동식물의 채취·포획·양식 사업, 그 밖의 축

산, 양잠, 수산 사업에 종사하는 근로자

3. 감시(監視) 또는 단속적(斷續的)으로 근로에 종사하는 사람으로서 사용자가 지방고용노동관서의 장의 승인을 받은 사람

4. 사업의 종류에 관계 없이 관리·감독 업무 또는 기밀을 취급하는 업무에 종사하는 근로자

② 4주 동안(4주 미만으로 근로하는 경우에는 그 기간)을 평균해서 1주 동안의 소정근로시간이 15시간 미만인 근로자에 대해서는 「근로기준법」의 주휴일과 연차유급휴가에 관한 규정이 적용되지 않습니다(「근로기준법」 제18조 제3항).

2-8. 해고

2-8-1. 해고의 의미

① "해고"란 사업장에서 근로자의 동의 없이 또는 근로자의 의사에 반해 사용자의 일방적인 의사표시에 의해 근로계약 또는 근로관계를 장래에 향해 그 효력을 소멸시키는 행위를 말합니다(대법원 1996. 5. 31. 선고 95다33238 판결).

② 다음의 판례에서 법원은 해고를 실질적인 의미로 보고 있습니다.

ⓐ "사용자가 근로자로부터 사직서를 제출받고 이를 수리하는 의원면직의 형식을 취하여 근로계약관계를 종료시킨다 할지라도, 사직의 의사 없는 근로자로 하여금 어쩔 수 없이 사직서를 작성 제출하게 한 경우에는, 실질적으로 사용자의 일방적 의사에 의하여 근로계약관계를 종료시키는 것이어서 해고에 해당한다고 할 것이다"(대법원 2002. 6. 14. 선고 2001두11076 판결; 대법원 2001. 1. 19. 선고 2000다51919, 51926 판결, 대법원 1993. 1. 26. 선고 91다38686 판결 등 참조)

ⓑ "기간을 정하여 채용된 근로자라고 할지라도 장기간에 걸쳐서 그 기간의 갱신이 반복되어 그 정한 기간이 단지 형식에 불과하게 된 경우에는 사실상 기간의 정함이 없는 근로자의 경우와 다를 바가 없게 되는 것이고, 그 경우에 사용자가 정당한 사유 없이 갱신계약의 체결을 거절하는 것은 해고와 마찬가지로 무효라고 할 것"(대법원 1994.1.11. 선고 93다17843 판결)

2-8-2. 해고의 유형

① 근로자 일신상의 사유(직무수행 능력의 결여, 성격상의 부적격성, 질병 등 정신적·육체적 기타 노무제공의 적격성의 심각한 저해 등)로 인한 해고와 징계해고(지나친 결근 및 지각, 근로거부, 범법행위, 부정행위 또는 비윤리적 행위 등에 대한 제재)와 같은 근로자 측 사정에 의한 해고가 있습니다.

② 한편, 경영상 이유에 의한 해고처럼 사용자 측 사정에 의한 해고가 있는데, 이 경우의 해고는 「근로기준법」에서 정하는 해고 요건을 갖추어야만 합니다.

2-8-3. 해고의 제한

① 사용자는 정당한 이유 없이 근로자를 해고하지 못합니다(「근로기준법」 제23조제1항).

② "정당한 이유 있는 해고"란?

어떤 경우가 "정당한 이유 있는 해고"에 해당하는지는 법원의 판례, 노동위원회의 결정, 고용노동부의 유권해석 등을 통해 정해집니다.

③ 판례는 "징계해고가 정당성을 부여받기 위하여는 구체적인 사안에서 사회통념상 근로계약을 존속시킬 수 없을 정도로 근로자에게 책임 있는 사유가 있음을 요하는 것이기는 하나, 일단 해고사유에 해당되는 이상 원고의 과실 정도, 피해의 경중, 평소의 소행, 징계사유 발생 이후의 정황 등을 종합적으로 보아 해고의 상당성 여부를 판별할 수 있는 것이다"(대법원 1997. 4. 8. 선고 96다33556 판결), "근로자에게 여러 가지 징계혐의사실이 있는 경우 이에 대한 징계해고처분이 적정한지의 여부는 그 사유 하나씩 또는 그 중 일부의 사유만 가지고 판단할 것이 아니고 전체의 사유에 비추어 사회통념상 근로계약을 계속시킬 수

없을 정도로 근로자에게 책임이 있는지 여부에 의하여야 할 것이다"(대법원 1996. 9. 20. 선고 95누15742 판결; 대법원 1991. 11. 22. 선고 91다6740 판결, 대법원 1996. 5. 31. 선고 95누2487 판결 참조)라고 하고 있습니다.

④ 사용자는 근로자가 업무상 부상 또는 질병의 요양을 위해 휴업한 기간과 그 후 30일 동안 또는 출산 전·후의 여성이 휴업한 기간과 그 후 30일 동안은 해고하지 못합니다. 다만, 사용자가 일시보상을 했을 경우 또는 사업을 계속할 수 없게 된 경우에는 해고할 수 있습니다(「근로기준법」 제23조 제2항).

⑤ 이를 위반하면 5년 이하의 징역 또는 5천만원 이하의 벌금에 처해집니다(「근로기준법」 제107조).

⑥ 사용자가 경영상 이유에 의해 근로자를 해고하려면 다음과 같은 요건을 모두 갖추어야 합니다(「근로기준법」 제24조).

1. 긴박한 경영상의 필요가 있을 것

2. 사용자가 해고를 피하기 위한 노력을 다할 것

3. 합리적이고 공정한 해고의 기준에 따라 대상자를 선정하고, 남녀의 성(性)을 이유로 차별하지 않을 것

※ 관련 판례(대법원 2002. 7. 9. 선고 2001다29452 판결)

① 긴박한 경영상 필요의 판단 방법 : "긴박한 경영상의 필요라 함은 반드시 기업의 도산을 회피하기 위한 경우에 한정되지 아니하고, 장래에 올 수도 있는 위기에 미리 대처하기 위하여 인원삭감이 객관적으로 보아 합리성이 있다고 인정되는 경우도 포함되는 것으로 보아야 하고, 위 각 요건의 구체적 내용은 확정적·고정적인 것이 아니라 구체적 사건에서 다른 요건의 충족 정도와 관련하여 유동적으로 정해지는 것이므로 구체적 사건에서 경영상 이유에 의한 당해 해고가 위 각 요건을 모두 갖추어 정당한지 여부는 위 각 요건을 구성하는 개별사정들을 종합적으로 고려하여 판단하여야 한다"

② 사용자가 해고회피노력을 다하였는지 여부의 판단 방법 : "사용자가 정리해고를 실시하기 전에 다하여야 할 해고회피노력의 방법과 정도는 확정적·고정적인 것이 아니라 당해 사용자의 경영위기의 정도, 정리해고를 실시하여야 하는 경영상의 이유, 사업의 내용과 규모, 직급별 인원상황 등에 따라 달라지는 것이고, 사용자가 해고를 회피하기 위한 방법에 관하여 노동조합 또는 근로자대표와 성실하게 협의하여 정리해고 실시에 관한 합의에 도달하였다면 이러한 사정도 해고회피노력의 판단에 참작되어야 한다"

③ 합리적이고 공정한 해고 기준인지 여부의 판단 방법 : "합리적이고 공정한 해고의 기준 역시 확정적·고정적인 것은 아니고 당해 사용자가 직면한 경영위기의 강도와 정리해고를 실시하여야 하는 경영상의 이유, 정리해고를 실시한 사업 부문의 내용과 근로자의 구성, 정리해고 실시 당시의 사회경제상황 등에 따라 달라지는 것이고, 사용자가 해고의 기준에 관하여 노동조합 또는 근로자대표와 성실하게 협의하여 해고의 기준에 관한 합의에 도달하였다면 이러한 사정도 해고의 기준이 합리적이고 공정한 기준인지의 판단에 참작되어야 한다"

4. 사용자가 해고를 피하기 위한 방법과 해고의 기준 등에 관해 그 사업 또는 사업장에 근로자의 과반수로 조직된 노동조합이 있는 경우에는 그 노동조합(근로자의 과반수로 조직된 노동조합이 없는 경우에는 근로자의 과반수를 대표하는 자, 즉 근로자대표)에 해고하려는 날의 50일 전까지 통보하고 성실하게 협의할 것

2-8-4. 해고의 예고

① 사용자는 근로자를 해고(경영상 이유에 의한 해고를 포함)하려면 적어도 30일 전에 예고를 해야 하고, 30일 전에 예고를 하지 아니하였을 경우에는 30일분 이상의 통상임금을 지급해야 합니다(「근로기준법」 제26조 본문).

② 다만, 다음 중 어느 하나의 사유에 해당하는 경우에는 해고예고를 하지 않아도 됩니다(「근로기준법」 제26조 단서 및 「근로기준법 시행규칙」 별표 1).

1. 근로자가 계속 근로한 기간이 3개월 미만인 경우

2. 천재·사변, 그 밖에 부득이한 사유로 사업을 계속 하는 것이 불가능한 경우

3. 납품업체로부터 금품이나 향응을 제공받고 불량품을 납품 받아 생산에 차질을 가져온 경우

4. 영업용 차량을 임의로 타인에게 대리운전하게 해 교통사고를 일으킨 경우

5. 사업의 기밀이나 그 밖의 정보를 경쟁관계에 있는 다른 사업자 등에게 제공해서 사업에 지장을 가져온 경우

6. 허위 사실을 날조해서 유포하거나 불법 집단행동을 주도해서 사업에 막대한 지장을 가져온 경우

7. 영업용 차량 운송 수입금을 부당하게 착복하는 등 직책을 이용해서 공금을 착복, 장기유용, 횡령 또는 배임한 경우

8. 제품 또는 원료 등을 몰래 훔치거나 불법 반출한 경우

9. 인사·경리·회계담당 직원이 근로자의 근무상황 실적을 조작하거나 허위 서류 등을 작성해서 사업에 손해를 끼친 경우

10. 사업장의 기물을 고의로 파손해서 생산에 막대한 지장을 가져온 경우

11. 그 밖에 사회통념상 고의로 사업에 막대한 지장을 가져오거나 재산상 손해를 끼쳤다고 인정되는 경우

③ 사용자가 위 해고예고 의무를 위반하면 2년 이하의 징역 또는 2천만원 이하의 벌금에 처해집니다(「근로기준법」 제110조 제1호).

④ 사용자가 근로자를 해고하려면 해고사유와 해고시기를 서면으로 통지해야 하고, 서면으로 통지하지 않으면 효력이 없습니다(「근로기준법」 제27조 제1항 및 제2항).

⑤ 사용자가 해고의 예고를 해고사유와 해고시기를 명시하여 서면으로 한 경우에는 해고의 통지를 한 것으로 봅니다(「근로기준법」 제27조 제3항).

2-8-5. 해고 시 사업장 변경

① 「외국인근로자의 고용 등에 관한 법률」에 따라 사용자가 정당한 사유로 근로계약기간 중 근로계약을 해지하려거나 근로자계약이 만료된 후 갱신을 거절하려는 경우에는 해당 외국인근로자는 다른 사업 또는 사업장으로 변경이 가능합니다.

② 이 경우 외국인근로자는 고용센터에 사업장 변경을 신청하고 고용센터의 취업알선을 거쳐 다른 사업장에 취업할 수 있습니다(「외국인근로자의 고용 등에 관한 법률」 제25조).

2-9. 「최저임금법」에 의한 보호

2-9-1. 최저임금제도

"최저임금제도"란 국가가 임금의 최저수준을 정하고 사용자에게 그 준수를 법으로 강제하는 제도입니다.

2-9-2. 최저임금의 효력

① 사용자는 최저임금의 적용을 받는 근로자에 대해 최저임금액 이상의 임금을 지급해야 하며(「최저임금법」 제6조 제1항), 사용자는 최저임금을 이유로 종전의 임금수준을 낮추어서는 안 됩니다(「최저임금법」 제6조 제2항).

② 이를 위반하면 3년 이하의 징역 또는 2천만원 이하의 벌금에 처해집니다. 이 경우 징역과 벌금은 병과(竝科)될 수 있습니다(「최저임금법」 제28조).

③ 최저임금의 적용을 받는 근로자와 사용자 사이의 근로계약 중 최저임금액에 미치지 못하는 금액을 임금으로 정한 부분은 무효로 하며, 이 경우 무효로 된 부분은 「최저임금법」으로 정한 최저임금액과 동일한 임금을 지급하기로 한 것으로 봅니다(「최저임금법」 제6조제3항).

④ 다음 중 어느 하나에 해당하는 임금은 최저임금에 포함되지 않습니다(「최저임금법」 제6조 제4항 단서).

　　1. 소정근로시간 또는 소정의 근로일에 대해 지급하는 임금 외의 임금으로서 다음 중 어느 하나에 해당하는 임금(「최저임금법 시행규칙」 제2조 제1항)

　　　- 연장근로 또는 휴일근로에 대한 임금 및 연장·야간 또는 휴일 근로에 대한 가산임금

- 연차 유급휴가의 미사용수당
- 유급으로 처리되는 휴일(「근로기준법」 제55조 제1항에 따른 유급휴일 제외)에 대한 임금
- 그 밖에 명칭에 관계없이 위와 같이 인정되는 임금

2. 상여금, 그 밖에 이에 준하는 것으로서 다음의 임금의 월지급액 중 해당 연도 시간급 최저임금액을 기준으로 산정된 월 환산액의 100분의 25에 해당하는 부분
- 1개월을 초과하는 기간에 걸친 해당 사유에 따라 산정하는 상여금, 장려가급(獎勵加給), 능률수당 또는 근속수당
- 1개월을 초과하는 기간의 출근성적에 따라 지급하는 정근 수당

3. 식비, 숙박비, 교통비 등 근로자의 생활 보조 또는 복리후생을 위한 성질의 임금으로서 다음 중 어느 하나에 해당하는 것
- 통화 이외의 것으로 지급하는 임금
- 통화로 지급하는 임금의 월 지급액 중 해당 연도 시간급 최저임금액을 기준으로 산정된 월 환산액의 100분의 7에 해당하는 부분

⑤ 도급으로 사업을 행하는 경우 다음의 행위와 같이 도급인이 책임져야 할 사유로 수급인이 근로자에게 최저임금액에 미치지 못하는 임금을 지급한 경우 도급인은 해당 수급인과 연대(連帶)하여 책임을 져야 합니다(「최저임금법」 제6조 제7항 및 제8항).

1. 도급인이 도급계약 체결 당시 인건비 단가를 최저임금액에 미치지 못하는 금액으로 결정하는 행위

2. 도급인이 도급계약 기간 중 인건비 단가를 최저임금액에 미치지 못하는 금액으로 낮춘 행위

2-9-3. 최저임금의 결정

① 고용노동부장관은 근로자의 생계비, 유사근로자의 임금, 노동생산성 및 소득분배율 등을 고려해서(「최저임금법」 제4조제1항) 최저임금위원회가 심의·의결한 최저임금안에 따라 매년 8월 5일까지 최저임금을 결정하여(「최저임금법」 제8조 제1항) 고시합니다(「최저임금법」 제10조 제1항).

② 2024년 1월 1일부터 2024년 12월 31일까지 적용되는 최저임금액은 시간급 9,860원이고, 사업의 종류별 구분 없이 모든 사업장에 동일하게 적용됩니다[「2024년 적용 최저임금 고시」(고용노동부고시 제2023-43호, 2023. 8. 4. 발령, 2024. 1. 1. 시행)].

2-9-4. 최저임금의 주지 의무

① 최저임금의 적용을 받는 사용자는 다음의 내용을 그 사업의 근로자가 쉽게 볼 수 있는 장소에 게시하거나 그 밖의 적당한 방법으로 이를 근로자에게 널리 알려야 합니다(「최저임금법」 제11조 및 「최저임금법 시행령」 제11조 제1항).

1. 적용을 받는 근로자의 최저임금액

2. 최저임금에 산입하지 않는 임금

3. 해당 사업에서 최저임금의 적용을 제외할 근로자의 범위

4. 최저임금의 효력발생 연월일

② 이를 위반하면 100만원 이하의 과태료가 부과됩니다(「최저임금법」 제31조 제1항 제1호, 「최저임금법 시행령」 제22조 및 별표).

■ 외국인회사의 경우에도 근로기준법이 적용되는지요?

Q. 외국인이 경영하는 상시 근로자 10명인 회사에서 근무하고 있는 경우에도 근로기준법이 적용되는가요?

A. 근로기준법 제11조 제1항은 "근로기준법은 상시 5인 이상의 근로자를 사용하는 모든 사업 또는 사업장에 적용한다."라고 규정하고 있고, 서울지법 1996. 9. 10. 선고 96가단90373 판결에 따르면 근로기준법 제11조 제1항은 국가·지방자치단체에 의한 사업은 물론 국영기업체, 공익사업체, 사회사업단체, 종교단체가 행하는 모든 사업에 적용됩니다. 또한 근로기준법은 속지주의가 적용됩니다. 이와 같은 점을 모두 고려하여 볼 때 외국인이 경영하는 회사라 하더라도 우리나라 내에서 영업을 한다면 근로기준법이 적용됩니다.

2-10. 「임금채권보장법」에 의한 보호

2-10-1. 임금채권보장제도의 의의

"임금채권보장제도"란 퇴직한 근로자가 사업주의 파산 등으로 임금·퇴직금·휴업수당 및 출산전후휴가기간 중 급여(이하 "임금 등"이라 함)를 받지 못한 경우에 고용노동부장관이 사업주를 대신해서 근로자에게 "체불 임금 등 대지급금(이하 "대지급금"이라 함)을 먼저 지급하고 사업주에게 구상(求償)하는 제도를 말합니다.

2-10-2. 대지급금의 범위

"대지급금"이란 고용노동부장관이 사업주를 대신해서 지급하는 ① 최종 3개월분의 임금 및 최종 3년간의 퇴직급여 등, ② 최종 3개월분으로 한정한 휴업수당, ③ 최종 3개월분으로 한정한 출산전후휴가기간 중 급여를 말합니다(「임금채권보장법」 제7조 제2항).

2-10-3. 대지급금의 지급사유

① 다음 중 어느 하나의 사유에 해당되는 경우 퇴직한 근로자가 지급받지 못한 임금 등의 지급을 고용노동부장관에게 청구하면 제3자의 변제에 관한 「민법」 제469조에도 불구하고 그 근로자의 미지급 임금 등을 사업주를 대신해 지급합니다(「임금채권보장법」 제7조 제1항).

  1. 회생절차개시의 결정이 있는 경우

  2. 파산선고의 결정이 있는 경우

  3. 고용노동부장관이 미지급 임금 등을 지급할 능력이 없다고 인정한 경우

  4. 사업주가 근로자에게 미지급 임금 등을 지급하라는 다음에 해당하는 판결, 명령, 조정 또는 결정 등이 있는 경우

- 「민사집행법」 제24조에 따른 확정된 종국판결
- 「민사집행법」 제56조제3호에 따른 확정된 지급명령
- 「민사집행법」 제56조제5호에 따른 소송상 화해, 청구의 인 낙(認諾) 등 확정판결과 같은 효력을 가지는 것
- 「민사조정법」 제28조에 따라 성립된 조정
- 「민사조정법」 제30조에 따른 확정된 조정을 갈음하는 결정
- 「소액사건심판법」 제5조의7제1항에 따른 확정된 이행권고 결정

5. 고용노동부장관이 근로자에게 체불임금 등과 체불사업주 등을 증명하는 서류(이하 "체불 임금 등·사업주 확인서"라함)를 발급해 사업주의 미지급임금 등이 확인된 경우

2-10-4. 대지급금의 지급대상

① 위 대지급금의 지급사유의 1.~3.의 대지급금(이하 "도산대지급금"이라 함)은 「임금채권보장법」의 적용 대상이 되어 6개월 이상 해당 사업을 한 후에 도산대지급금의 지급사유가 발생한 사업주에게 고용된 근로자로서, 다음의 구분에 따른 날의 1년 전이 되는 날 이후부터 3년 이내에 해당 사업 또는 사업장(이하 "사업"이라 함)에서 퇴직한 근로자에게 지급합니다(「임금채권보장법 시행령」 제7조 제1항 및 제8조 제1항).

1. 회생절차개시의 결정 또는 파산선고의 결정이 있는 경우에는 그 신청일
2. 회생절차개시의 신청 후 법원이 직권으로 파산의 선고를 한 경우에는 그 신청일 또는 선고일
3. 도산 등 사실인정이 있는 경우에는 그 도산 등 사실인정의 신청일(신청기간의 말일이 공휴일이어서 공휴일 다음 날 신청한 경우에는 그 신청기간의 말일을 말하며, 도산 등 사실 인정의 기초가 된 하나의 사실관계에 대해 둘 이상의 신청이 있는 경

우에는 최초의 신청일을 말함)

② 위 대지급금의 지급사유의 4.의 대지급금은 사업에서 퇴직한 날
의 다음 날부터 2년 이내에 판결, 명령, 조정 또는 결정 등(이하
"판결 등"이라 함)에 관한 소송 등(이하 "소송 등"이라 함)을 제
기한 근로자로서, 다음의 기준을 모두 충족한 사업주에게 고용
되었던 퇴직 근로자로 한정해 지급합니다(「임금채권보장법 시행
령」 제7조 제2항 및 제8조 제2항).

  1. 「임금채권보장법」의 적용 대상이 되어 해당 근로자가 퇴직한
     날까지 6개월 이상 해당 사업을 했을 것

  2. 해당 근로자에게 임금 등을 지급하지 못해 판결 등을 받았을 것

③ 위 대지급금의 지급사유의 5.의 대지급금은 사업에서 퇴직한 날
의 다음 날부터 1년 이내에 임금 등의 체불을 이유로 해당 사업
주에 대한 진정·청원·탄원·고소 또는 고발 등(이하 "진정 등"이라
함)을 제기한 근로자로서, 다음의 기준을 모두 충족한 사업주에
게 고용되었던 퇴직 근로자로 한정해 지급합니다(「임금채권보장
법 시행령」 제7조 제2항 및 제8조 제3항).

  1. 「임금채권보장법」의 적용 대상이 되어 해당 근로자가 퇴직한
     날까지 6개월 이상 해당 사업을 했을 것

  2. 고용노동부장관으로부터 발급받은 체불 임금 등·사업주 확인
     서로 미지급 임금 등이 확인되었을 것

2-10-5. 대지급금의 청구와 지급

① 대지급금을 받으려는 사람은 다음의 구분에 따른 기간에 고용노동부장관에게 청구해야 합니다(「임금채권보장법 시행령」 제9조 제1항).

　　1. 도산대지급금: 파산선고 등 또는 도산 등 사실인정이 있은 날부터 2년 이내

　　2. 위 대지급금의 지급사유의 4.의 대지급금: 판결 등이 있은 날부터 1년 이내

　　3. 위 대지급금의 지급사유의 5.의 대지급금: 체불 임금 등·사업주 확인서가 최초로 발급된 날부터 6개월 이내

② 미성년자인 근로자도 독자적으로 대지급금의 지급을 청구할 수 있습니다(「임금채권보장법」 제11조의2 제3항).

③ 사업장의 규모 등 일정기준에 해당하는 퇴직한 근로자가 대지급금을 청구하는 경우, 공인노무사로부터 대지급금 청구의 작성, 사실확인 등에 관한 지원을 받을 수 있으며, 이 경우 공인노무사 조력 비용의 전부 또는 일부를 지원받을 수 있습니다(「임금채권보장법」 제7조 제5항 및 제6항).

④ 근무기간, 휴업기간 또는 출산전후휴가기간에 대한 대지급금의 지급은 다음의 구분에 따릅니다(「임금채권보장법」 제7조제3항).

　　1. 위 대지급금의 지급사유의 1.부터 3.까지에 해당하여 지급하는 대지급금의 경우에는 중복하여 지급하지 않을 것

　　2. 위 대지급금의 지급사유의 4. 및 5.에 해당하여 지급하는 대지급금의 경우에는 중복하여 지급하지 않을 것

　　3. 위 대지급금의 지급사유의 1.부터 3.까지 중 어느 하나에 해당하여 대지급금을 지급한 경우에는 그에 해당하는 금액을 공제하고, 4. 또는 5.에 해당하는 대지급금을 지급할 것

4. 위 대지급금의 지급사유의 4. 또는 5.에 해당하여 대지급금을 지급한 경우에는 그에 해당하는 금액을 공제하고, 1.부터 3.까지 중 어느 하나에 해당하는 대지급금을 지급할 것

2-10-6. 대지급금의 재원

고용노동부장관은 해당 근로자에게 대지급금을 지급했을 경우에는 그 지급한 금액의 한도에서 그 근로자가 해당 사업주에 대해 미지급 임금 등을 청구할 수 있는 권리를 대위(代位)하고, 사업주로부터 부담금을 징수합니다(「임금채권보장법」 제8조 및 제9조).

2-10-7. 대지급금의 소멸시효

부담금이나 그 밖에 「임금채권보장법」에 따른 징수금을 징수하거나 대지급금·부담금을 반환받을 권리는 3년간 행사하지 않으면 시효로 소멸합니다(「임금채권보장법」 제26조 제1항).

2-11. 「근로자퇴직급여 보장법」에 의한 보호

[1] 퇴직금제도의 의의

① "퇴직금제도"란 근로자가 퇴직을 하거나 사망하여 근로관계가 종료되면 사용자가 적립해 둔 일정한 금액을 일시금으로 지급하는 제도를 말합니다.

② 사용자는 퇴직하는 근로자에게 급여를 지급하기 위해 퇴직급여제도(퇴직금제도와 퇴직연금제도) 중 하나 이상의 제도를 반드시 설정해야 합니다(「근로자퇴직급여 보장법」 제4조 제1항). 일반적으로 퇴직급여제도를 설정하지 않으면 퇴직금제도를 설정한 것으로 봅니다(「근로자퇴직급여 보장법」 제11조).

③ 「외국인근로자의 고용 등에 관한 법률」의 출국만기보험 또는 신탁

외국인근로자를 고용하는 사업 또는 사업장의 사용자는 외국인근로자의 출국 등에 따른 퇴직금 지급을 위해 외국인근로자를 피보험자 또는 수익자로 하는 출국만기보험 또는 신탁에 가입해야 하는데, 이 보험 등에 가입하면 「근로자퇴직급여 보장법」에 따른 퇴직금제도를 설정한 것으로 봅니다(「외국인근로자의 고용 등에 관한 법률」 제13조).

[2] 퇴직금의 지급대상

퇴직금제도를 설정한 사용자는 계속 근로기간이 1년 이상인 근로자가 퇴직하는 경우에 퇴직금을 지급해야 합니다. 다만, 근로자의 요구가 있는 경우에는 근로자가 퇴직하기 전에 해당 근로자가 계속 근로한 기간에 대한 퇴직금을 미리 정산해서 지급할 수 있습니다(「근로자퇴직급여 보장법」 제8조).

[3] 퇴직금의 지급시기

퇴직금은 당사자 간 지급기일 연장에 관한 합의가 없는 한 지급사유가 발생한 날, 즉 퇴직일부터 14일 이내에 지급해야 합니다(「근로자퇴직급여 보장법」 제9조제1항).

[4] 퇴직금의 지급액

퇴직금의 기준액은 계속근로기간 1년에 대해 30일분 이상의 평균임금입니다(「근로자퇴직급여 보장법」 제8조제1항).

[5] 미지급 퇴직금에 대한 지연이자

사용자가 지급시기 내에 퇴직금의 일부 또는 전부를 지급하지 않으면 그 다음 날부터 지급하는 날까지의 지연 일수에 대해 연 20%의 지연이자를 지급해야 합니다(「근로기준법」 제37조 및 「근로기준법 시행령」 제17조).

[6] 퇴직금의 시효

근로자가 퇴직금을 받을 권리는 3년 동안 행사하지 않으면 시효로 인해 소멸합니다(「근로자퇴직급여 보장법」 제10조).

[7] 퇴직금의 우선변제제도

① 사용자가 도산이나 경영위기 등으로 재산을 처분하는 경우 최종 3년 간의 퇴직급여등은 사용자의 총재산에 대해 질권 또는 저당권에 의해 담보된 채권, 조세·공과금 및 다른 채권보다 우선해서 변제됩니다(「근로자퇴직급여 보장법」 제12조 제2항).

② 이 경우 퇴직금은 계속근로기간 1년에 대해 30일분의 평균임금으로 계산한 금액으로 합니다(「근로자퇴직급여 보장법」 제12조 제3항).

③ 최종 3년 간의 퇴직금을 제외한 퇴직금은 질권 또는 저당권에

우선하는 조세·공과금과 질권 또는 저당권에 의해 담보된 채권을 제외하고는 조세·공과금 및 다른 채권에 우선해서 변제됩니다(「근로자퇴직급여 보장법」 제12조 제1항).

④ 근로자가 취업한 기간이 3개월 미만인 경우에도 이에 준해서 평균임금이 산정됩니다(「근로기준법」 제2조 제1항 제6호).

■ 외국인근로자도 대한민국 노동법령의 적용을 받나요?

Q. 외국인근로자도 대한민국 노동법령의 적용을 받나요?

A. 외국인근로자는 대한민국에서 근로자로서의 지위를 갖습니다. 따라서 외국인근로자는 노동 관계 법령의 적용 대상이 되어 법에 따른 보호를 받을 수 있습니다.

따라서, 국내 근로자와 동일하게 「근로기준법」, 「최저임금법」, 「임금채권보장법」 등 노동 관계 법령에 의해 노동기본권을 보호받습니다.

■ F-4비자인 외국인근로자는 고용보험에 가입할 수 없는 건가요?

Q. 저는 F-4비자로 외국인근로자입니다. 고용보험에 가입하고 싶은데 사업주가 대상이 아니라고만 합니다. 저는 가입할 수 없는 건가요? 가입하려면 어떻게 해야 합니까?

A. 고용노동부 고객상담센터를 이용해 주셔서 감사드리며, 귀하의 질의내용에 대하여 다음과 같이 안내드립니다.

외국인근로자는 원칙적으로 고용보험 적용제외자이나, 출입국관리법상의 체류자격에 따라 당연, 임의, 미가입으로 구분됩니다.

당연가입 체류자격으로는 거주(F-2), 영주(F-5), 결혼이민(H-6)이며, 귀하의 경우처럼 재외동포(F-4)비자의 경우는 임의가입 대상입니다.

임의가입대상 외국인근로자는 실업급여를 수급받기 위한 구직활동등의 어려움으로 실익이 없어 대부분 가입하지 않는 경우가 많으나, 가입을 원하는 경우에는 「외국인 고용보험 가입신청서」를 작성하여 사업장 소재지 관할 고용지원센터에 제출하면 되는데 이 경우 가입신청을 한 날의 다음 날을 취득일로 봅니다.

구체적인 내용 및 가입절차 문의는 사업장 관할 고용지원센터 피보험담당자에게 문의하실 것을 권해드립니다.

■ 외국인이 경영하는 법인도 근로기준법이 적용되는지요?

Q. 우리나라에 소재하고 외국인이 경영하는 법인에 소속한 근로자의 근로기준법이 적용되는지요?

A. 국제법 질서에 있어서 각국의 법령은 그 영역내의 모든 사람에게 적용될 수 있을 뿐이고 다른 국가의 영역내에서까지 적용·집행될 수 있다는 속지주의 법리가 일반적으로 승인되고 있으므로, 국내의 외국인사업도 법령 또는 조약상 속인주의를 인정하는 특별한 규정이 없는 한 속지주의 원칙에 따라 국내의 근로기준법령이 적용됩니다.

3. 사회보장 관계 법령에 의한 보호

3-1. 사회보장 관계 법령의 외국인근로자 적용 범위

3-1-1. 외국인의 적용

① 「대한민국헌법」에 따라 보장되는 사회적 기본권은 국민의 권리이므로 원칙적으로 외국인은 사회보장 관계 법령의 적용에서 제외되고 있고, 상호주의 원리에 입각해서 일정 조건을 갖춘 경우에 한해 사회보장 대상자로 규정하고 있습니다(「사회보장기본법」 제8조).

② 현행 법을 살펴보면 사회보험법체계에 따른 법령 외에 공공부조법체계, 사회보상법체계, 사회복지서비스법에 따른 법령에서는 외국인에 대한 적용 규정이 없어 혼인 등을 통해 국적 취득이 예정된 자와 그 자녀를 제외하고는 사실상 외국인의 적용을 배제하고 있습니다.

3-1-2. 사회보장 관계 법령의 체계

「대한민국헌법」의 사회적 기본권에 근거해서 제정된 사회보장 관계 법령은 「사회보장기본법」 제3조의 분류에 기초해서 급여의 원인관계와 입법목적을 기준으로 아래 표와 같이 사회보험법체계, 공공부조법체계, 사회보상법체계, 사회복지서비스법체계로 구분할 수 있습니다.

구분	의의	종류
사회보험법 체계	사회적 위험이 발생하기 전에 보험료를 납부해서 보험관계를 성립시키고 사회적 위험이 현재화되면 급여를 지급하는 사회보험에 관한 사항을 규율	「국민건강보험법」, 「국민연금법」,「공무원연금법」,「공무원재해보상법」, 「사립학교교직원연금법」, 「군인연금법」, 「산업재해보상보험법」, 「고용보험법」 등
공공부조법 체계	법적 원인관계를 전제 로 하지 않고 순수한 사회정책적 목적에서 지급되는 급여관계를 규율	「국민기초생활 보장법」,「의료급여법」 등
사회보상법 체계	국가유공행위 중에 발생하거나 특별히 공동체 전체에 책임이 귀속되는 개인의 인적·물적 피해에 대한 국가적 차원에서의 보상을 규율	「국가유공자 등 예우 및 지원에 관한 법률」, 「범죄피해자 보호법」 등
사회복지서비스법 체계	신체적 정신적인 특수한 상황으로 인해 스스로의 능력으로 인격을 실현하는 데 지장이 있는 집단의 보호를 규율	「아동복지법」, 「노인복지법」, 「장애인복지법」 등

3-1-3. 사회보장 관계 법령의 적용 범위

일부 사회보장 관계 법령은 외국인근로자와 그 외국인근로자를 사용하는 사업 또는 사업장에도 적용되는데, 법령에 따라 그 적용 범위가 다릅니다. 대표적인 사회보장 관계 법령의 외국인에 대한 적용 범위를 정리하면 아래 표와 같습니다.

구분	적용범위
「국민연금법」	① 1명 이상의 근로자를 사용하거나 ② 주한 외국 기관으로서 1명 이상의 대한민국 국민인 근로자를 사용하는 사업장에 사용되고 있거나 국내에 거주하는 외국인(「국민연금법」 제126조제1항 본문 및 「국민연금법 시행령」 제19조제1항) 다만, 상호주의 원칙에 따라 적용 제외 가능 (「국민연금법」 제126조제1항 단서) 일정한 체류자격에 해당하면 적용 제외 (「국민연금법 제111조 및 「국민연금법 시행규칙」 별표)
「국민건강보험법」	근로자를 고용하는 모든 사업 또는 사업장에 사용되고 있는 외국인근로자로서 ① 「주민등록법」 제6조제1항제3호에 따라 등록을 한 사람 ② 「재외동포의 출입국과 법적지위에 관한 법률」에 따라 국내거소신고를 한 사람이거나 ③「출입국관리법」에 따라 외국인등록을 한 외국인근로자에 대해서는 직장가입자 당연적용(「국민건강보험법」 제109조제2항) 직장가입자에 해당하지 않는 외국인근로자로서 ① 6개월 이상의 기간동안 국내에 거주하였거나 해당 기간 동안 국내에 지속적으로 거주할 것으로 예상할 수 있는 사유로서 결혼이민, 유학 또는 일반연수의 체류자격을 받은 경우, ②「주민등록법」에 따라 등록한 사람이거나「재외동포의 출입국과 법적 지위에 관한 법률」에 따라 국내거소신고를 한 사람, ③「출입국관리법」에 따라 외국인등록을 한 사람으로서 「국민건강보험법 시행규칙」 별표 9에

	따른 체류자격이 있는 사람은 지역가입자 당연적용(「국민건강보험법」 제109조제3항 및 「국민건강보험법 시행규칙」 제61조의2제1항·제2항)
「고용보험법」	근로자를 사용하는 모든 사업 또는 사업장에 사용되고 있는 일정한 체류자격을 가진 외국인근로자(「고용보험법」 제8조제1항 본문, 제10조의2 및 「고용보험법 시행령」 제3조의3제2호나목) 다만, 다음 중 어느 하나의 사업 또는 사업장에 고용되고 있으면 적용 제외(「고용보험법」 제8조제1항 단서 및 「고용보험법 시행령」 제2조제1항) 1. 농업·임업 및 어업 중 법인이 아닌 자가 상시 4명 이하의 근로자를 사용하는 사업 2. 「주택법」에 따른 주택건설사업자, 건설산업기 본법에 따른 건설사업자, 「전기공사업법」에 따른 공사업자, 「정보통신공사업법」에 따른 공사업자, 「소방시설공사업법」에 따른 소방시설업자 또는 「문화재수리 등에 관한 법률」에 따른 문화재수리업자가 아닌 자가 시공하는 ① 총공사금액이 2천만원 미만인 공사(고용보험 및 산업재해보상보험의 보험료징수 등에 관한 법률 시행령 제2조제1항제2호) 또는 ② 연면적이 100제곱미터 이하인 건축물의 건축 또는 연면적이 200제곱미터 이하인 건축물의 대수선에 관한 공사 3. 가구 내 고용활동 및 달리 분류되지 않은 자가소비 생산활동
「산업재해보상보험법」	근로자를 사용하는 모든 사업 또는 사업장에 사용되고 있는 외국인근로자(「산업재해보상보험법」 제6조 본문) 다만, 다음의 어느 하나의 사업 또는 사업장에 고용되고 있으면 적용 제외(「산업재해보상보험법」 제6조 단서 및 「산업재해보상보험법 시행령」 제2조제1항) 1. 「공무원 재해보상법」 또는 「군인 재해보상법」에 의해 재해보상이 행해진 사업(다만, 순직유족급여 또는 위

	험직무순직유족급여를 받는 경우 제외)
	2. 「선원법」·「어선원 및 어선 재해보상보험법」 또는 「사립 학교교직원 연금법」에 의해 재해보상이 행해진 사업
	3. 가구내 고용활동
	4. 농업·임업(벌목업은 제외)·어업·수렵업 중 법인이 아닌 자의 사업으로서 상시근로자수가 5명 미만인 사업

3-2. 「국민연금법」에 의한 보호

3-2-1. 국민연금제도의 의의

① 국민연금은 소득활동을 할 때 일정액의 보험료를 납부해서 모아 두었다가 노령, 장애 또는 사망 등으로 소득활동이 중단된 경우 본인이나 유족에게 연금을 지급함으로써 장기적인 소득보장이 가능하도록 정부가 보험의 원리에 따라 만든 사회보험의 일종입니다(「국민연금법」 제1조).

② 보건복지부장관의 위탁을 받아 국민연금에 관한 사업을 효율적으로 수행하기 위해 국민연금공단이 설립되어 있습니다(「국민연금법」 제24조).

3-2-2. 국민연금의 가입

[1] 외국인에 대한 적용: 상호주의 원칙

① ⓐ 1명 이상의 근로자를 사용하거나 ⓑ 주한 외국 기관으로서 1명 이상의 대한민국 국민인 근로자를 사용하는 사업장에 사용되고 있는 외국인근로자가 다음 중 어느 하나에 해당하지 않으면 당연히 사업장가입자 또는 지역가입자가 되는데, 상호주의 원칙에 따라 이 법에 따른 국민연금에 상응하는 연금에 관해 그 외국인근로자의 본국 법이 대한민국 국민에게 적용되지 않으면 그 외국인에 대해서 「국민연금법」이 적용되지 않습니다(「국민연금법」 제126조 제1항 및 「국민연금법 시행령」 제19조 제1항 및 제3항).

    1. 체류기간연장허가를 받지 않고 체류하는 사람

    2. 외국인등록을 하지 않거나 강제퇴거명령서가 발급된 사람

    3. 「출입국관리법 시행규칙」 별표에 따라 외국인으로서의 체류자격이 있는 사람

② 원칙적으로 사업장가입자 또는 지역가입자가 된 외국인근로자에 대해서는 반환일시금이 적용되지 않는데, 다음 중 어느 하나에 해당하는 경우에는 외국인근로자에게 「국민연금법」의 반환일시금 규정이 적용됩니다(「국민연금법」 제126조 제4항).

1. 외국인의 본국 법에 따라 대한민국 국민이 급여 수급권을 취득하지 못하고 「국민연금법」 제77조제1항에 해당하게 된 경우 그 대한민국 국민에게 일정 금액(가입기간 중 낸 연금 보험료에 기초하여 산정한 금액을 말함)을 일시금으로 지급 하도록 그 나라 법에서 규정하고 있는 경우
2. 「외국인근로자의 고용 등에 관한 법률」에 따른 외국인근로자로서 「국민연금법」을 적용받는 사업장에 사용된 경우
3. 산업연수활동을 할 수 있는 체류자격을 가지고 필요한 연수기간 동안 지정된 연수장소를 이탈하지 않은 사람으로서 「국민연금법」을 적용받는 사업장에 사용된 경우

[2] 가입자의 종류

국민연금 가입자의 종류와 그 요건은 다음과 같습니다.

종류	요건
작장가입자	1명 이상의 근로자를 사용하는 사업장의 18세 이상 60세 미만의 사용자 및 근로자(「국민연금법」 제8조 및 「국민연금법 시행령」 제18조)
지역가입자	사업장가입자가 아닌 사람으로서 18세 이상 60세 미만인 사람(「국민연금법」 제9조 본문) 다만, 다음 중 어느 하나에 해당하는 자사람은 제외(「국민연금법」 제9조 단서) 1. 다음 각 목의 어느 하나에 해당하는 사람의 배우자로서 별도의 소득이 없는 사람 　가. 다른 공적연금의 가입자 　나. 사업장가입자, 지역가입자 및 임의계속가입자

	다. 노령연금 수급권자 및 퇴직연금 등 수급권자 2. 퇴직연금 등 수급권자 3. 18세 이상 27세 미만인 사람으로서 학생이거나 군 복무 등의 이유로 소득이 없는 사람 4.「국민기초생활 보장법」에 따른 생계급여 수급자 및 의료급여 수급자 5. 1년 이상 행방불명된 사람
임의가입자	사업장가입자와 지역가입자 외의 자로서 18세 이상 60세 미만인 사람으로서 본인의 희망에 의해 가입신청을 한 사람(「국민연금법」 제10조)
임의계속 가입자	다음 중 어느 하나에 해당하는 사람으로서 65세가 되기 전에 본인의 희망에 의해 가입신청을 한 사람(「국민연금법」 제13조 제1항 및 「국민연금법 시행령」 제22조제1항) 1. 국민연금 가입자 또는 가입자였던 자로서 60세가 된 사람. 다만, 다음 중 어느 하나에 해당하는 사람은 제외합니다. 　가. 연금보험료를 납부한 사실이 없는 사람 　나. 노령연금 수급권자로서 급여를 지급받고 있는 사람 　다.「국민연금법」 제77조제1항제1호에 따른 사유로 반환일시금을 지급받은 사람 2. 전체 국민연금 가입기간의 5분의 3 이상을 광업 (갱내 작업만 해당)이나 어선에서의 어업(양식업을 포함하며, 직접 어로작업에 종사하는 경우만 해당)의 근로자로 국민연금에 가입하거나 가입하였던 사람으로서 다음의 어느 하나에 해당하는 사람 중 노령연금 급여를 지급받지 않는 사람 　가. 노령연금 수급권을 취득한 사람 　나. 특례노령연금 수급권을 취득한 사람

3-2-3. 연금급여의 종류 및 내용

[1] 연금급여의 종류

① 연금급여는 사고의 종류와 급여행태에 따라 노령연금, 장애연금, 유족연금, 반환일시금이 있습니다(「국민연금법」 제49조).

② 연금급여는 수급권자의 청구에 따라 국민연금관리공단이 지급합니다(「국민연금법」 제50조 제1항).

[2] 노령연금

노령연금에는 가입기간, 연금수급개시연령, 소득활동 등의 여부에 따라 완전노령연금, 감액노령연금, 재직자노령연금, 조기노령연금, 특례노령연금, 분할연금 등으로 나눌 수 있습니다.

[3] 장애연금

① 가입자 또는 가입자였던 사람이 질병이나 부상으로 신체상 또는 정신상의 장애가 있고 다음의 요건을 모두 충족하는 경우에는 장애 정도를 결정하는 기준이 되는 날(이하 "장애결정 기준일"이라 함)부터 그 장애가 계속되는 기간 동안 장애 정도에 따라 장애연금이 지급됩니다(「국민연금법」 제67조 제1항).

  1. 해당 질병 또는 부상의 초진일 당시 연령이 18세(18세 전에 가입한 경우에는 가입자가 된 날) 이상이고 노령연금의 지급연령 미만일 것

  2. 다음 중 어느 하나에 해당할 것

    가. 해당 질병 또는 부상의 초진일 당시 연금 보험료를 낸 기간이 가입대상기간의 3분의 1 이상일 것

    나. 해당 질병 또는 부상의 초진일 5년 전부터 초진 일까지의 기간 중 연금 보험료를 낸 기간이 3년 이상일 것(다만, 가입대상기간 중 체납기간이 3년 이상인 경우는 제외)

다. 해당 질병 또는 부상의 초진일 당시 가입기간이 10년 이
상일 것

② 장애결정 기준일은 다음에서 정하는 날로 합니다(「국민연금법」
제67조 제2항).

1. 초진일부터 1년 6개월이 지나기 전에 완치일이 있는 경우: 완
치일

2. 초진일부터 1년 6개월이 지날 때까지 완치일이 없는 경우: 초
진일부터 1년 6개월이 되는 날의 다음 날

3. 2.에 따른 초진일부터 1년 6개월이 되는 날의 다음 날에 장
애연금의 지급 대상이 되지 않았으나, 그 후 그 질병이나 부
상이 악화된 경우: 장애연금의 지급을 청구한 날(노령연금지급
연령 전에 청구한 경우만 해당함. 이하 "청구일"이라 함)과 완
치일 중 빠른 날

4. 장애연금의 수급권이 소멸된 사람이 장애연금 수급권을 취득
할 당시의 질병이나 부상이 악화된 경우: 청구일과 완치일중
빠른 날

③ 장애연금의 지급 대상이 되는 경우에도 불구하고 다음 중 어느
하나에 해당되는 경우에는 장애연금을 지급하지 않습니다(「국민
연금법」 제67조 제3항).

1. 초진일이 가입 대상에서 제외된 기간 중에 있는 경우

2. 초진일이 국외이주·국적상실 기간 중에 있는 경우

3. 반환일시금을 지급받은 경우

[4] 유족연금

① 유족연금은 ⓐ 노령연금 수급권자, ⓑ 가입기간이 10년 이상인
가입자 또는 가입자였던 사람, ⓒ 연금보험료를 낸 기간이 가입
대상기간의 3분의 1 이상인 가입자 또는 가입자였던 사람, ⓓ

사망일 5년 전부터 사망일까지의 기간 중 연금보험료를 낸 기간이 3년 이상인 가입자 또는 가입자였던 사람(다만, 가입대상기간 중 체납기간이 3년 이상인 사람은 제외), ⓔ 장애등급이 2급이상인 장애연금 수급권자가 사망하는 경우 그 유족에게 지급됩니다(「국민연금법」 제72조 제1항).

② 위의 ⓒ 또는 ⓓ에 해당하는 사람이 다음의 기간 중 사망하는 경우에는 유족연금을 지급하지 않습니다(「국민연금법」 제72조 제2항).

1. 가입 대상에서 제외되는 기간
2. 국외이주·국적상실 기간

[5] 반환일시금

① 반환일시금은 60세 도달이나 사망, 국외이주 등으로 국민연금에 더 이상 가입할 수 없게 되었으나 연금수급요건을 채우지 못한 경우, 가입자 또는 가입자였던 사람에게 그동안 납부한 보험료에 이자를 더해 일시금으로 지급됩니다.

② 가입자 또는 가입자였던 사람이 다음에 해당하게 되면 본인이나 그 유족의 청구에 의해 반환일시금을 지급받을 수 있습니다(「국민연금법」 제77조 제1항).

1. 가입기간이 10년 미만인 사람이 60세가 된 경우
2. 가입자 또는 가입자였던 사람이 사망한 경우(다만, 유족연금이 지급되는 경우 제외)
3. 국적을 상실하거나 국외로 이주한 경우

[6] 사망일시금

① 사망일시금은 가입자 또는 가입자였던 사람이 사망하였으나 「국민연금법」에 따른 유족이 없어 유족연금 또는 반환일시금을 받을 수 없는 경우 생계유지를 함께 했던 사람에게 지급되는 장제

보조적, 보상적 성격의 급여입니다.

② 다음의 어느 하나에 해당하는 사람이 유족이 없으면 그 배우자·자녀·부모·손자녀·조부모·형제자매 또는 4촌 이내의 방계혈족에게 사망일시금이 지급됩니다(「국민연금법」 제80조 제1항 본문).

　　1. 가입자 또는 가입자였던 사람

　　2. 노령연금 수급권자

　　3. 장애등급이 3급 이상인 장애연금 수급권자

③ 다만, 가출·실종 등에 해당하는 사람에게는 지급하지 않으며, 4촌 이내 방계혈족의 경우에는 위 1. ~ 3.의 어느 하나에 해당하는 사람의 사망 당시(「민법」 제27조 제1항에 따른 실종선고를 받은 경우에는 실종기간의 개시 당시를, 제27조 제2항에 따른 실종선고를 받은 경우에는 사망의 원인이 된 위난 발생 당시를 말함) 그 사람에 의하여 생계를 유지하고 있던 사람에게만 지급합니다(「국민연금법」 제80조 제1항단서).

④ 사망일시금을 받을 자의 순위는 배우자·자녀·부모·손자녀·조부모·형제자매 및 4촌 이내의 방계혈족 순입니다. 이 경우 순위가 같은 사람이 2명 이상이면 똑같이 나누어 지급됩니다(「국민연금법」 제80조 제4항).

3-2-4. 중복급여의 조정

[1] 국민연금급여 간의 병급(竝給) 조정

조정수급권자에게 「국민연금법」에 따른 둘 이상의 급여 수급권이 생기면 수급권자의 선택에 따라 그 중 하나만 지급하고 다른 급여의 지급은 정지됩니다. 이 경우 선택하지 않은 급여가 다음 중 어느 하나에 해당하면 그 금액을 선택한 급여에 추가해서 지급됩니다(「국민연금법」 제56조).

1. 선택하지 않은 급여가 유족연금일 경우(선택한 급여가 반환일시금일 경우를 제외) : 유족연금액의 100분의 30에 해당하는 금액

2. 선택하지 않은 급여가 반환일시금일 경우(선택한 급여가 장애연금이고, 선택하지 않은 급여가 본인의 연금보험료 납부로 인한 반환일시금일 경우 제외) : 「국민연금법」 제80조 제2항에 상당하는 금액

[2] 다른 법에 따른 재해보상급여와의 병급 조정

장애연금 또는 유족연금의 수급권자가 「국민연금법」에 따른 장애연금 또는 유족연금의 지급 사유와 같은 사유로 「근로기준법」에 따른 장해보상·유족보상·일시보상, 「산업재해보상보험법」에 따른 장해급여·유족급여·진폐보상연금·진폐유족연금, 「선원법」에 따른 장해보상·일시보상·유족보상, 「어선원 및 어선 재해보상보험법」에 따른 장해급여·일시보상급여·유족급여 등을 받을 수 있는 경우에는 「국민연금법」에 따른 장애연금액이나 유족연금액은 그 2분의 1에 해당하는 금액이 지급됩니다(「국민연금법」 제113조).

3-3. 「국민건강보험법」에 의한 보호

3-3-1. 국민건강보험제도의 의의

① 국민건강보험은 국민의 질병·부상에 대한 예방·진단·치료·재활과 출산·사망 및 건강증진에 대해 보험급여를 실시함으로써 예측할 수 없는 질병의 발생 등에 대한 개인의 부담능력의 한계를 극복하고, 개인의 위험을 사회적 국가적 위험으로 인식해서 위험의 분산 및 상호부조인식을 제고하기 위한 제도입니다(「국민건강보험법」 제1조).

② 국민건강보험의 보험자는 국민건강보험공단입니다(「국민건강보험법」 제13조).

3-3-2. 국민건강보험의 가입

[1] 외국인에 대한 적용

① 국내에 체류하는 재외국민 또는 외국인이 적용대상사업장의 근로자, 공무원 또는 교직원이고, ⓐ 「주민등록법」에 따라 등록을 한 사람 ⓑ 「재외동포의 출입국과 법적지위에 관한 법률」에 따라 국내거소신고를 한 사람이거나 ⓒ 「출입국관리법」에 따라 외국인등록을 한 외국인근로자가 다음 중 어느 하나에 해당하지 않으면 당연히 「국민건강보험법」의 적용을 받는 직장가입자가 됩니다(「국민건강보험법」 제109조 제2항·제6조제2항 및 「국민건강보험법 시행령」 제9조).

1. 고용 기간이 1개월 미만인 일용근로자
2. 「병역법」에 따른 현역병(지원에 의하지 않고 임용된 하사포함), 전환 복무된 사람 및 무관후보생
3. 선거에 당선되어 취임하는 공무원으로서 매월 보수 또는 보수에 준하는 급료를 받지 않는 사람

4. 비상근 근로자 또는 1개월 동안의 소정(所定)근로시간이 60시간 미만인 단시간근로자

5. 비상근 교직원 또는 1개월 동안의 소정근로시간이 60시간 미만인 시간제공무원 및 교직원

6. 소재지가 일정하지 않은 사업장의 근로자 및 사용자

7. 근로자가 없거나 4.에 해당하는 근로자만을 고용하고 있는 사업장의 사업주

② 직장가입자에 해당하지 않는 외국인근로자로서 다음의 요건을 모두 갖춘 경우에는 지역가입자가 됩니다(「국민건강보험법」 제109조 제3항 및 「국민건강보험법 시행규칙」 제61조의2제1항·제2항).

1. 6개월 이상의 기간 동안 국내에 거주하였거나 해당 기간 동안 국내에 지속적으로 거주할 것으로 예상할 수 있는 다음의 사유에 해당될 것

   - 결혼이민의 체류자격을 받은 경우

   - 유학 또는 일반연수의 체류자격을 받은 경우

2. 「주민등록법」에 따라 등록을 하거나「재외동포의 출입국과 법적 지위에 관한 법률」에 따라 국내거소 신고를 한 사람

3. 외국인등록을 한 사람으로서 「국민건강보험법 시행규칙」별표 9에 따른 체류자격이 있는 사람

[2] 가입자의 종류

국민건강보험 가입자의 종류와 그 요건은 다음과 같습니다.

종류	요건
직장가입자	1명 이상의 근로자를 사용하는 모든 사업장의 근로자 및 사용자와 공무원 및 교직원(「국민건강보험법」 제6조제2항)
지역가입자	직장가입자와 그 피부양자를 제외한 사람(「국민건강보험법」 제6조제3항)

3-3-3. 가입자자격 취득·상실 등의 신고

[1] 자격취득의 신고

가입자는 국내에 거주하게 된 날에 직장가입자 또는 지역가입자의 자격을 얻는데, 가입자 자격을 얻은 경우 직장가입자의 사용자 및 지역가입자의 세대주는 그 내역을 자격취득일부터 14일 이내에 국민건강보험공단에 신고해야 합니다(「국민건강보험법」 제8조 및 「국민건강보험법 시행규칙」 제4조 제1항·제2항).

[2] 자격변동의 신고

가입자는 다음 중 어느 하나에 해당하게 된 날에 그 자격이 변동되는데, 지역가입자가 직장가입자로 자격이 변동된 경우에는 해당 직장가입자의 사용자가, 직장가입자 또는 그 피부양자가 지역가입자로 자격이 변동된 경우에는 해당 지역가입자의 세대주가 각각 그 내역을 자격변동일부터 14일 이내에 국민건강보험공단에 신고해야 합니다(「국민건강보험법」 제9조제1항·제2항).

1. 지역가입자가 적용대상사업장의 사용자로 되거나, 근로자· 공무원 또는 교직원으로 사용된 날

2. 직장가입자가 다른 적용대상사업장의 사용자로 되거나 근로자로 사용된 날

3. 직장가입자인 근로자가 그 사용관계가 끝난 날의 다음 날

4. 직장가입자인 사용자의 사업장에 휴업·폐업 등의 사유가 발생한 날의 다음 날

5. 지역가입자가 다른 세대로 전입한 날

[3] 자격상실의 신고

가입자가 다음 중 어느 하나에 해당되어 그 자격을 잃은 경우 해당 직장가입자의 사용자 및 지역가입자의 세대주는 그 내역을 자격

을 잃은 날부터 14일 이내에 국민건강보험공단에 신고해야 합니다 (「국민건강보험법」제10조).

1. 사망한 날의 다음 날
2. 국적을 잃은 날의 다음 날
3. 국내에 거주하지 않게 된 날의 다음 날
4. 직장가입자의 피부양자가 된 날
5. 수급권자가 된 날
6. 건강보험의 적용을 받고 있던 자로서 유공자 등의 의료보호대상자가 된 자가 건강보험의 적용배제신청을 한 날

3-3-4. 보험급여의 종류 및 내용

「국민건강보험법」상 보험급여에는 요양급여, 요양비, 건강검진, 장애인보장구급여비가 있습니다.

[1] 요양급여

① 가입자 및 피부양자의 질병·부상·출산 등에 대해 요양기관에서 제공되는 ⓐ 진찰·검사, ⓑ 약제·치료재료의 지급, ⓒ 처치·수술 및 그 밖의 치료, ⓓ 예방·재활, ⓔ 입원, ⓕ 간호, ⓖ 이송을 실시하는 급여를 말합니다(「국민건강보험법」 제41조 제1항).

② "요양기관"이란?

요양기관은 원칙적으로 ⓐ 「의료법」에 따라 개설된 의료기관, ⓑ 「약사법」에 따라 등록된 약국, ⓒ 「약사법」에 따라 설립된 한국희귀·필수의약품센터, ⓓ 「지역보건법」에 따른 보건소·보건의료원 및 보건지소, ⓔ 「농어촌 등 보건의료를 위한 특별조치법」에 따라 설치된 보건진료소를 말합니다(「국민건강보험법」 제42조 제1항).

[2] 요양비

① 가입자 또는 피부양자가 부득이한 사유로 인해 요양기관과 유사한 기능을 수행하는 기관에서 질병·부상·출산 등에 대해 요양을 받거나 요양기관 외의 장소에서 출산을 한 경우에는 그 요양급여에 상당하는 금액이 그 가입자 또는 피부양자에게 요양비로 지급됩니다. 이 경우 요양을 실시한 기관은 요양비명세서 또는 요양의 내역을 기재한 영수증을 요양을 받은 사람에게 교부해야 하며, 요양을 받은 사람은 이를 국민건강보험공단에 제출해야 합니다(「국민건강보험법」 제49조).

② 만성신부전증 환자가 의사의 요양비처방전(의사의 소견이나 처방기간 등을 적은 서류로서 보건복지부장관이 정하여 고시하는 서

류를 말함)에 따라 복막관류액 또는 자동복막투석에 사용되는 소모성 재료를 요양기관 외의 의약품판매업소에서 구입·사용한 경우, 산소치료를 필요로 하는 환자가 의사의 산소치료 요양비 처방전에 따라 의료용 산소발생기로 가정에서 치료서비스를 제공받는 경우 등에는 해당 환자는 국민건강보험공단에 요양비 지급을 청구할 수 있습니다. 이 경우 국민건강보험공단은 청구를 받은 날부터 40일(요양비 관련 정보통신망을 통하여 제출받은 경우에는 15일) 이내에 내용의 적정성을 확인한 후 요양비를 지급해야 하며, 부득이한 사유가 있는 경우에는 30일의 범위에서 그 기한을 연장할 수 있습니다(「국민건강보험법」 제49조 제1항, 「국민건강보험법 시행규칙」 제23조 제1항·제3항·제6항).

[3] 건강검진

① 국민건강보험공단은 가입자 및 피부양자에 대해 질병의 조기발견과 그에 따른 요양급여를 하기 위해 건강검진을 실시해야 합니다(「국민건강보험법」 제52조 제1항).

② 건강검진은 일반건강검진, 암검진 및 영유아건강검진으로 구분해서 실시되는데, 건강검진에 따라 그 실시에 관한 사항을 다음에 해당하는 사람에게 통보해야 합니다(「국민건강보험법 시행령」 제25조 제3항).

  1. 일반건강검진 및 암검진 : 직장가입자는 그 사용자, 직장가입자의 피부양자 및 지역가입자인 경우에는 그 검진대상자

  2. 영유아건강검진: 직장가입자의 피부양자인 영유아가 대상인 경우에는 그 직장가입자에게, 지역가입자인 영유아가 대상인 경우에는 해당 세대주

③ 건강검진은 2년마다 1회 이상 실시되며, 사무직에 종사하지 않는 직장가입자에 대해서는 1년에 1회 실시됩니다. 다만, 암검진은 「암관리법 시행령」 에서 정한 바에 따르며, 영유아건강검진

은 영유아의 나이 등을 고려해서 검진주기와 검진횟수를 다르게 할 수 있습니다(「국민건강보험법 시행령」 제25조제1항).

[4] 장애인보조기기급여

「장애인복지법」에 따라 등록한 장애인인 가입자 및 피부양자에게는 보조기기에 대해 보험급여가 지급될 수 있습니다(「국민건강보험법」 제51조 제1항).

[5] 중복급여의 조정

① 보험급여를 받을 수 있는 자가 다른 법령에 따라 국가 또는 지방자치단체로부터 보험급여에 상당하는 급여를 받거나 보험급여에 상당하는 비용을 지급받게 된 경우에는 그 비용을 제외한 보험급여가 지급됩니다(「국민건강보험법」 제53조 제2항).

② 보험급여를 받을 수 있는 자가 업무상 또는 공무상 질병·부상·재해로 인해 다른 법령에 따른 보험급여나 보상을 받게 된 경우에는 보험급여가 지급되지 않습니다(「국민건강보험법」 제53조제1항제4호). 특히 공적제도인 「산업재해보상보험법」이 적용될 경우에는 「국민건강보험법」이 보충적으로 적용될 가능성이 거의 없습니다.

3-4. 「고용보험법」에 의한 보호

3-4-1. 고용보험제도의 의의

고용보험은 고용보험의 시행을 통해 실업의 예방, 고용의 촉진 및 근로자 등의 직업능력 개발과 향상을 꾀하고, 근로자 등이 실업한 경우에 생활에 필요한 급여를 지급함으로써 근로자 등의 생활안정과 구직활동을 촉진하려는 사회보장보험입니다(「고용보험법」 제1조).

3-4-2. 고용보험의 가입

[1] 외국인에 대한 적용

① 「고용보험법」의 적용을 받는 사업장에 고용된 외국인근로자는 다음 구분에 따라 「고용보험법」이 적용됩니다(「고용보험법」 제10조의2 및 「고용보험법 시행령」 제3조의3).

  1. 다음 중 어느 하나에 해당하는 외국인근로자: 「고용보험법」 전부 적용

    가. 외국인 체류자격 중 주재(D-7), 기업투자(D-8) 및 무역경영(D-9)의 체류자격을 가진 사람(법에 따른 고용보험에 상응하는 보험료와 급여에 관하여 그 외국인의 본국법이 대한민국 국민에게 적용되지 않는 경우는 제외)

    나. 외국인 체류자격 중 영주(F-5)의 체류자격을 가진 사람

    다. 취업활동에 제한을 받지 않는 외국인근로자(「출입국관리법 시행령」 제23조제2항)

  2. 다음 중 어느 하나에 해당하는 외국인근로자: 보험가입을 신청한 경우에 「고용보험법」 전부 적용

    가. 외국인의 체류자격 중 재외동포(F-4)의 체류자격을 가진 사람

    나. 취업활동을 할 수 있는 체류자격을 가진 사람(「외국인근

로자의 고용 등에 관한 법률」의 적용을 받는 외국인근로자 제
외)

② 보험가입자가 되는 자는 해당 사업의 사업주와 근로자입니다(「고
용보험 및 산업재해보상보험의 보험료징수 등에 관한 법률」 제5
조제1항). 사업이 여러 차례의 도급에 의해 행해지는 경우에는
원칙적으로 그 원수급인을 사업주로 봅니다(「고용보험 및 산업
재해보상보험의 보험료징수 등에 관한 법률」 제9조 제1항).

③ 외국인근로자는 피보험자가 될 수 있습니다(「고용보험법」 제2조 제1
호). 근로자인 피보험자는 원칙적으로 「고용보험법」이 적용되는 사
업에 고용된 날에 피보험자격을 취득합니다(「고용보험법」 제13조).

[2] 보험급여의 종류 및 내용

「고용보험법」은 고용안정·직업능력개발사업과 실업급여·모성보호
급여를 고용보험사업의 내용으로 규정하고 있습니다. 고용안정·직업
능력개발사업은 실업을 예방하기 위한 적극적인 노동시장 정책의
수단이며, 실업급여는 실업으로 인한 소득상실을 보장하기 위한 제
도입니다. 육아휴직급여는 「근로기준법」의 출산전후휴가 기간이 연
장됨에 따라 보상의무를 「고용보험법」이 부담하도록 한 것입니다.

[3] 고용안정·직업능력개발사업

① 고용노동부장관은 피보험자 및 피보험자였던 사람, 그 밖에 취업
할 의사를 가진 사람에 대한 실업의 예방, 취업의 촉진, 고용기
회의 확대, 직업능력개발·향상의 기회 제공 및 지원, 그 밖에 고
용안정과 사업주에 대한 인력 확보를 지원하기 위해 고용안정·
직업능력개발 사업을 실시합니다(「고용보험법」 제19조 제1항).

② 산업별로 상시 사용하는 근로자 수가 다음 중 어느 하나에 해당
하는 기업(이하 "우선지원 대상기업"이라 함)은 고용안정·직업능
력개발 사업의 우선지원의 대상이 됩니다(「고용보험법」 제19조

제2항 및 「고용보험법 시행령」 제12조 제1항·별표 1).

1. 제조업(다만, 산업용 기계 및 장비 수리업은 그 밖의 업종임)
   : 500명 이하

2. 광업, 건설업, 운수·창고업, 정보통신업, 사업시설 관리·사업
   지원 및 임대 서비스업, 전문·과학 및 기술 서비스업, 보건업
   업·사회복지 서비스업 : 300명 이하

3. 도매·소매업, 숙박·음식점업, 금융·보험업, 예술·스포츠 및 여
   가관련 서비스업 : 200명 이하

4. 그 밖의 업종 : 100명 이하

[4] 실업급여

① 실업급여는 고용보험의 피보험자가 비자발적 실업을 당한 경우
에 일정기간 소정의 현금급여를 지급함으로써 실업기간 중 근로
자의 생활안정과 취업지원 및 조기재취업을 유도하기 위해 지급
됩니다. 실업급여에는 실업상태에 대응해 일률적으로 지급되는
구직급여와 조기재취직을 촉진하기 위해 일정한 요건 아래
추가적으로 지급되는 취업촉진수당이 있습니다. 취업촉진수당
의 종류에는 직업능력개발수당, 광역구직활동비 및 이주비가
있습니다(「고용보험법」 제37조).

② 실업급여의 종류 및 내용은 다음과 같습니다[다만, 조기재취업
수당은 외국인 근로자에게 지급되지 않습니다(「고용보험법」 제
64조 제1항)].

종류		내용
구직급여		「고용보험법」 제40조제2항에 따른 기준기간 동안의 피보험기간이 통산하여 180일 이상이고, 근로의 의사와 능력이 있어 재취업을 위한 노력을 적극적으로 하고 있음에도 불구하고 실업상태에 있는 피보험자에게 지급되는 급여(「고용보험법」 제40조) 구직급여를 받으려는 자는 이직 후 지체 없이 직업안정기관에 출석해서 실업을 신고해야 하며, 실업의 신고에는 구직 신청과 수급자격의 인정신청을 포함해야 함(「고용보험법」 제42조)
취업촉진급여	직업능력개발수당	수급자격자가 직업안정기관의 장이 지시한 직업능력개발 훈련 등을 받는 기간에 대하여 지급되는 급여(「고용보험법」 제65조)
	광역구직활동비	수급자격자가 직업안정기관의 소개에 따라 광범위한 지역에 걸쳐 구직활동을 하는 경우에 인정되는 급여(「고용보험법」 제66조)
	이주비	수급자격자가 취업하거나 직업안정기관의 장이 지시한 직업능력개발 훈련 등을 받기 위해 그 주거를 이전하는 경우에 인정되는 급여(「고용보험법」 제67조)

[5] 육아휴직 급여

① 육아휴직을 30일(출산전후휴가기간과 중복되는 기간 제외) 이상 부여받은 피보험자 중 중 육아휴직을 시작한 날 이전에 피보험 단위기간이 합산하여 180일 이상인 피보험자에게 육아휴직 급여가 지급됩니다(「고용보험법」 제70조 제1항 및 「고용보험법 시행령」 제94조).

② 육아휴직 급여를 지급받으려는 사람은 육아휴직을 시작한 날 이

후 1개월부터 육아휴직이 끝난 날 이후 12개월 이내에 신청해야 합니다. 다만, 해당 기간에 육아휴직 급여를 신청할 수 없었던 사람은 그 사유가 끝난 후 30일 이내에 신청해야 합니다(「고용보험법」 제70조 제2항).

[6] 출산전후휴가 급여 또는 유산·사산 휴가 급여

다음의 요건을 모두 갖춘 피보험자가 출산전후휴가 또는 유산·사산 휴가 및 배우자 출산휴가를 받을 경우 급여가 지급됩니다(「고용보험법」 제75조 및 「고용보험법 시행령」 제100조).

1. 휴가가 끝난 날 이전에 「고용보험법」 제41조에 따른 피보험 단위기간이 통산해서 180일 이상일 것

2. 휴가를 시작한 날[출산전후휴가 또는 유산·사산휴가를 받은 피보험자가 속한 사업장이 우선지원 대상기업이 아닌 경우에는 휴가 시작 후 60일(한 번에 둘 이상의 자녀를 임신한 경우에는 75일)이 지난 날로 봄] 이후 1개월부터 휴가가 끝난 날 이후 12개월 이내에 신청할 것. 다만, 그 기간에 천재지변, 본인이나 배우자의 질병·부상, 본인이나 배우자의 직계존속 및 직계비속의 질병·부상, 「병역법」에 따른 의무복무 또는 범죄혐의로 인한 구속이나 형의 집행의 사유로 출산전후 휴가 급여 등을 신청할 수 없었던 경우에는 그 사유가 끝난 후 30일 이내에 신청해야 합니다.

3-5. 「산업재해보상보험법」에 의한 보호

3-5-1. 산업재해보상보험제도의 의의

① "산업재해보상보험"이란 근로자가 업무상 사유로 부상·질병·신체 장애를 입거나 사망한 경우에 해당 근로자 또는 그의 가족을 보호하기 위한 제도로서 근로자가 업무상 재해를 당한 경우에 「근로기준법」에 따라 사업주가 지게 되는 재해보상 책임을 국가가 대신해서 사업주로부터 일정액의 보험료를 징수하고 이를 재원으로 해서 재해를 당한 근로자에게 보상하는 제도입니다(「산업재해보상보험법」 제1조).

② 고용노동부장관의 위탁을 받아 산업재해보상보험에 관한 사업을 효율적으로 수행하기 위해 근로복지공단이 설립되어 있습니다(「산업재해보상보험법」 제10조).

3-5-2. 산업재해보험의 특성

① 근로자의 업무상 재해에 대해 사용자의 고의·과실 유무를 불문하는 무과실 책임주의입니다.

② 보험 사업에 소요되는 재원인 보험료는 원칙적으로 사업주가 전액 부담합니다.

③ 재해발생에 따른 손해전체를 보상하는 것이 아니라 평균임금을 기초로 하는 정률보상방식입니다.

④ 자진신고 및 자진납부를 원칙으로 합니다.

3-5-3. 산업재해보험의 가입

[1] 외국인에 대한 적용

「산업재해보상보험법」이 적용되는 모든 사업 또는 사업장에 고용된 외국인근로자에게 적용됩니다.

[2] 보험가입자와 수급자

① 산업재해보상보험에 가입하는 자는 근로자를 사용하는 사업의 사업주입니다(「고용보험 및 산업재해보상보험의 보험료징수 등에 관한 법률」 제5조제3항).

② 산업재해보상보험의 보험급여 수급자는 업무상 재해를 당한 근로자입니다.

3-5-4. 업무상 재해의 범위

[1] 산업재해보상보험과 업무상 재해

① 「산업재해보상보험법」에 따른 보상을 받기 위해서는 해당 재해가 '업무상 재해'여야 합니다.

② '업무상 재해'란 업무상의 사유에 따른 근로자의 부상·질병·신체장애 또는 사망을 말합니다(「산업재해보상보험법」 제5조 제1호).

③ 업무상 재해의 구체적인 인정 기준은 「산업재해보상보험법 시행령」 제27조부터 제37조까지에서 자세하게 정하고 있습니다.

[2] 업무상 재해의 인정 기준

① 근로자가 다음 중 어느 하나에 해당하는 사유로 부상·질병 또는 장해가 발생하거나 사망하면 업무상 재해로 봅니다. 다만, 업무와 재해 사이에 상당인과관계(相當因果關係)가 없는 경우에는 제외됩니다(「산업재해보상보험법」 제37조 제1항).

1. 업무상 사고

　가. 근로자가 근로계약에 따른 업무나 그에 따르는 행위를 하
　　　던 중 발생한 사고

　나. 사용자가 제공한 시설물 등을 이용하던 중 그 시설물 등
　　　의 결함이나 관리소홀로 발생한 사고

　다. 사용자가 주관하거나 사용자의 지시에 따라 참여한 행사
　　　나 행사준비 중에 발생한 사고

　라. 휴게시간 중 사용자의 지배관리 하에 있다고 볼 수 있는
　　　행위로 발생한 사고

　마. 그 밖에 업무와 관련해서 발생한 사고

　※ 가목부터 마목까지에 해당하는 사고의 구체적인 인정기준은 「산업
　　재해보상보험법 시행령」 제27조부터 제33조까지와 같습니다.

2. 업무상 질병

　가. 업무수행 과정에서 물리적 인자, 화학물질, 분진, 병원체,
　　　신체에 부담을 주는 업무 등 근로자의 건강에 장해를 일으
　　　킬 수 있는 요인을 취급하거나 그에 노출되어 발생한 질병

　나. 업무상 부상이 원인이 되어 발생한 질병

　다. 직장 내 괴롭힘, 고객의 폭언 등으로 인한 업무상 정신적
　　　스트레스가 원인이 되어 발생한 질병

　라. 그 밖에 업무와 관련하여 발생한 질병

　※ 가목부터 라목까지에 해당하는 질병의 구체적인 인정기준은 「산업
　　재해보상보험법 시행령」 제34조와 같습니다.

3. 출퇴근 재해

　가. 사업주가 제공한 교통수단이나 그에 준하는 교통수단을
　　　이용하는 등 사업주의 지배관리 하에서 출퇴근하는 중 발
　　　생한 사고

　나. 그 밖에 통상적인 경로와 방법으로 출퇴근하는 중 발생한 사고

② 근로자의 고의·자해행위나 범죄행위 또는 그것이 원인이 되어 발생한 부상·질병·장해 또는 사망은 업무상 재해로 보지 않습니다. 다만, 그 부상·질병·장해 또는 사망이 정상적인 인식능력 등이 뚜렷하게 낮아진 상태에서 한 행위로 발생한 경우로서 다음의 사유가 있으면 업무상 재해로 봅니다(「산업재해보상보험법」 제37조 제2항 및 「산업재해보상보험법 시행령」 제36조).

1. 업무상의 사유로 발생한 정신질환으로 치료를 받았거나 받고 있는 사람이 정신적 이상 상태에서 자해행위를 한 경우

2. 업무상의 재해로 요양 중인 사람이 그 업무상의 재해로 인한 정신적 이상 상태에서 자해행위를 한 경우

3. 그 밖에 업무상의 사유로 인한 정신적 이상 상태에서 자해행위를 하였다는 상당인과관계가 인정되는 경우

3-5-5. 보험급여의 종류 및 내용

① 「산업재해보상보험법」에 따른 보험급여는 요양급여, 휴업급여, 장해급여, 간병급여, 유족급여, 상병보상연금, 장례비, 직업재활급여의 8종류가 있습니다(「산업재해보상보험법」 제36조 제1항).

② 보험급여는 수급권자의 청구에 의해서 지급됩니다(「산업재해보상보험법」 제36조 제2항).

③ 보험급여의 종류 및 내용은 다음과 같습니다.

종류	내용
요양급여	근로자가 업무상 사유로 부상을 당하거나 질병에 걸린 경우에 지급되는 급여(「산업재해보상보험법」 제40조제1항) 부상 또는 질병이 3일 이내의 요양으로 치유될 수 있으면 요양비 지급하지 않음(「산업재해보상보험법」 제40조제3항).
휴업급여	업무상 사유로 부상을 당하거나 질병에 걸린 근로자에게 요양으로 취업하지 못한 기간에 대해 지급되는 급여(「산업재해보상보험

	법」 제52조) 1일당 지급액은 평균임금의 100분의 70에 상당하는 금액(「산업재해보상보험법 제52조)
장해급여	근로자가 업무상 사유로 부상을 당하거나 질병에 걸려 치유된 후 신체 등에 장해가 있는 경우에 지급되는 급여(「산업재해보상보험법」 제57조제1항)
간병급여	요양급여를 받은 사람 중 치유 후 의학적으로 상시 또는 수시로 간병이 필요하여 실제로 간병을 받는 사람에게 지급(「산업재해보상보험법」 제61조제1항)
유족급여	근로자가 업무상 사유로 사망한 경우에 유족에게 지급되는 급여(「산업재해보상보험법」 제62조제1항)
상병보상연금	요양급여를 받는 근로자가 요양을 시작한 지 2년이 지난 날이후에 일정 요건에 해당하는 상태가 계속되면 휴업급여 대신 그 근로자에게 지급되는 급여(「산업재해보상보험법」 제66조제1항)
장례비	근로자가 업무상 사유로 사망한 경우에 그 장제(葬祭)를 지낸 유족에게 지급되는 급여(「산업재해보상보험법」 제71조제1항) 장의비는 평균임금의 120일분에 상당하는 금액(「산업재해보상보험법」 제71조제1항)
직업재활급여	-장해급여 또는 진폐 보상연금을 받은 사람, 장해급여를 받을 것이 명백한 사람으로서 취업을 위해 직업훈련이 필요한 사람에게 실시하는 직업훈련비용 및 직업훈련수당(「산업재해보상보험법」 제72조제1항 제1호) -업무상 재해가 발생할 당시의 사업장에 복귀한 장해 급여자에 대해 사업주가 고용을 유지하거나 직장적응훈련 또는 재활운동을 실시하는 경우(직장적응훈련의 경우에는 직장 복귀 전에 실시한 경우 포함)에 각각 지급되는 직장복귀지원금, 직장적응훈련비 및 재활운동비(「산업재해보상보험법」 제72조제1항 제2호)

3-5-6. 중복급여의 조정

[1] 「근로기준법」의 재해보상과의 관계

수급권자가 「산업재해보상보험법」에 따라 보험급여를 받았거나 받을 수 있으면 동일한 사유에 대해 「근로기준법」에 따른 재해보상급여를 받을 수 없습니다(「산업재해보상보험법」 제80조제1항). 「산업재해보상보험법」이 「근로기준법」에 따른 재해보상과 기능적으로 중복되고 책임보험적 성격을 가지기 때문입니다.

[2] 「민법」의 사용자책임과의 관계

① 수급권자가 동일한 사유에 대해 「산업재해보상보험법」에 따른 보험급여를 받으면 그 금액의 한도 안에서 「민법」이나 그 밖의 법령에 따른 손해배상금을 받을 수 없습니다. 이 경우 장해보상연금 또는 유족보상연금을 받고 있는 사람은 장해보상일시금 또는 유족보상일시금을 받은 것으로 봅니다(「산업재해보상보험법」 제80조 제2항).

② 판례는 현실적으로 「산업재해보상보험법」의 보험급여를 지급하지 않은 이상 장래에 보험급여를 지급할 것이 확정되어 있더라도 이러한 장래의 보험급여액을 그 수급권자에게 지급할 손해배상액에서 미리 공제할 수 없는 것으로 보고 있습니다(대법원 1989. 6. 27. 선고 88다카15512 판결).

[3] 다른 사회보장급여와의 조정

「국민연금법」의 장애연금 또는 유족연금과 「산업재해보상보험법」의 장해급여, 유족급여, 진폐보상연금 또는 진폐유족연금을 모두 받을 수 있는 경우에는 「산업재해보상보험법」의 급여가 우선적으로 지급되고 「국민연금법」의 장애급여 및 유족급여는 2분의 1이 감액됩니다(「국민연금법」 제113조 제2호).

Part 3. 외국인근로자 권리구제 제도

1. 노동 관련 권리구제

1-1. 사업장 내 권리구제

1-1-1. 고충처리제도

[1] 고충처리위원

① 상시 30명 이상의 근로자를 사용하는 사업 또는 사업장에서는 근로자의 고충을 청취하고 이를 처리하기 위해 고충처리위원을 두어야 합니다(「근로자참여 및 협력증진에 관한 법률」제26조).

② 근로자가 고충처리위원에게 고충사항을 전달하면 10일 이내에 조치 사항과 그 밖의 처리결과를 고충처리위원으로부터 통보받게 됩니다(「근로자참여 및 협력증진에 관한 법률」제28조).

[2] 분쟁의 자율적 해결을 위한 노력

사업주는 근로자가 고충을 신고하였을 때에는 해당 사업장에 설치된 노사협의회에 고충의 처리를 위임하는 등 자율적인 해결을 위하여 노력해야 합니다(「남녀고용평등과 일·가정 양립 지원에 관한 법률」제25조).

[3] 고충 신고 및 처리 절차

① 고충 신고는 구두, 서면, 우편, 전화, 팩스 또는 인터넷 등의 방법으로 합니다(「남녀고용평등과 일·가정 양립 지원에 관한 법률 시행령」제18조제1항).

② 사업주는 고충 신고를 받은 경우, 특별한 사유가 없으면 신고 접수일로부터 10일 이내에 신고된 고충을 직접 처리하거나 「근로자참여 및 협력 증진에 관한 법률」에 따라 설치된 노사협의회

에 위임하여 처리하게 하고, 사업주가 직접 처리한 경우에는 처리 결과를, 노사협의회에 위임해서 처리하게 한 경우에는 위임 사실을 해당 근로자에게 알립니다(「남녀고용평등과 일·가정 양립 지원에 관한 법률 시행령」 제18조 제2항).

1-1-2. 명예감독관제도

[1] 명예고용평등감독관

① 「남녀고용평등과 일·가정 양립 지원에 관한 법률」에서는 사업장의 남녀고용평등 이행을 촉진하기 위해 해당 사업장 소속 근로자 중 노사가 추천하는 사람을 명예고용평등감독관으로 위촉될 수 있도록 하고 있습니다(「남녀고용평등과 일·가정 양립 지원에 관한 법률」 제24조 제1항).

② 명예고용평등감독관은 다음의 어느 하나의 업무를 수행합니다 (「남녀고용평등과 일·가정 양립 지원에 관한 법률」 제24조제2항).

  1. 해당사업장의 차별 및 직장 내 성희롱 발생 시 피해 근로자에 대한 상담·조언

  2. 해당 사업장의 고용평등 이행상태 자율점검 및 지도 시 참여

  3. 법령위반 사실이 있는 사항에 대하여 사업주에 대한 개선 건의 및 감독기관에 대한 신고

  4. 남녀고용평등 제도에 대한 홍보·계몽

  5. 그 밖에 남녀고용평등의 실현을 위해 고용노동부장관이 정하는 업무

[2] 명예산업안전감독관

① 산업재해예방활동에 대한 참여와 지원을 촉진하기 위해 근로자·근로자단체·사업주단체 및 산업재해예방 관련 전문단체에 소속된 자 중에서 명예산업안전감독관이 위촉될 수 있습니다(「산업

안전보건법」제23조제1항).

② 명예산업안전감독관의 업무는 다음과 같습니다(「산업안전보건법
시행령」제32조제2항).

1. 사업장에서 하는 자체점검에의 참여 및 근로감독관이 하는 사
   업장 감독 참여

2. 사업장 산업재해 예방계획수립 참여 및 사업장에서 하는 기
   계·기구자체검사 참석

3. 법령 위반 사실이 있는 경우 사업주에 대한 개선 요청 및 감
   독기관에의 신고

4. 산업재해발생의 급박한 위험이 있는 경우 사업주에 대한 작업
   중지 요청

5. 작업환경측정, 근로자 건강진단 시의 참석 및 그 결과에 대한
   설명회 참여

6. 직업성질환의 증상이 있거나 질병에 걸린 근로자가 여럿 발생
   한 경우 사업주에 대한 임시건강진단 실시 요청

7. 근로자에 대한 안전수칙 준수 지도

8. 법령 및 산업재해예방정책 개선 건의

9. 안전·보건 의식을 북돋우기 위한 활동 등에 대한 참여와 지원

10. 그 밖에 산업재해 예방에 대한 홍보 등 산업재해 예방업무와
    관련하여 고용노동부장관이 정하는 업무

1-2. 고용노동부를 통한 권리구제

1-2-1. 지방고용노동관서의 조직과 기능

① "지방고용노동관서"란 고용노동부의 지방소재 소속기관을 말하며, 현재 6개의 지방고용노동청(서울, 부산, 대구, 중부, 광주, 대전), 40개의 지청 및 2개 출장소가 설치되어 있습니다(「고용노동부와 그 소속기관 직제 시행규칙」 별표 1 참고).

② 지방고용노동관서는 다음의 업무를 수행합니다(「고용노동부와 그 소속기관 직제」 제19조).

   1. 보안·관인관리, 문서의 접수·발송, 예산·회계 및 결산, 공무원의 임용·급여, 그 밖의 인사사무

   2. 고용보험료의 체납처분 및 결손처분의 승인과 고용보험 관련 과태료의 부과에 관한 사항

   3. 직업능력개발훈련 및 직업능력 개발 사업에 관한 사항

   4. 「근로기준법」의 적용 및 위반에 대한 조치 등 근로감독에 관한 사항

   5. 사업장의 재해예방에 관한 지도 및 산업안전보건에 관한 법령의 위반에 대한 조치 등 산업안전보건에 관한 사항

   6. 「남녀고용평등과 일·가정 양립 지원에 관한 법률」의 적용과 남녀고용차별의 개선 등 여성근로자에 관한 사항

   7. 구인·구직 및 취업알선 등 직업안정에 관한 사항

   8. 국내취업 외국인근로자의 고용허가 및 관리에 관한 사항

   9. 실업급여 지급, 고용 안정사업 및 고용보험 피보험자격 관리에 관한 사항

   10. 노사분규의 예방과 수습, 노사협력의 증진과 그 밖에 노사관계의 합리적 개선에 관한 사항

11. 가사서비스 제공기관의 인증 등에 관한 사항

12. 소속 지청에 대한 업무의 지휘·감독

③ 지방고용노동관서에서는 전화, 인터넷, 서면 등을 통해 노동 관련 문제에 관한 상담을 하고 있습니다.

1-2-2. 지방고용노동관서에의 진정(陳情)

① 근로자는 사업장에서 노동 관계 법령 위반사실이 있는 경우 그 사업장의 주소지를 관할하는 지방고용노동관서나 고용노동부 홈페이지를 통해 해당 사실을 알릴 수 있습니다.

② 고용노동부 홈페이지 또는 전국 지방고용노동관서 홈페이지에서는 전자민원창구가 마련되어 있어 이 곳을 통해 진정서를 접수시키면 됩니다.

③ 진정이 접수되면, 근로감독관이 해당 사건에 대해 근로자와 사업주를 대상으로 사실조사를 실시합니다(「근로기준법」 제102조).

④ 사건을 조사한 근로감독관은 사용자의 위법사실이 발견되면 행정지도를 하고, 이에 사용자가 불응하면 검찰에 입건 송치하게 됩니다.

1-3. 노동위원회를 통한 권리구제

1-3-1. 노동위원회의 조직 및 기능

① "노동위원회"란 노동관계에 있어서 판정 및 조정업무의 신속·공정한 수행하기 위해 설치된 행정기관으로서(「노동위원회법」 제1조), 고용노동부장관 소속 하에 둔 중앙노동위원회, 지방노동위원회(위치 및 관할 구역은 「노동위원회법 시행령」 별표 1 참고)와 중앙행정기관의 장 소속 하에 둔 특별노동위원회로 구분됩니다(「노동위원회법」 제2조).

② 노동위원회는 다음의 업무를 수행합니다(「노동위원회법」 제2조의2).

    1. 「노동조합 및 노동관계조정법」·「근로기준법」·「근로자참여 및 협력증진에 관한 법률」·「교원의 노동조합 설립 및 운영 등에 관한 법률」·「공무원의 노동조합 설립 및 운영 등에 관한 법률」·「기간제 및 단시간근로자 보호 등에 관한 법률」·「파견근로자 보호 등에 관한 법률」 및 「산업현장 일학습병행 지원에 관한 법률」에 따른 판정·결정·의결·승인·인정 또는 차별적 처우 시정 등에 관한 업무

    2. 「노동조합 및 노동관계조정법」·「교원의 노동조합 설립 및 운영 등에 관한 법률」 및 「공무원의 노동조합 설립 및 운영 등에 관한 법률」에 따른 노동쟁의 조정(調停)·중재 또는 관계 당사자의 자주적인 노동쟁의 해결지원에 관한 업무

    3. 제1호부터 제2호까지의 업무수행과 관련된 조사·연구·교육 또는 홍보 등에 관한 업무

    4. 그 밖에 다른 법률에 따라 노동위원회의 소관으로 규정된 업무

1-3-2. 부당노동행위에 대한 권리구제

[1] 부당노동행위의 의미

① "부당노동행위"란 근로자 또는 노동조합의 단결권·단체교섭권 및
단체행동권 실현 활동에 대한 사용자의 침해 또는 간섭활동에
해당하는 다음의 어느 하나에 해당하는 행위를 말합니다(「노동
조합 및 노동관계조정법」 제81조 제1항).

1. 근로자가 노동조합에 가입 또는 가입하려고 했거나 노동조합
   을 조직하려고 했거나 그 밖에 노동조합의 업무를 위한 정당
   한 행위를 한 것을 이유로 그 근로자를 해고하거나 그 근로자
   에게 불이익을 주는 행위

2. 근로자가 어느 노동조합에 가입하지 않을 것 또는 탈퇴할 것
   을 고용조건으로 하거나 특정한 노동조합의 조합원이 될 것을
   고용조건으로 하는 행위

   ※ 다만, 노동조합이 해당 사업장에 종사하는 근로자의 3분의 2 이상
   을 대표하고 있을 경우에는 근로자가 그 노동조합의 조합원이 될
   것을 고용조건으로 하는 단체협약의 체결은 예외로 하며, 이 경우
   사용자는 근로자가 해당 노동조합에서 제명된 것을 이유로 신분상
   불이익한 행위를 할 수 없습니다.

3. 노동조합의 대표자 또는 노동조합으로부터 위임을 받은 자와
   의 단체협약체결, 그 밖의 단체교섭을 정당한 이유 없이 거부
   하거나 해태하는 행위

4. 근로자가 노동조합을 조직 또는 운영하는 것을 지배하거나
   이에 개입하는 행위와 근로시간 면제한도를 초과하여 급여
   를 지급하거나 노동조합의 운영비를 원조하는 행위

   ※ 다만, 근로자가 근로시간 중에 규제「노동조합 및 노동관계조정법」
   제24조제2항에 따른 활동을 하는 것을 사용자가 허용하는 것은 무
   방하며, 또한 근로자의 후생자금 또는 경제상의 불행 그 밖의 재해
   의 방지와 구제 등을 위한 기금의 기부와 최소한의 규모의 노동조

합사무소의 제공 및 그 밖에 이에 준하여 노동조합의 자주적인 운영 또는 활동을 침해할 위험이 없는 범위에서의 운영비 원조행위는 예외로 합니다.

※ "노동조합의 자주적 운영 또는 활동을 침해할 위험" 여부를 판단할 때에는 다음의 사항을 고려하여야 합니다(「노동조합 및 노동관계조정법」 제81조 제2항).

1) 운영비 원조의 목적과 경위

2) 원조된 운영비 횟수와 기간

3) 원조된 운영비 금액과 원조방법

4) 원조된 운영비가 노동조합의 총수입에서 차지하는 비율

5) 원조된 운영비의 관리방법 및 사용처 등

5. 근로자가 정당한 단체행위에 참가한 것을 이유로 하거나 또는 노동위원회에 대해 사용자가 부당노동행위금지규정에 위반한 것을 신고하거나 그에 관한 증언을 하거나 그 밖에 행정관청에 증거를 제출한 것을 이유로 그 근로자를 해고하거나 불이익을 주는 행위

② 부당노동행위로 피해를 입은 근로자는 아래에서 서술하는 절차에 따라 이의를 제기할 수 있습니다.

[2] 근로자 또는 노동조합의 구제신청

사용자의 부당노동행위로 인해 그 권리를 침해당한 근로자 또는 그 근로자가 가입한 노동조합은 부당노동행위가 있은 날(계속하는 행위는 그 종료일)부터 3개월 이내에 지방노동위원회에 구제를 신청할 수 있습니다(「노동조합 및 노동관계조정법」 제82조)

[3] 관할 노동위원회의 구제명령 또는 기각결정

① 근로자 또는 노동조합으로부터 구제신청을 받은 관할 노동위원회는 지체 없이 필요한 조사를 하고 관계 당사자를 심문합니다(「노동조합 및 노동관계조정법」 제83조 제1항).

② 조사와 심문 결과 부당노동행위가 성립한다고 판정되면 관할 노동위원회는 사용자에게 구제명령을 하게 됩니다. 부당노동행위가 성립되지 않는다고 판정되는 때에는 기각결정이 내려집니다(「노동조합 및 노동관계조정법」 제84조 제1항).

③ 관할 노동위원회의 결정에 대해 재심신청을 하지 않는 경우에는 그 구제명령이 확정됩니다(「노동조합 및 노동관계조정법」 제85조 제3항).

[4] 구제명령 또는 기각결정에 대한 불복 : 재심판정의 신청

① 관할 노동위원회의 구제명령 또는 기각결정에 불복하는 관계 당사자는 그 명령서 또는 결정서를 송달받은 날부터 10일 이내에 중앙노동위원회에 재심을 신청할 수 있습니다(「노동조합 및 노동관계조정법」 제85조 제1항).

   ※ 관할 노동위원회의 구제명령 또는 기각결정에 대해 중앙 노동위원회에 재심신청을 하지 않고 바로 행정소송을 제기할 수 없습니다.

② 중앙노동위원회는 재심결과 그 신청이 이유 없다고 인정하면 사건을 기각하고, 이유 있다고 인정하면 관할 노동위원회의 처분을 취소하고 새로운 명령을 내리거나 명령을 변경합니다(「노동위원회법」 제26조).

③ 중앙노동위원회의 재심판정에 대해 기간 내에 행정소송을 제기하지 않으면 그 재심판정이 확정됩니다(제「노동조합 및 노동관계조정법」 제85조 제3항).

[5] 재심판정에 대한 불복 : 행정소송의 제기

① 재심신청에 의한 중앙노동위원회의 재심판정에 불복하는 관계 당사자는 그 재심판정서의 송달을 받은 날부터 15일 이내에 「행정소송법」이 정하는 바에 따라 소를 제기할 수 있습니다(「노동조합 및 노동관계조정법」 제85조 제2항).

② 따라서, 행정소송의 대상이 되는 것은 관할 노동위원회가 행한

구제명령이나 기각결정이 아니라 중앙노동위원회가 행한 재심판정이 됩니다.

1-3-3. 부당해고에 대한 권리구제

[1] 부당해고의 의미

"부당해고"란 정당한 이유 없는 사용자의 해고를 말하며, 정당한 이유가 없는지의 여부는 법에서 구체적으로 정하지 않고 있으므로 법원의 판례와 노동위원회의 결정, 고용노동부의 유권해석 등을 통해 결정됩니다.

[2] 부당해고에 대한 권리구제절차

① 부당해고에 대한 권리구제절차는 위의 부당노동행위에 대한 권리구제절차와 마찬가지로 ⓐ 부당해고의 구제신청, ⓑ 관할 노동위원회의 구제명령 또는 기각결정, ⓒ 중앙노동위원회에의 재심신청, ⓓ 중앙노동위원회의 재심판정, ⓔ 행정소송 제기의 절차에 따릅니다.

② 다만, 부당노동행위에 대한 구제신청권자는 해당 근로자 외에 노동조합도 포함되는데 반해, 부당해고에 대한 구제신청권자는 해당 근로자에 한정되는 것이 서로 다릅니다.

1-3-4. 국가인권위원회를 통한 권리구제

[1] 국가인권위원회의 조직과 기능

① 국가인권위원회는 인권의 보호와 향상을 위한 업무를 수행하기 위해 설치된 기구로서 그 권한에 속하는 업무를 독립적으로 수행합니다(「국가인권위원회법」 제3조).

② 국가인권위원회는 다음의 업무를 수행합니다(「국가인권위원회법」 제19조).

1. 인권에 관한 법령(입법과정 중에 있는 법령안을 포함)·제도·정책·관행의 조사와 연구 및 그 개선이 필요한 사항에 관한 권고 또는 의견의 표명
2. 인권침해행위에 대한 조사와 구제
3. 차별행위에 대한 조사와 구제
4. 인권상황에 대한 실태조사
5. 인권에 관한 교육 및 홍보
6. 인권침해의 유형·판단기준 및 그 예방조치 등에 관한 지침의 제시 및 권고
7. 국제인권조약에의 가입 및 그 조약의 이행에 관한 연구와 권고 또는 의견의 표명
8. 인권의 옹호와 신장을 위하여 활동하는 단체 및 개인과의 협력
9. 인권과 관련된 국제기구 및 외국의 인권기구와의 교류·협력
10. 그 밖에 인권의 보장과 향상을 위하여 필요하다고 인정하는 사항

[2] 국가인권위원회에의 진정

① 인권침해나 차별행위를 당한 사람 또는 그 사실을 알고 있는 사람이나 단체는 인권침해나 차별행위가 발생한 날부터 1년 이내에 국가인권위원회에 그 내용을 알릴 수 있습니다(「국가인권위원회법」 제30조 제1항 및 제32조 제1항 제4호).

② 국가인권위원회에 진정을 하려면, 먼저 국가인권위원회 홈페이지에서 진정서류를 내려받아 직접 또는 인터넷으로 신청하면 됩니다.

[3] 진정의 처리

① 진정이 접수되면, 사건 담당자는 당사자, 관계인, 관계기관 등에 대해 사실조사를 실시합니다.

② 진정인의 진정내용에 이유 있다고 판단되는 경우, 즉 인권의 침

해가 있다고 인정하는 경우에는 국가인권위원회는 아래의 처리
방법 중 적당하다고 판단되는 조치를 할 수 있습니다.

종류	내용
합의의 권고	조사 중이거나 조사가 끝난 진정에 대해서 사건의 공정한 해결을 위해 필요한 구제 조치를 당사자에게 제시하고 합의를 권고(「국가인권위원회법」 제40조)
조정	조정위원회가 인권침해나 차별행위와 관련해서 당사자의 신청이나 위원회의 직권으로 조정위원회에 회부된 진정에 대해 조정 절차를 시작(「국가인권위원회법」 제42조)
수사개시와 필요한 조치의 의뢰	진정의 원인이 된 사실이 범죄행위에 해당한다고 믿을 만한 상당한 이유가 있고 그 혐의자의 도주 또는 증거 인멸 등을 방지하거나 증거 확보를 위하여 필요하다고 인정될 경우에는 검찰총장 또는 관할 수사기관의 장에게 수사의 개시와 필요한 조치를 의뢰(「국가인권위원회법」 제34조)
구제조치 등의 권고	진정을 조사한 결과 인권침해나 차별행위가 일어났다고 판단하는 경우에는 피진정인, 그 소속기관·단체 또는 감독기관의 장에게 ① 구제조치의 이행(「국가인권위원회법」 제42조제4항), ② 법령·제도·정책·관행의 시정 또는 개선을 권고(「국가인권위원회법」 제44조)
고발 및 징계의 권고	진정을 조사한 결과 진정의 내용이 범죄행위에 해당하고 이에 대해 형사처벌이 필요하다고 인정하면 검찰총장에게 그 내용을 고발할 수 있으며, 인권침해가 있다고 인정하는 경우에는 피진정인 또는 인권침해에 책임이 있는 자에 대한 징계를 소속기관·단체 또는 감독기관의 장에게 권고(「국가인권위원회법」 제45조)
법률구조의 요청	진정에 관한 위원회의 조사, 증거의 확보 또는 피해자의 권리구제를 위하여 필요하다고 인정하면 피해자를 위해 대한법률구조공단 또는 그 밖의 기관에 법률구조를 요청(「국가인권위원회법」 제47조)

긴급구제 조치의 권고	진정을 접수한 후 조사대상 인권침해나 차별행위가 계속되고 있다는 상당한 개연성이 있고, 이를 방치할 경우 회복하기 어려운 피해가 발생할 우려가 있다고 인정하면 그 진정에 대한 결정 이전에 진정인이나 피해자의 신청에 의해 또는 직권으로 피진정인, 그 소속기관·단체 또는 감독기관의 장에게 다음 어느 하나를 하도록 권고(「국가인권위원회법」 제48조) 1. 의료, 급식, 의복 등의 제공 2. 장소, 시설, 자료 등에 대한 현장조사 및 감정 또는 다른 기관이 하는 검증 및 감정에 대한 참여 3. 시설수용자의 구금 또는 수용 장소의 변경 4. 인권침해나 차별행위의 중지 5. 인권침해나 차별행위를 하고 있다고 판단되는 공무원 등을 그 직무에서 배제하는 조치 6. 그 밖에 피해자의 생명, 신체의 안전을 위하여 필요한 사항

■ 입국이 불허된 외국인도 구제청구가 가능한지요?

Q. 저는 외국인인데, 대한민국 입국이 불허되어 인천공항의 송환대기실에서 약 5개월 간 출입이 금지된 상태로 머무르고 있습니다. 저도 인신보호법상의 구제청구를 할 수 있나요? 할 수 있다면, 송환대기실에 머무르도록 강제하는 것이 위법한 수용에 해당하나요?

A. 헌법 제12조 제1항에서는 신체의 자유를 규정하고 있습니다. 이 신체의 자유는 모든 인간에게 그 주체성이 인정되는 기본권이고, 인신보호법은 인신의 자유를 부당하게 제한당하고 있는 개인에 대한 신속한 구제절차를 마련하기 위하여 제정된 법률이므로(인신보호법 제1조), 대한민국 입국이 불허된 결과 대한민국 공항에 머무르고 있는 외국인에게도 인신보호법 제3조의 구제청구권은 인정됩니다. 또한, 대한민국 입국이 불허된 외국인이라 하더라도 외부와의 출입이 통제되는 한정된 공간에 장기간 머무르도록 강제하는 것은 법률상 근거 없이 인신의 자유를 제한하는 것으로서 인신보호법이 구제대상으로 삼고 있는 위법한 수용에 해당합니다(대법원 2014. 8. 25.자 2014인마5 결정).

따라서 대한민국 입국이 불허된 외국인을 법률상 근거 없이 외부와의 출입이 통제되는 송환대기실에 강제로 수용한 것은 위법한 수용에 해당하므로, 이와 같은 수용을 즉시 해제하여야 할 것입니다.

1-3-5. 사법기관에 의한 권리구제

[1] 검찰

① 노동 관계 법령에서 위반자에 대해 형사처벌을 부과하고 있는 경우 피해자나 이를 지원하는 노동조합 등은 검찰에 직접 고소 또는 고발할 수 있습니다.

② 검사는 고소 또는 고발 받은 사건이나 근로감독관으로부터 입건 송치 받은 사건에 대해 사실조사를 실시하여 고소 또는 고발을 수리한 날부터 3개월 이내에 형사법원에 기소할 것인지를 결정합니다.

[2] 법원

① 형사법원

형사법원은 검사의 기소에 의한 형사재판을 열어 사건의 진실을 규명하고 국가의 질서와 국민의 권리침해에 대해 국가의 형벌권을 부과할 것인지의 여부를 결정합니다.

② 민사법원

민사법원은 근로자의 임금청구소송, 해고무효확인소송, 근로자지위확인소송, 손해배상 등과 같이 사법상의 권리 또는 법률관계의 존부를 확정하는 민사재판절차를 통해 판정하고 원상회복적 권리구제를 도모합니다.

③ 행정법원

중앙노동위원회가 내린 재심결정에 불복하는 근로자와 사용자는 행정법원에 행정소송을 제기할 수 있습니다(「근로기준법」 제31조 제2항).

[3] 헌법재판소(헌법소원)

"헌법소원"이란 공권력의 행사 또는 불행사로 인해 헌법상 보장된 기본권을 침해받은 자가 헌법재판소에 해당 공권력의 위헌여부를 심사해 줄 것을 청구하는 것(「대한민국헌법」 제111조 및 「헌법재판소법」 제68조)을 말합니다.

1-3-6. 법률구조제도의 이용

[1] 법률구조의 의의

"법률구조제도"란 경제적으로 어렵거나 법을 모르기 때문에 법의 보호를 충분히 받지 못하는 사람들에게 법률상담, 소송대리 및 법률사무에 관한 각종 지원을 해 줌으로써 정당한 권리를 보호하는 제도를 말합니다(「법률구조법」 제1조).

[2] 대한법률구조공단의 조직과 기능

① 법률구조사업을 효율적으로 추진하기 위한 비영리공익법인으로 대한법률구조공단이 설립되어 있습니다(「법률구조법」 제8조). 대한법률구조공단은 경북 김천시에 본부를 두고 있으며, 서울중앙지부 등 18개 지부와 41개의 출장소를 설치하고 있습니다.

② 대한법률구조공단은 모든 국민을 대상으로 무료법률상담을 하고, 공단 규칙으로 정하는 바에 따라 소송대리, 형사사건 변호 등 법률구조사업을 하고 있습니다.

■ 임금 체불 등 부당한 일을 겪었을 때 그 피해구제는 어떻게 받을 수 있나요?

Q. 임금 체불 등 부당한 일을 겪었을 때 그 피해구제는 어떻게 받을 수 있나요?

A. 노동 관계 법령이 지켜지지 않아 근로자의 권리가 침해된 경우 권리구제절차를 통해 피해근로자는 상담을 받거나 침해된 권리를 회복시킬 수 있습니다.

즉, 외국인노동자는 ① 사업장 내 고충처리기관의 상담, ② 노동부를 통한 진정, ③ 노동위원회를 통한 구제신청, ④ 국가인권위원회를 통한 진정, ⑤ 사법기관에 의한 재판, ⑥ 대한법률구조공단의 지원 등을 이용해서 권리를 구제받을 수 있습니다.

2. 사회보장 관련 권리구제

2-1. 국민건강보험에 관한 권리구제

① 이의신청

　가입자 및 피부양자의 자격·보험료 등·보험급여 및 보험급여비용에 관한 국민건강보험공단의 처분이나 요양급여비용 및 요양급여의 적정성에 대한 평가 등에 관한 건강보험심사평가원의 처분에 이의가 있으면 그 처분이 있음을 안 날부터 90일 이내, 그 처분이 있었던 날부터 180일 이내에 국민건강보험공단 또는 건강보험심사평가원에 이의신청을 할 수 있습니다(「국민건강보험법」 제87조).

② 심판청구

　이의신청에 대한 결정에 불복하는 사람은 그 결정통지를 받은 날부터 90일 이내에 건강보험분쟁조정위원회에 심사청구를 할 수 있습니다(「국민건강보험법」 제88조제1항).

③ 행정소송 제기

　국민건강보험공단 또는 건강보험심사평가원의 처분에 이의가 있거나 이의신청 또는 심판청구에 대한 결정에 불복하는 경우에는 「행정소송법」에 따라 행정법원에 행정소송을 제기할 수 있습니다(「국민건강보험법」 제90조).

2-2. 국민연금에 관한 권리구제

[1] 심사청구

① 가입자의 자격, 기준소득월액, 연금보험료, 그 밖의 징수금과 급여에 관한 국민연금관리공단의 처분에 이의가 있으면 그 처분이 있음을 안 날로부터 90일 이내에 국민연금공단에 심사청구를 할 수 있습니다(「국민연금법」 제108조).

② 심사청구 사항을 심사하기 위해 국민연금공단에 국민연금심사위원회가 있습니다(「국민연금법」 제109조 제1항).

[2] 재심사청구

① 심사청구에 대한 결정에 불복하는 사람은 그 결정통지를 받은 날부터 90일 이내에 다음의 사항을 적은 재심사청구서(「행정심판법」 제28조제2항에 따라 포함되어야 하는 사항을 준용하는 경우는 제외)에 따라 국민연금재심사위원회에 재심사를 청구할 수 있습니다(「국민연금법」 제110조 제1항).

    1. 재심사청구를 하는 자와 처분을 받은 자가 다른 경우에는 처분을 받은 자의 성명, 주소 및 주민등록번호

    2. 재심사청구를 하는 자 및 처분을 받은 자가 가입자 또는 가입자였던 자가 아닌 경우에는 해당 가입자 또는 가입자였던 자의 성명, 주소 및 주민등록번호

② 재심사청구 사항을 심사하기 위해 보건복지부에 국민연금재심사위원회가 있습니다(「국민연금법」 제111조).

[3] 행정소송 제기

    국민연금공단의 처분에 이의가 있거나 국민연금재심사위원회의 재심사에 불복하는 경우에는 「행정소송법」에 따라 행정법원에 행정소송을 제기할 수 있습니다(「국민연금법」 제112조).

2-3. 고용보험에 관한 권리구제

[1] 심사청구

피보험자격의 취득·상실에 대한 확인, 실업급여 및 육아휴직 급여와 출산전후휴가 급여 등에 관한 처분에 이의가 있으면 확인 또는 처분이 있음을 안 날부터 90일 이내에 고용보험심사관에게 심사를 청구할 수 있습니다(「고용보험법」 제87조).

[2] 재심사청구

심사청구에 대한 결정에 불복하는 사람은 그 결정이 있음을 안 날부터 90일 이내에 고용보험심사위원회에 재심사를 청구할 수 있습니다(「고용보험법」 제87조).

[3] 행정소송 제기

고용보험 관련 처분에 이의가 있거나 고용보험심사위원회의 재심사에 불복하는 경우에는 「행정소송법」에 따라 행정법원에 행정소송을 제기할 수 있습니다(「고용보험법」 제104조).

2-4. 산업재해보상보험에 관한 권리구제

[1] 심사청구

보험급여 결정·진료비 결정·약제비 결정·진료계획 변경 조치·보험급여의 일시지급 결정·합병증 등 예방관리에 관한 조치·부당이득의 징수 결정 또는 수급권의 대위 결정 등 근로복지공단의 처분에 이의가 있으면 보험급여 결정 등이 있음을 안 날부터 90일 이내에 근로복지공단에 심사청구를 할 수 있습니다(「산업재해보상보험법」 제103조).

[2] 재심사청구

① 심사청구에 대한 결정에 불복하는 사람은 그 결정이 있음을 안 날부터 90일 이내에 산업재해보상보험재심사위원회에 재심사청구를 할 수 있습니다.

② 다만, 업무상질병판정위원회의 심의를 거친 보험급여에 관한 결정에 불복하는 사람은 보험급여에 관한 결정이 있음을 안 날부터 90일 이내에 심사청구를 하지 않고 재심사청구를 할 수 있습니다(「산업재해보상보험법」 제106조).

[3] 행정소송의 제기

근로복지공단의 처분에 이의가 있거나 산업재해보상보험재심사위원회의 재심사에 불복하는 경우에는 「행정소송법」에 따라 행정법원에 행정소송을 제기할 수 있습니다(「산업재해보상보험법」 제111조).

Chapter 2.
외국인근로자 고용

Part 1. 외국인근로자 고용자격·범위

1. 사용자 자격요건

1-1. 공통사항 : 내국인근로자 구인 노력

① 사용자가 「외국인근로자의 고용 등에 관한 법률」에 따라 비전문
취업(E-9) 또는 방문취업(H-2)의 체류자격을 가진 외국인근로자
를 고용하려면 먼저 직업안정기관에 내국인 구인신청을 함으로
써 내국인 구인노력을 해야 합니다(「외국인근로자의 고용 등에
관한 법률」 제6조 제1항 및 제12조 제1항 후단).

② "직업안정기관"이란 직업소개·직업지도 등 직업안정업무를 수행
하는 지방고용노동행정기관으로서(「직업안정법」 제4조제1호), 여
기서는 고용노동부 산하 고용센터를 말합니다(「고용노동부와 그
소속기관 직제 시행규칙」 별표 2).

③ 내국인 구인노력에도 불구하고 원하는 인력의 전부 또는 일부를
채용하지 못한 경우에만 고용허가 또는 특례고용가능확인을 받
을 수 있습니다(「외국인근로자의 고용 등에 관한 법률」 제8조
제1항 및 제12조 제4항 전단).

④ 다만, 사용자가 고용센터의 소개에도 불구하고 정당한 이유 없이
2회 이상 채용을 거부했다면 내국인 구인노력을 한 것으로 인정
되지 않습니다(「외국인근로자의 고용 등에 관한 법률 시행령」
제13조의4 제2호 단서).

1-2. 비전문취업(E-9) 체류자격 외국인근로자를 고용하려는 경우

비전문취업(E-9) 체류자격을 가진 외국인근로자를 고용하려는 사용자는 다음의 요건을 모두 갖추어야 고용센터로부터 외국인근로자를 추천받을 수 있습니다(「외국인근로자의 고용 등에 관한 법률」 제8조제3항 및 「외국인근로자의 고용 등에 관한 법률 시행령」 제13조의4).

1. 외국인력정책위원회에서 정한 외국인근로자의 도입 업종과 고용 가능 사업 또는 사업장에 해당할 것

2. 내국인 구인노력기간(「외국인근로자의 고용 등에 관한 법률 시행규칙」 제5조의2) 이상 내국인을 구인하기 위하여 노력하였는데도 직업안정기관에 구인 신청한 내국인근로자의 전부 또는 일부를 채용하지 못하였을 것. 다만, 직업안정기관의 소개에도 불구하고 정당한 이유 없이 2회이상 채용을 거부한 경우는 제외.

3. 내국인 구인신청을 하기 2개월 전부터 고용허가서 발급일까지 고용조정으로 내국인근로자를 이직시키지 않을 것

4. 내국인 구인신청을 하기 5개월 전부터 고용허가서 발급일까지 임금을 체불(滯拂)하지 않았을 것

5. 「고용보험법」 및 「산업재해보상보험법」의 적용을 받는 사업 또는 사업장인 경우에는 고용보험 및 산업재해보상보험에 가입하고 있을 것

6. 외국인근로자를 고용하고 있는 사업 또는 사업장의 사용자인 경우에는 그 외국인근로자를 대상으로 출국만기보험 또는 신탁(「외국인근로자의 고용 등에 관한 법률」 제13조제1항)과 임금체불에 대비한 보증보험(「외국인근로자의 고용 등에 관한 법률」 제23조제1항)에 가입하고 있을 것. 다만, 보증보험 가입의 경우에는 가입의무가 부여된 사용자에게만 적용됩니다.

1-3. 방문취업(H-2) 체류자격 외국인근로자를 고용하려는 경우

방문취업(H-2) 체류자격을 가진 외국인근로자를 고용하려는 사용자는 다음의 요건을 모두 갖추어야 고용센터로부터 특례고용가능확인서를 발급받을 수 있습니다(「외국인근로자의 고용 등에 관한 법률」 제12조 제3항 후단·제12조 제6항 및 「외국인근로자의 고용 등에 관한 법률 시행령」 제20조 제1항).

1. 비전문취업(E-9) 체류자격 외국인근로자를 고용하려는 사용자가 갖추어야 할 요건(위의 1.부터 6.까지)을 모두 갖출 것

2. 다음의 어느 하나에 해당하는 사업 또는 사업장을 영위할 것

    가. 건설업으로서 외국인력정책위원회가 일용근로자 노동시장의 현황, 내국인근로자 고용기회의 침해 여부 및 사업장 규모 등을 고려해서 정하는 사업 또는 사업장

    나. 서비스업·제조업·농업 또는 어업으로서 외국인력정책위원회가 산업별 특성을 고려해서 정하는 사업 또는 사업장

■ 외국인 요리사를 초청하려면 어떠한 필요한 절차를 거쳐야 하는지요?

Q. 저는 태국음식점을 오픈중입니다. 태국 현지에 있는 주방장을 초청하려고 합니다. 어떠한 필요한 절차를 거쳐야 하는지 알려 주세요.

A. 귀하께서는 태국음식점의 주방장 또는 조리사의 초청(취업비자 신청) 요건과 절차에 대해 문의하신 것으로 이해됩니다.

외국인이 한국에서 취업하고자 하는 경우에는 취업할 수 있는 비자를 소지하여야 하고 우리나라 취업비자 종류에는 일정한 요건을 충족하는 외국인이 국내에서 주방장 및 조리사로 취업할 수 있는 특정활동 비자가 있습니다. 주방장 및 조리사 직종이 포함되어 있는 특정활동(E-7)비자는 대한민국내의 공, 사기관 등과의 계약에 의하여 법무부장관이 특히 지정하는 활동에 종사하고자 하는 외국인에게 발급되는 비자입니다.

E-7 비자의 발급 절차는 먼저 초청인이 사증발급인정서를 국내 관할 출입국관리사무소에 신청하고 심사 후 사증발급인정번호를 발급(허가) 받게 되면 피초청외국인이 자국 대한민국대사관 또는 영사관에 사증발급을 신청하시면 됩니다. 그리고 외국인 주방장 등을 고용하기 위해서는 고용업체와 해당 외국인이 일정 요건을 갖추어야 합니다. 간략히 설명드리면, 외국인 주방장 및 조리사를 초청하고자 하는 경우에 초청자(고용주)가 일반사업자 또는 법인이냐를 따지지는 않으나 관광편의시설업 지정을 받은 외국음식점(관광편의시설업지정증)으로서 사업장 면적 60㎡ 이상, 연간 매출액 6천만원 이상, 내국인 고용인원 2명 이상의 최소 요건을 갖추어야 합니다.

피초청외국인의 경우 국제적으로 인정되는 국내외 요리경연대회 입상경력자(자격요건 면제), 중급 이상 자격증 소지자(경력

요건 면제), 초급 수준 자격증 소지자(+ 경력 3년 이상), 6개월 이상 교육이수자(+ 경력 5년 이상), 경력 10년 이상의 어느 하나에 해당하는 사람이어야 하며, 외국인 주방장 및 조리사를 초청하고자 하는 경우에 일반적으로 제출하여야 하는 서류는 다음과 같습니다(※ 관할 출입국관리사무소에서 심사 과정에서 필요하다고 인정하는 때에는 제출서류를 가감할 수 있습니다.)

* 사증발급인정신청서 (별지 제21호 서식) - 피초청인의 반명함판 칼라사진 1장 부착

* 초청사유서 및 구체적 활용계획서 - 한국인과 대체가 불가한 필수전문 요리사의 구체적 활용계획에 대하여 상세히 기술

* 사업자 등록증 사본, 영업신고증 사본 * 관광편의시설업 지정증

* 고용계약서 사본 * 신원보증서

* 영업실적 증빙서류 - 부가가치 과세표준증명(세무서 발행)

* 업체현황 - 평수, 좌석수, 내국인 종업원 현황(3개월치 임금대장, 국민건강보험공단 의료보험 신고 등)

* 기타 참고자료 - 외국인 관광객 유치실적 증빙서류(여행 사의 단체여행객 예약사실 증빙서류)

* 식당사진(간판 나오는 전면사진 및 내부홀사진)

(피초청자의)

* 여권 사본, 이력서

* 요리사자격증 원본 및 사본, 재직증명서 또는 경력증명서(아포스티유확인 또는 자국에 있는 대한민국대사관의 영사확인)

아울러, E-7비자(주방장 및 조리사) 허가 여부는 관할 출입국관리사무소장이 고용주(초청자)의 적격 여부, 외국인의 전공, 자격, 기술, 기능 등과 근무처와의 직접적 연관성, 기술, 기능 등 보유 여부, 국민 대체고용이 부적절하여 고용필요성이 인

정되는 지 여부, 고용의 타당성, 초청자의 업체운영실태 등을 종합적으로 고려하여 판단하고 있음을 양지해 주시고 미리 관할 출입국관리사무소에 내방하시어 개별상담을 받아 보시기 바랍니다.

■ 사업장현장에서 외국인고용을 하게 되면 그냥 노임 및 고용보험(근로내역확인신고서)을 신고를 해도 되는지요?

Q. 외국인 고용건에 대해서 문의드립니다. 먼저 저희는 사업장인데요 사업장현장에서 외국인고용을 하게 되면 그냥 노임 및 고용보험(근로내역확인신고서)을 신고를 해도 되는지요? 아니면 어떤 서류를 고용보험쪽에 제출하여야 하는지 궁금합니다.외국인분들은 다 취업비자를 받아서 들어오신 분들이고요. 만약에 외국인들을 사업장현장에서 노임 및 고용보험신고를 하였다면. 추후 벌금 및 형사처벌이 있는지도 알려 주세요.

A. 귀하께서 상담을 요청하신 내용에 대하여 다음과 같이 답변 드립니다.

   ○ 외국인근로자의 고용절차는 일반외국인근로자의 경우 사업장의 내국인 구인노력 → 외국인고용허가신청 → 고용허가서 발급 → 근로계약 체결 → 사증발급인증서 발급 → 외국인근로자 입국 및 취업교육 → 사업장 배치 등의 순서로 진행되는데 이때 사용자는 노동부(고용지원센터)에 별도의 근로개신신고를 하지 않아도 됩니다.

   - 반면 외국국적동포의 고용절차는 내국인 구인노록 → 특례고용가능확인서 신청 및 발급 → 근로계약 체결 → 근로개시 신고 의 순서로 진행되며 외국국적동포를 고용한 사용자는 근로개시 10일 이내에 노동부에 근로개시신고를 하여야 합니다.

   ○ 외국인근로자의 경우에도 근로기준법의 적용을 받게 되므로 사용자는 최저임금 이상의 임금을 지급해야 하며 고용보험의 경우 외국인근로자는 임의가입 대상으로서 근로자와 사용자가 원하는 경우 고용보험 가입이 가능합니다.

○ 이상 외국인근로자의 고용절차 등에 대해 간략히 소개드렸으며 법에 정한 이러한 절차를 밟지 않고 불법으로 외국인근로자를 고용하는 경우에는 출입국관리법 등에 의해 처벌받을 수 있습니다.

- 아울러 외국인근로자 고용 및 관리에 대한 보다 자세한 내용은 관할고용지원센터(고용보험홈페이지 (www.ei.go. .kr/jsp/inf/HPINF1000L.jsp참조)나 노동부 홈페이지(www.molab.go.kr)에서 확인하실 수 있음을 알려드립니다.

2. 외국인근로자 도입규모 및 업종

2-1. 외국인근로자 도입계획

고용노동부에서는 다음의 사항이 포함된 외국인근로자도입계획을 매년 3월 31일까지 관보, 일간신문 또는 인터넷을 통해 공표하고 있습니다(「외국인근로자의 고용 등에 관한 법률」 제5조 제1항 및 「외국인근로자의 고용 등에 관한 법률 시행령」 제3조).

1. 외국인근로자를 고용할 수 있는 사업 또는 사업장에 관한 사항
2. 사업 또는 사업장에서 고용할 수 있는 외국인근로자의 규모에 관한 사항
3. 외국인근로자를 송출할 수 있는 국가별 외국인력 도입업종 및 규모에 관한 사항
4. 외국인근로자의 권익보호에 관한 사항
5. 그 밖에 외국인근로자의 고용 등에 관해 외국인력정책위원회 의 위원장이 필요하다고 인정하는 사항

2-2. 외국인근로자 도입규모

2024년 외국인근로자 도입규모는 다음과 같습니다[외국인 고용관리시스템-고용허가제정보-연도별 도입쿼터 안내].

구분	인원	제조업	조선업	건설업	서비스업	농축산업	어업
일반 (E-9)	143,530 [123,530 + α(20,000)]	77,440 + α	5,000 + α	5,440 + α	12,970 + α	14,030 + α	8,650 + α
재입국 취업자	21,470	17,560	0	560	30	1970	1350
총계	165,000 [145,000 + α(20,000)]	95,000 + α	5,000 + α	6,000 + α	13,000 + α	16,000 + α	10,000 + α

2-3. 외국인근로자 도입업종

① 외국인근로자를 도입할 수 있는 업종은 제조업, 건설업, 서비스업, 농축산업, 어업으로 제한되어 있습니다. 즉 모든 사업장에서 비전문취업(E-9) 또는 방문취업(H-2) 체류자격을 가진 외국인근로자를 채용할 수는 없습니다.

② 체류자격에 따른 외국인근로자 도입업종은 다음과 같습니다.

구 분	일반고용허가제	특례고용허가제
광업		허용제외 업종이 아닌 경우 모두 허용
제조업	상시근로자 300명 미만 또는 자본금 80억원 이하인 기업의 사업장 (※ 위 기준을 충족하지 않더라도 지방중소기업청에서 발급한 '중소기업확인서' 제출 시 인정)	
건설업	모든 건설공사(다만, 발전소·제철소·석유화학 건설현장의 건설업체 중 건설면허가 산업환경설비인 경우에는 적용 제외)	
서비스업	건설폐기물처리업(3823) 재생용 재료수입 및 판매엉(46791) 냉장·냉동 창고업(52102)(내륙에 위치한 업체) 서적, 잡지 및 기타 인쇄물 출판업(581) 음악 및 기타 오디오물 출판업(59201) 아래 업종의 표준직업분류상 하역 및 적재 단순 종사자(92101) ※ 단, 「폐기물 수집, 운반, 처리 및 원료 재생업」의 경우는 폐기물 분류 업무도 포함 폐기물 수집, 운반, 처리 및 원료 재생업(38) 음식료품 및 담배 중개업(46102) 기타 신선 식품 및 단순 가공식품 도매업(46319) 항공 및 육상화물취급업(52941) 중 「축산물 위생 관리법」 제2조에 따른 식육을 운반하는 업체	'H-2 허용제외 업종' 이외 업종

	재생용 재료수집 및 판매업(46791) 냉장·냉동 창고업(52102)(내륙에 위치한 업체) 서적, 잡지 및 기타 인쇄물 출판업(581) 음악 및 기타 오디오물 출판업(59201)	좌동
어업	연근해어업(03112) 양식어업(0321) 천일염 생산 및 암염 채취업(07220)	좌동
농축산업	작물재배업(011) 축산업(012) 작물재배 및 축산 관련 서비스업(014)	좌동

Part 2. 외국인근로자 고용절차

1. 비전문취업(E-9) 체류자격자 고용절차

1-1. 국외에 있는 비전문취업(E-9) 체류자격 외국인근로자를 고용하려는 경우의 절차

[1] 내국인 구인 신청

① 사용자는 우선 고용센터에 내국인근로자 구인 신청을 해야 합니다(「외국인근로자의 고용 등에 관한 법률」 제6조 제1항).

② 사용자는 7일 이상 내국인근로자를 채용하기 위해 노력해야 합니다. 다만, 다음의 어느 하나에 해당하는 경우에는 3일로 그 기간을 단축할 수 있습니다(「외국인근로자의 고용 등에 관한 법률 시행령」 제13조의4 제2호 및 「외국인근로자의 고용 등에 관한 법률 시행규칙」 제5조의2).

   1. 소재지 관할 직업안정기관의 장이 사용자가 제출한 내국인 구인노력증명서(「외국인근로자의 고용 등에 관한 법률 시행규칙」 별지 제5호의2 서식)를 검토한 결과 사용자의 적극적인 내국인 채용노력 사실을 인정하는 경우

   2. 사용자가 소재지 관할 직업안정기관을 통한 구인노력을 하면서 다음의 어느 하나에 해당하는 매체를 통하여 3일 이상 내국인 구인 사실을 알리는 구인노력을 한 경우

     - 「신문 등의 진흥에 관한 법률」 제2조제1호가목에 따른 일반일간신문 또는 같은 호 나목에 따른 특수일간신문(경제 및 산업 분야에 한정)

     - 「잡지 등 정기간행물의 진흥에 관한 법률」 제2조제1호나목에 따른 정기간행물, 같은 호다목에 따른 전자간행물 또는 같은 호 라목에 따른 기타 간행물

- 「방송법」 제2조제1호에 따른 방송

[2] 고용허가 신청

① 사용자가 내국인근로자를 구하기 위해 노력했음에도 불구하고 내국인근로자의 전부 또는 일부를 채용하지 못한 경우에만 고용허가를 신청할 수 있습니다(「외국인근로자의 고용 등에 관한 법률」 제8조 제1항).

② 다만, 사용자가 고용센터의 소개에도 불구하고 정당한 이유없이 2회 이상 채용을 거부 하였다면 내국인 구인노력을 한 것으로 인정되지 않습니다(「외국인근로자의 고용 등에 관한 법률 시행령」 제13조의4 제2호 단서).

[3] 고용허가의 신청기한과 제출서류

사용자가 내국인 구인노력을 했음에도 불구하고 내국인을 채용하지 못하면 다음의 서류를 구인노력기간이 지난 후 3개월 이내에 사업 또는 사업장의 소재지를 관할하는 고용센터 소장에게 제출함으로써 외국인근로자의 고용허가를 신청할 수 있습니다(「외국인근로자의 고용 등에 관한 법률 시행규칙」 제5조 제1항, 별지 제4호서식, 별지 제4호의2서식 및 「외국인근로자의 고용 등에 관한 법률 시행령」 제13조의4 제1호).

1. 외국인근로자 고용허가서 발급신청서

2. 정책위원회에서 정한 외국인근로자의 도입 업종, 외국인근로자를 고용할 수 있는 사업 또는 사업장에 해당함을 증명할 수 있는 서류

3. 농어업인안전보험 가입 확약서(「산업재해보상보험법」 및 「어선원 및 어선 재해보상보험법」을 적용받지 않는 사업 또는 사업장만 제출함)

[4] 외국인구직자의 추천

고용허가신청이 접수되면 고용센터에서 "외국인근로자 도입 업종 및 규모 등의 요건"을 충족한 사용자에 대해 외국인구직자명부에 등록된 자 중에서 사용자가 신청한 구인조건을 갖춘 자를 3배수 이상(해당 자격을 갖춘 자가 3배수가 안되면 자격을 갖춘 인원을 말함) 추천해 줍니다(「외국인근로자의 고용 등에 관한 법률 시행규칙」 제5조 제2항).

[5] 고용허가신청의 유효기간과 그 연장

① 한 번 고용허가를 신청하면 그 유효기간은 3개월이므로, 이 기간 내에 추천받은 적격자를 선정해야 합니다(「외국인근로자의 고용 등에 관한 법률」 제8조 제2항).

② 다만, 다음의 어느 하나에 해당하는 사유가 발생해서 유효기간 연장이 필요한 경우에는 1회에 한해서 그 고용허가신청 유효기간이 만료되기 전에 고용센터 소장에게 그 연장을 신청할 수 있습니다(「외국인근로자의 고용 등에 관한 법률」 제8조제2항 및 「외국인근로자의 고용 등에 관한 법률 시행령」 제13조의3).

  1. 일시적인 경영악화 또는 예상할 수 없었던 조업단축 등이 발생하여 신규 근로자를 채용할 수 없는 경우
  2. 천재지변이나 그 밖에 부득이한 사유로 사업계속이 불가능한 경우

[6] 고용허가의 재신청

고용허가신청 유효기간 내에 추천받은 적격자를 선정하지 않은 사용자가 외국인근로자를 고용하려는 경우에는 외국인근로자 고용허가를 다시 신청해야 합니다(「외국인근로자의 고용 등에 관한 법률 시행규칙」 제5조 제3항).

1-2. 고용허가서 발급

사용자가 추천받은 적격자 중에서 채용할 근로자를 선정하면 고용센터 소장으로부터 선정된 외국인근로자의 성명, 고용허가기간 등이 기재된 외국인근로자 고용허가서를 발급받습니다(「외국인근로자의 고용 등에 관한 법률」제8조 제4항, 「외국인근로자의 고용 등에 관한 법률 시행규칙」제5조 제5항 및 별지 제5호서식).

1-3. 고용허가서 재발급

[1] 재발급사유

사용자가 고용허가서를 발급받은 후 외국인근로자의 사망 등 불가피한 사유로 해당 외국인근로자와 근로계약을 체결하지 못하거나 근로계약을 체결한 후 사용자의 책임이 아닌 사유로 외국인근로자가 근로를 개시할 수 없게 된 경우에는 고용센터 소장으로부터 고용허가서를 재발급 받아야 합니다(「외국인근로자의 고용 등에 관한 법률 시행령」 제14조 제2항).

[2] 재발급신청절차

사용자가 외국인근로자 고용허가서를 재발급 받으려면 재발급 사유가 발생한 사실을 안 날부터 7일 이내에 외국인근로자 고용허가서 재발급신청서(「외국인근로자의 고용 등에 관한 법률 시행규칙」 별지 제4호서식)에 다음의 서류를 첨부해서 사용자가 영위하는 사업 또는 사업장의 소재지를 관할하는 고용센터 소장에게 제출해야 합니다(「외국인근로자의 고용 등에 관한 법률 시행규칙」 제6조).

1. 외국인근로자 고용허가서 원본

2. 외국인근로자의 도입 업종, 외국인근로자를 고용할 수 있는 사업 또는 사업장(「외국인근로자의 고용 등에 관한 법률시행령」 제13조의4 제1호)에 해당함을 입증하는 서류(고용허가서 발급 시와 비교했을 때 사업장의 업종 또는 규모가 다른 경우에만 해당)

1-4. 근로계약 체결

1-4-1. 표준근로계약서의 작성

① 사용자가 선정한 외국인근로자를 고용하려는 경우에는 표준근로
계약서[「외국인근로자의 고용 등에 관한 법률 시행규칙」 별지
제6호서식(농업·축산업·어업분야는 「외국인근로자의 고용 등에
관한 법률 시행규칙」 별지 제6호의2서식)]를 사용해서 근로계약
을 체결해야 합니다(「외국인근로자의 고용 등에 관한 법률」 제9
조제1항).

② 사용자는 근로계약의 체결을 한국산업인력공단에 대행하게 할 수
있습니다(「외국인근로자의 고용 등에 관한 법률」 제9조제2항).

③ 사용자 또는 한국산업인력공단이 근로계약을 체결하거나 이를
대행하는 경우에는 근로계약서 2부를 작성하고 그 중 1부를 외
국인근로자에게 내주어야 합니다(「외국인근로자의 고용 등에 관
한 법률 시행령」 제16조).

1-4-2. 근로계약기간

① 외국인근로자와 사용자는 3년의 기간 내에서 당사자 간 합의에
따라 근로계약을 체결하거나 갱신할 수 있습니다(「외국인근로자
의 고용 등에 관한 법률」 제9조 제3항 및 제18조).

② 이 경우 근로계약은 외국인근로자가 입국한 날부터 효력이 발생
합니다(「외국인근로자의 고용 등에 관한 법률 시행령」 제17조
제1항).

③ 다만, 취업활동기간 3년이 만료되어 출국하기 전에 사용자가 고
용노동부장관에게 재고용허가를 요청한 외국인근로자는 3년의
기간제한(「외국인근로자의 고용 등에 관한 법률」 제18조)에도

불구하고 한 차례만 2년 미만의 범위에서 취업활동기간을 연장받아, 연장된 취업활동기간의 범위에서 근로계약을 체결할 수 있습니다(「외국인근로자의 고용 등에 관한 법률」 제18조의2 제1항).

- 사용자가 재고용 허가를 받으려면 취업활동 기간 만료일까지의 근로계약 기간이 1개월 이상인 외국인근로자를 대상으로 해당 근로자의 취업활동 기간 만료일의 7일 전까지 다음의 서류를 소재지 관할 직업안정기관의 장에게 제출해야합니다. 이 경우 고용센터에서 행정정보의 공동이용을 통하여 사업자등록증을 확인하며, 신청인은 확인에 동의하지 않으면 사업자등록증 사본을 제출해야 합니다(「외국인근로자의 고용 등에 관한 법률 시행규칙」 제14조의2 제1항).

ⅰ) 취업기간 만료자 취업활동기간 연장신청서(「외국인근로자의 고용 등에 관한 법률 시행규칙」 별지 제12호의3 서식)

ⅱ) 외국인등록증 사본

ⅲ) 여권 사본

ⅳ) 표준근로계약서 사본

- 취업활동기간 연장 신청을 받은 소재지관할 직업안정기관의 장은 연장신청서를 검토한 결과 해당요건을 충족하는 경우에는 신청서를 접수한 날부터 7일 이내에 취업기간 만료자 취업활동기간 연장 확인서(「외국인근로자의 고용 등에 관한 법률 시행규칙」 별지 제12호의4 서식)를 발급합니다(「외국인근로자의 고용 등에 관한 법률 시행규칙」 제14조의2 제2항).

④ 고용노동부장관은 감염병 확산, 천재지변 등의 사유로 외국인근로자의 입국과 출국이 어렵다고 인정되는 경우에는 외국인력정책위원회의 심의·의결을 거쳐 1년의 범위에서 취업활동 기간을 연장할 수 있습니다(「외국인근로자의 고용 등에 관한 법률」 제18조의2 제2항).

1-4-3. 사증발급인정서 신청

① 외국인근로자와 근로계약을 체결한 사용자는 해당 외국인근로자를 대신해서 법무부장관에게 사증발급인정서를 신청할 수 있습니다(「외국인근로자의 고용 등에 관한 법률」 제10조).

② 사증발급인정서는 법무부장관이 외국인 입국 시 필요한 사증을 발급함에 앞서 특히 필요하다고 인정할 때 입국하려는 외국인의 신청에 의해 발급되는 것입니다(「출입국관리법」 제9조 제1항). 이 사증발급인정서의 발급신청은 그 외국인을 초청하려는 자(여기서는 사용자)가 대리할 수 있습니다(「출입국관리법」 제9조제2항).

③ 국내에 있는 사용자가 외국인근로자를 대신해서 관할 출입국관리사무소 또는 출장소(울산, 동해 출장소만 해당)에 신청해서 사증발급인정서를 발급받으면, 입국하려는 외국인근로자는 사용자로부터 사증발급인정서를 송부받아 대한민국 대사관 또는 영사관에 사증발급을 신청할 수 있습니다.

이 경우, 사증발급인정서 대신 사증발급인정번호를 부여하는 국가도 있습니다. 사증발급인정번호는 전자사증이 발급되는 국가에서 인정됩니다[사증발급인정번호 발급국가에 대해서는, 외국인을 위한 전자정부에서 확인할 수 있습니다.

1-4-4. 외국인 취업교육 실시

사용자는 외국인근로자가 입국한 후 15일 이내에 한국산업인력공단 또는 외국인 취업교육기관에서 국내 취업활동에 필요한 사항을 주지시키기 위해 실시하는 교육을 받게 해야 합니다(「외국인근로자의 고용 등에 관한 법률」 제11조 및 「외국인근로자의 고용 등에 관한 법률 시행규칙」 제10조).

1-4-5. 근로 시작

이상의 절차를 마치면, 취업교육을 이수한 외국인근로자를 인도해서 사업장에 배치시키고 근로를 시작하게 됩니다.

1-4-6. 고용허가기간 연장허가

① 사용자가 외국인근로자와 근로계약을 갱신하거나 근로계약을 다시 체결하면 고용센터 소장에게 외국인근로자 고용허가기간 연장허가를 받아야 합니다(「외국인근로자의 고용 등에 관한 법률 시행령」 제17조제2항).

② 이 경우 사용자는 외국인근로자고용허가기간연장신청서(「외국인근로자의 고용 등에 관한 법률 시행규칙」 별지 제7호서식)에 근로계약서 사본, 외국인등록증 사본, 여권 사본을 첨부해서 사용자가 영위하는 사업 또는 사업장의 소재지를 관할하는 고용센터 소장에게 제출해야 합니다. 이 경우 고용센터에서 행정정보의 공동이용을 통하여 사업자등록증을 확인하며, 신청인은 확인에 동의하지 않으면 사업자등록증 사본을 제출해야 합니다(「외국인근로자의 고용 등에 관한 법률 시행규칙」 제9조제1항).

③ 고용허가기간 연장허가를 신청하면 접수일로부터 7일 이내에 고용허가기간 연장일자가 기재된 외국인근로자고용허가서(「외국인근로자의 고용 등에 관한 법률 시행규칙」 별지 제5호서식)가 발급됩니다(「외국인근로자의 고용 등에 관한 법률 시행규칙」 제9조제2항).

1-4-7. 재입국금지기간

① 국내에서 취업한 후 출국한 외국인근로자(「외국인근로자의 고용 등에 관한 법률」제12조 제1항에 따른 외국인근로자는 제외)는, 출국한 날부터 6개월이 지나지 않으면 「외국인근로자의 고용 등에 관한 법률」에 따라 다시 취업할 수 없습니다(「외국인근로자의 고용 등에 관한 법률」제18조의3).

② 다만, 사용자가 외국인근로자의 취업기간이 만료되어 출국하기 전에 고용노동부장관에게 재고용을 요청한 경우에는 2년 미만의 범위에서 취업활동기간을 연장받을 수 있습니다(「외국인근로자의 고용 등에 관한 법률」제18조의2). 이 경우 해당 외국인근로자는 출국할 필요없이 연장된 취업활동기간 동안 계속하여 근무할 수 있습니다.

■ 사용자가 국외에 있는 외국인을 비전문취업(E-9) 체류자격으로 고용하려면 어떤 절차를 거쳐야 하나요?

Q. 사용자가 국외에 있는 외국인을 비전문취업(E-9) 체류자격으로 고용하려면 어떤 절차를 거쳐야 하나요?

A. 비전문취업(E-9) 체류자격자의 고용절차는 ① 내국인의 구인 신청, ② 고용허가의 신청, ③ 고용허가서의 발급, ④ 근로계약의 체결, ⑤ 사증발급인정서의 신청, ⑥ 외국인 취업교육의 실시, ⑦ 근로 시작 등의 순서로 이루어집니다.

사용자는 우선 고용지원센터에 내국인 구인신청을 해야 하고, 내국인 구인 노력에도 불구하고 원하는 인력을 채용하지 못한 때에는 고용지원센터에 외국인 근로자 고용허가를 신청할 수 있습니다.

사용자가 일정한 요건을 갖춘 경우 고용지원센터로부터 외국인 구직자명부에 등록된 자 중에서 적격자를 추천받으며, 사용자가 추천된 적격자 중에서 채용할 근로자를 선정할 경우 고용지원센터에서 외국인근로자 고용허가서를 발급받습니다. 사용자는 해당 외국인근로자와 표준근로계약서로 근로계약을 체결해야 하며, 근로계약이 체결되면 해당 외국인근로자를 대리해서 법무부장관에게 사증발급인정서를 신청할 수 있습니다. 사용자는 외국인근로자가 입국한 후 외국인 취업교육을 받을 수 있도록 해야 합니다.

■ 캄보디안인이 한국에서 취업비자를 획득하려면 어떤 절차를 거쳐야 하나요?

Q. 캄보디아인을 한국에 데려와서 저의 업장에 취업을 시켜보고 싶은데 가능한지 여부와 어떠한 절차와 방법으로 진행해야 하는지 궁금합니다.

A. 주캄보디아대사관입니다.

○ 캄보디아인이 우리나라에 취업하려면

- 초청회사 측에서 법무부로부터 사증발급인정서를 발급받게 해 주거나

- 고용허가제에 따라 캄보디아 노동부에서 시행하는 한국어 시험에 응시하는 방법을 통해서만 가능합니다.

○ 캄보디아 노동부와 우리나라 노동부의 협력으로 시행하고 있는 고용허가제는 매년 2차례 정도 시행되는 시험에 합격한 사람들을 캄보디아 노동부가 우리 노동부를 통해 우리나라 업체에 추천하여 취업케 하는 제도입니다.

■ 사업주가 외국인력을 고용할 수 있는지, 있다면 절차는 어떻게 되나요?

Q. 사업주가 외국인력을 고용할 수 있는지, 있다면 절차는 어떻게 되나요?

A.

○ 외국인 근로자를 고용하실 때는 다음과 같은 절차가 필요합니다.

- 일반외국인근로자를 고용하실 경우

  ① 내국인 구인노력 : 7일간의 내국인 구인노력이 필요

     * 신문, 방송 등을 통해 구인노력을 한 경우는 3일로 단축

  ② 외국인고용허가서 신청 및 발급

  ③ 근로계약 체결

  ④ 사증발급인정서 신청 및 발급

  ⑤ 외국인근로자 입국 및 취업교육

     * 사업주 부담으로 입국 즉시 2박 3일간 20시간의 취업교육을 받아야 함

  ⑥ 사업장 배치

- 동포를 고용하실 경우

  ① 내국인 구인노력 : 7일간의 내국인 구인노력이 필요

     * 신문, 방송 등을 통해 구인노력을 한 경우는 3일로 단축

  ② 특례고용가능확인서 신청 및 발급

  ③ 취업교육과 구직신청(외국인근로자)

     * 입국일과 상관없이 국내 산업장 취업 이전에 개인부담으로 취업교육을 받아야 함

  ④ 근로계약 체결

  ⑤ 근로개시신고

     * 고용한 날부터 10일이내에 근로개시 신고를 하여야 함.

※ 가급적 고용지원센터를 통해 채용하시는 것이 바람직합니다.

○ 외국인 근로자를 사용하실 때는 다음과 같은 절차가 필요합니다

- 외국인근로자와 동포하는 입국한 날로부터 90일 이내에 관할 출입국관리사무소에 외국인등록을 해야 합니다.

- 외국인고용과 관련하여 이탈, 부상, 근로계약 갱신 등 변동사항이 발생하면 발생일로부터 10일 이내에 고용지원센터에 신고하셔야 합니다.

○ 재고용제도를 활용하실 수도 있습니다

① 재고용신청

* 신청기간은 해당 외국인근로자 체류기간 만료일 90일전부터 만료일 전일까지입니다.

② 재고용확인서발급

③ 사증발급인정서 신청 및 발급(법무부)

④ 외국인근로자 출국 및 재입국 * 출국일로부터 1개월 경과 후 재입국이 가능합니다.

⑤ 외국인근로자 재고용 신고(입국일로부터 10일 이내)

○ 외국인 근로자에 적용되는 보험이 적용됩니다.

- 4대 사회보험에 의무적으로 가입하여야 합니다.

* 산재보험, 건강보험, 고용보험, 국민연금(상호주의 원칙에 따라 적용)

- 출국만기 보험과 보증보험은 사업주가 가입하여야 하고, 귀국 비용 보험과 상해보험은 외국인근로자가 가입하여야 합니다.

2. 방문취업(H-2) 체류자격자 고용절차

2-1. 특례고용가능확인제도의 의의

① "특례고용가능확인제도"란 「재외동포의 출입국과 법적지위에 관한 법률」의 실질적 적용에서 상대적으로 소외받아 온 중국 및 구소련동포 등에 대한 차별 해소 및 포용정책의 일환으로 도입된 고용허가제의 특례제도입니다.

② 만 25세 이상의 중국 및 구소련지역 등의 거주동포에 대해 방문취업(H-2) 사증(5년 유효 복수사증)을 발급해서 동포들의 입국을 확대하고, 사용자의 경우 한 번 특례고용가능확인서를 발급받으면 3년 동안 허용인원의 범위에서 방문취업(H-2) 체류자격으로 입국한 외국인근로자를 자유롭게 고용할 수 있도록 함으로써 비전문취업(E-9) 외국인근로자의 고용절차에 비해 그 고용과 취업 절차를 간편하게 한 제도입니다.

2-2. 방문취업(H-2) 체류자격 외국인근로자의 고용절차

2-2-1. 내국인 구인 신청

① 사용자는 우선 고용센터에 내국인근로자 구인 신청을 해야 합니다 (「외국인근로자의 고용 등에 관한 법률」 제6조 제1항 및 제12조제1 항 후단).

② 사용자는 농업·축산업 및 어업의 경우 7일, 그 밖의 업종의 경우 14 일 이상 내국인근로자를 채용하기 위해 노력해야 합니다. 다만, 다음 의 어느 하나에 해당하는 경우에는 농업·축산업 및 어업의 경우 3 일, 그 밖의 업종의 경우 7일로 각각 그 기간을 단축할 수 있습니다 (「외국인근로자의 고용 등에 관한 법률 시행령」 제13조의4 제2호 및 「외국인근로자의 고용 등에 관한 법률 시행규칙」 제5조의2).

1. 소재지 관할 직업안정기관의 장이 사용자가 제출한 내국인 구인노 력증명서(「외국인근로자의 고용 등에 관한 법률 시행규칙」 별지 제5호의2 서식)를 검토한 결과 사용자의 적극적인 내국인 채용노 력 사실을 인정하는 경우

2. 사용자가 소재지 관할 직업안정기관을 통한 구인노력을 하면서 다 음의 어느 하나에 해당하는 매체를 통하여 3일이상 내국인 구인 사실을 알리는 구인노력을 한 경우
   - 「신문 등의 진흥에 관한 법률」 제2조제1호가목에 따른 일 반일간신문 또는 같은 호 나목에 따른 특수일간신문(경제 및 산업 분야에 한정)
   - 「잡지 등 정기간행물의 진흥에 관한 법률」 제2조제1호나목 에 따른 정기간행물, 같은 호 다목에 따른 전자간행물 또는 같은 호 라목에 따른 기타간행물
   - 「방송법」 제2조제1호에 따른 방송

2-2-2. 특례고용가능확인 신청

① 사용자가 구인노력을 했음에도 불구하고 내국인을 채용하지 못하면 특례고용가능확인서 발급 신청서(「외국인근로자의 고용 등에 관한 법률 시행규칙」 별지 제10호 서식)에 특례고용가능확인서의 발급요건「외국인근로자의 고용 등에 관한 법률 시행령」 제20조제1항 및 제13조의4)에 해당함을 입증할 수 있는 서류를 첨부해서 사용자가 경영하는 사업 또는 사업장의 소재지를 관할하는 고용센터 소장에게 제출함으로써 외국인근로자 특례고용확인을 신청할 수 있습니다(「외국인근로자의 고용 등에 관한 법률」 제12조 제3항 및 「외국인근로자의 고용 등에 관한 법률 시행규칙」 제12조의2 제1항).

② 다만, 사용자가 고용센터 소장의 소개에도 불구하고 정당한 이유 없이 2회 이상 채용을 거부 하였다면 내국인 구인노력을 한 것으로 인정되지 않습니다(「외국인근로자의 고용 등에 관한 법률 시행령」 제13조의4 제2호 단서).

2-2-3. 특례고용가능확인서 발급

① 고용센터 소장은 특례고용확인 신청을 받으면 "외국인근로자의 도입 업종 및 규모 등의 요건"을 충족한 사용자에 대해 신청일로부터 7일 이내에 특례고용가능확인서(「외국인근로자의 고용 등에 관한 법률 시행규칙」 별지 제10호의2 서식)를 발급합니다(「외국인근로자의 고용 등에 관한 법률」 제12조 제3항 전단 및 「외국인근로자의 고용 등에 관한 법률 시행규칙」 제12조의2 제2항).

② 특례고용가능확인서의 유효기간은 3년이므로(「외국인근로자의 고용 등에 관한 법률」 제12조 제5항 본문), 이 기간 내에는 허용인원 수 범위에서 방문취업(H-2) 체류자격을 가진 외국인근로자를 자유롭게 고용할 수 있습니다.

③ 다만, 건설업으로서 정책위원회가 일용근로자 노동시장의 현황, 내국인근로자 고용기회의 침해 여부 및 사업장 규모 등을 고려하여 정하는 사업 또는 사업장으로서 공사기간이 3년보다 짧은 경우에는 그 기간을 특례고용가능확인서의 유효기간으로 합니다 (「외국인근로자의 고용 등에 관한 법률」 제12조제5항 단서).

2-2-4. 외국인구직자명부 등록자의 채용

① 사용자가 특례고용가능확인서를 발급받으면 방문취업(H-2) 사증을 발급받아 입국한 외국인으로서 외국인구직자명부에 등록된 자 중에서 적격자를 채용할 수 있습니다.

② 여기서의 "외국인구직자명부"란 한국산업인력공단이 외국인 취업교육을 받은 후 고용센터에 구직신청을 한 방문취업(H-2) 체류자격 외국인근로자에 대해 작성·관리하는 구직명단을 말합니다 (「외국인근로자의 고용 등에 관한 법률」 제12조 제2항).

③ 사용자가 외국인구직자명부에 등록되지 않은 방문취업(H-2) 체류자격 외국인근로자를 채용하면 500만원 이하의 과태료가 부과됩니다 (「외국인근로자의 고용 등에 관한 법률」 제32조 제1항 제4호).

2-3. 근로계약 체결

2-3-1. 표준근로계약서의 작성 등

① 사용자가 외국인근로자를 고용하려는 경우에는 표준근로계약서 [「외국인근로자의 고용 등에 관한 법률 시행규칙」 별지 제6호서식(농업·축산업·어업분야는 「외국인근로자의 고용 등에 관한 법률 시행규칙」 별지 제6호의2서식)]를 사용해서 근로계약을 체결해야 합니다(「외국인근로자의 고용 등에 관한 법률」 제9조 제1항 및 제12조 제1항).

② 사용자는 근로계약의 체결을 한국산업인력공단에 대행하게 할 수 있습니다(「외국인근로자의 고용 등에 관한 법률」 제9조제2항 및 제12조 제1항).

③ 사용자 또는 한국산업인력공단이 근로계약을 체결하거나 이를 대행하는 경우에는 근로계약서 2부를 작성하고 그 중 1부를 외국인근로자에게 내주어야 합니다(「외국인근로자의 고용 등에 관한 법률 시행령」 제16조).

2-3-2. 근로계약기간

① 외국인근로자와 사용자는 3년의 기간 내에서 당사자 간 합의에 따라 근로계약을 체결하거나 갱신할 수 있습니다(「외국인근로자의 고용 등에 관한 법률」 제9조 제3항, 제12조 제1항 및 제18조).

② 다만, 취업활동기간 3년이 만료되어 출국하기 전에 사용자가 고용노동부장관에게 재고용허가를 요청한 외국인근로자는 3년의 기간제한(「외국인근로자의 고용 등에 관한 법률」 제18조)에도 불구하고 한 차례만 2년 미만의 범위에서 취업활동기간을 연장받아, 연장된 취업활동기간의 범위에서 근로계약을 체결할 수 있습니다(「외국인근로자의 고용 등에 관한 법률」 제18조의

2 제1항).

③ 사용자가 재고용 허가를 받으려면 취업활동 기간 만료일까지의 근로계약 기간이 1개월 이상인 외국인근로자를 대상으로 해당 근로자의 취업활동 기간 만료일의 7일 전까지 다음의 서류를 소재지 관할 직업안정기관의 장에게 제출해야 합니다. 이 경우 고용센터에서 행정정보의 공동이용을 통하여 사업자등록증을 확인하며, 신청인은 확인에 동의하지 않으면 사업자등록증 사본을 제출해야 합니다(「외국인근로자의 고용 등에 관한 법률 시행규칙」 제14조의2 제1항).

1. 취업기간 만료자 취업활동기간 연장신청서(「외국인근로자의 고용 등에 관한 법률 시행규칙」 별지 제12호의3 서식)

2. 외국인등록증 사본

3. 여권 사본

4. 표준근로계약서 사본

④ 취업활동기간 연장 신청을 받은 소재지관할 직업안정기관의 장은 연장신청서는 검토한 결과 해당요건을 충족하는 경우에는 신청서를 접수한 날부터 7일 이내에 취업기간 만료자 취업활동기간 연장 확인서(「외국인근로자의 고용 등에 관한 법률 시행규칙」 별지제12호의4 서식)를 발급합니다(「외국인근로자의 고용 등에 관한 법률 시행규칙」 제14조의2 제2항).

⑤ 고용노동부장관은 감염병 확산, 천재지변 등의 사유로 외국인근로자의 입국과 출국이 어렵다고 인정되는 경우에는 외국인력정책위원회의 심의·의결을 거쳐 1년의 범위에서 취업활동 기간을 연장할 수 있습니다(「외국인근로자의 고용 등에 관한 법률」 제18조의2 제2항).

2-3-3. 근로 시작

이상의 절차를 마치면 근로계약을 체결한 외국인근로자를 사업장에 배치시켜 근로를 시작하게 됩니다.

2-3-4. 근로개시 신고

사용자는 외국인근로자가 근로를 개시한 날부터 14일 이내에 특례고용 외국인근로자 근로개시 신고서(「외국인근로자의 고용 등에 관한 법률 시행규칙」 제11호 서식)에 그 사실을 기재하고 다음의 서류를 첨부하여 사용자가 영위하는 사업 또는 사업장의 소재지를 관할하는 고용센터 소장에게 제출해야 합니다(「외국인근로자의 고용 등에 관한 법률」 제12조제4항 및 「외국인근로자의 고용 등에 관한 법률 시행규칙」 제12조의3).

1. 표준근로계약서 사본

2. 외국인등록증 사본 또는 여권 사본

2-4. 특례고용가능확인 변경확인

2-4-1. 특례고용가능 변경확인 사유

사용자가 특례고용가능확인서를 발급받은 후 해당 사업 또는 사업장의 업종 또는 규모 등의 변화로 특례고용확인서의 내용 중 다음의 어느 하나에 해당하는 사항을 변경해야 할 필요가 있으면 고용센터 소장에게 특례고용가능확인서의 변경확인을 받아야 합니다(「외국인근로자의 고용 등에 관한 법률 시행령」 제20조의2 및 「외국인근로자의 고용 등에 관한 법률 시행규칙」 제13조 제1항).

1. 사업 또는 사업장에서 고용할 수 있는 외국인근로자의 수

2. 사업 또는 사업장의 업종·규모

2-4-2. 특례고용가능 변경확인 신청서류

특례고용가능확인의 변경확인을 받아야 하는 사용자는 특례고용가능확인서 변경신청서(「외국인근로자의 고용 등에 관한 법률 시행규칙」 별지 제10호 서식)에 다음의 서류를 첨부해서 사용자가 영위하는 사업 또는 사업장의 소재지를 관할하는 고용센터 소장에게 제출하여야 합니다(「외국인근로자의 고용 등에 관한 법률 시행규칙」 제13조 제2항).

1. 외국인근로자 특례고용가능확인서 원본

2. 사업 또는 사업장에서 고용할 수 있는 외국인근로자의수 또는 사업 또는 사업장의 업종·규모 중 어느 하나를 변경할 필요가 있음을 입증하는 서류

2-4-3. 특례고용가능 변경확인서의 발급

고용센터 소장이 특례고용가능확인서 변경신청서를 검토한 결과 기존의특례고용가능확인 사항을 변경할 필요가 있다고 인정되면 특례고용가능 변경확인서(「외국인근로자의 고용 등에 관한 법률 시행규칙」 별지 제10호 서식)가 발급됩니다(「외국인근로자의 고용 등에 관한 법률 시행규칙」 제13조 제3항).

■ 사용자가 방문취업(H-2) 체류자격을 가진 외국국적동포를 고용하려면 어떤 절차를 거쳐야 하나요?

Q. 사용자가 방문취업(H-2) 체류자격을 가진 외국국적동포를 고용하려면 어떤 절차를 거쳐야 하나요?

A. 방문취업(H-2) 체류자격자의 고용절차는 ① 내국인의 구인 신청, ② 특례고용가능확인의 신청, ③ 특례고용가능확인서의 발급, ④ 근로계약의 체결, ⑤ 근로개시의 신고 등의 순서로 이루어집니다.

사용자는 우선 고용지원센터에 내국인 구인신청을 해야 하고, 내국인 구인 노력에도 불구하고 원하는 인력을 채용하지 못한 때에는 고용지원센터에 특례고용가능확인서의 발급을 신청할 수 있습니다.

사용자가 일정한 요건을 갖춘 경우 특례고용가능확인서를 발급받으며, 이후 방문취업(H-2) 사증을 발급받아 입국한 외국국적동포로서 외국인구직자명부에 등록된 자 중에서 적격자를 채용할 수 있습니다.

◇ 특례고용가능확인제도란?

① "특례고용가능확인제도"란 「재외동포의 출입국과 법적지위에 관한 법률」의 실질적 적용에서 상대적으로 소외받아 온 중국 및 구소련동포 등에 대한 차별 해소 및 포용정책의 일환으로 도입된 고용허가제의 특례제도입니다.

② 만 25세 이상의 중국 및 구소련지역 등의 거주동포에 대해 방문취업(H-2) 사증(5년 유효 복수사증)을 발급해서 동포들의 입국을 확대하고, 사용자의 경우 한 번 특례고용가능확인서를 발급받으면 3년 동안 허용인원의 범위에서 방문취업(H-2) 체류자격으로 입국한 외국인근로자를 자유롭게 고용할 수 있도록 함으로써 비전문취업(E-9) 외국인근로자의 고용절차에 비해 그 고용과 취업 절차를 간편하게 하고 있습니다.

Part 3. 사용자 준수사항

1. 임금 및 근로조건 사항

1-1. 외국인근로자 차별금지

사용자는 외국인근로자라는 이유로 부당한 차별적 처우를 해서는 안 됩니다(「외국인근로자의 고용 등에 관한 법률」 제22조).

1-2. 표준근로계약서의 작성

① 사용자가 외국인근로자를 고용하려면 반드시 표준근로계약서를 사용해서 근로계약을 체결해야 합니다(「외국인근로자의 고용 등에 관한 법률」 제9조제1항).

② 이를 위반하면 500만원 이하의 과태료에 처해집니다(「외국인근로자의 고용 등에 관한 법률」 제32조 제1항 제1호).

1-3. 직접·전액·정기적 임금 지급

① 임금은 현금으로 직접, 전액을 매월 1회 이상 일정한 기일을 정해서 정기적으로 지급해야 합니다(「근로기준법」 제43조).

② 이를 위반하면 3년 이하의 징역 또는 3천만원 이하의 벌금에 처해집니다. 이 경우 피해자의 명시적인 의사와 다르게 공소를 제기할 수 없습니다(「근로기준법」 제109조).

1-4. 최저임금 이상의 임금 지급

① 외국인근로자의 임금 수준을 반드시 내국인근로자와 동일하게 할 필요는 없으며 경력 및 생산성에 따라 차등해서 지급할 수 있습니다.

② 다만, 2024년 1월 1일부터 2024년 12월 31일까지 적용되는 최저임금액은 시간급 9,860원이고, 사업의 종류별 구분 없이 모든 사업장에 동일하게 적용되며[「2024년 적용 최저임금 고시」(고용노동부고시 제2023-43호, 2023. 8. 4. 발령, 2024. 1. 1. 시행)], 최저임금을 이유로 종전의 임금수준을 낮춰서는 안 됩니다(「최저임금법」 제6조 제2항).

③ 가사(家事)사용인(가정부, 정원사 등 가정에서 가사 일반을 보조하기 위해 고용된 사람)에 대해서는 「최저임금법」이 적용되지 않습니다.

④ 이를 위반하면 3년 이하의 징역 또는 3천만원 이하의 벌금에 처해집니다. 이 경우 피해자의 명시적인 의사와 다르게 공소를 제기할 수 없습니다(「근로기준법」 제109조).

1-5. 근로시간 및 연장근로 등

① 근로시간은 휴게시간을 제외하고 1일 8시간, 1주 40시간을 초과할 수 없으나(「근로기준법」 제50조, 상시 20명 미만 사업장은 1주 44시간 적용), 당사자 간에 합의를 하면 1주 12시간 한도에서 연장근로가 가능합니다(「근로기준법」 제53조 제1항).

② 이를 위반하면 2년 이하의 징역 또는 2천만원 이하의 벌금에 처해집니다(「근로기준법」 제110조제1호).

③ 사용자는 근로자에게 연장근로 등을 시키는 경우에는 다음에 해당하는 금액 이상을 가산하여 근로자에게 지급해야 합니다(「근로기준법」 제56조).

1. 연장근로: 통상임금의 50%

2. 8시간 이내의 휴일근로: 통상임금의 50%

3. 8시간을 초과하는 휴일근로: 통상임금의 100%

4. 야간근로(오후 10시부터 다음 날 오전 6시까지 근로): 통상임금의 50%

④ 이를 위반하면 3년 이하의 징역 또는 3천만원 이하의 벌금에 처해집니다. 이 경우 피해자의 명시적인 의사와 다르게 공소를 제기할 수 없습니다(「근로기준법」 제109조).

1-6. 근로자를 위한 안전조치 강구

① 사용자는 사업을 행할 때 발생하는 다음의 위험을 예방하기 위해 필요한 조치를 해야 합니다(「산업안전보건법」 제38 제1항).

　1. 기계·기구 그 밖의 설비에 의한 위험

　2. 폭발성, 발화성 및 인화성 물질 등에 의한 위험

　3. 전기, 열이나 그 밖의 에너지에 의한 위험

② 굴착·채석·하역·벌목·운송·조작·운반·해체·중량물 취급, 그 밖에 작업에 있어 불량한 작업방법 등에 의한 위험으로 인한 산업재해를 예방하기 위하여 필요한 조치를 해야 합니다(「산업안전보건법」 제38조 제2항).

③ 사용자는 근로자가 다음 중 어느 하나에 해당하는 장소에서 작업할 때 발생할 수 있는 산업재해를 예방하기 위하여 필요한 조치를 해야 합니다(「산업안전보건법」 제38조 제3항).

　1. 근로자가 추락할 위험이 있는 장소

　2. 토사·구축물 등이 붕괴할 우려가 있는 장소

　3. 물체가 떨어지거나 날아올 위험이 있는 장소

　4. 천재지변으로 인한 위험이 발생할 우려가 있는 장소

④ 이를 위반하면 5년 이하의 징역 또는 5천만원 이하의 벌금에 처해집니다(「산업안전보건법」 제168조 제1호).

⑤ 이를 위반해서 근로자를 사망에 이르게 하면 7년 이하의 징역

또는 1억원 이하의 벌금에 처해지고(「산업안전보건법」 제167조 제1항), 이로 인해 형을 선고받고 그 형이 확정된 후 5년 이내에 다시 동일한 죄를 저지른 경우에는 그 형이 2분의 1까지 가중됩니다(「산업안전보건법」 제167조 제2항) .

⑥ 사용자는 사업을 행할 때 발생하는 다음의 건강장해를 예방하기 위해 필요한 조치를 해야 합니다(「산업안전보건법」 제39조 제1항).

1. 원재료·가스·증기·분진·흄(fume)·미스트(mist)·산소결핍·병원체 등에 의한 건강장해

2. 방사선·유해광선·고온·저온·초음파·소음·진동·이상 기압 등 에 의한 건강장해

3. 사업장에서 배출되는 기체·액체 또는 찌꺼기 등에 의한 건강장해

4. 계측감시·컴퓨터단말기조작·정밀공작 등의 작업에 의한 건강장해

5. 단순반복작업 또는 인체에 과도한 부담을 주는 작업에 의한 건강장해

6. 환기·채광·조명·보온·방습 및 청결 등에 대한 적정기준을 유지하지 않아서 발생하는 건강장해

⑦ 이를 위반하면 5년 이하의 징역 또는 5천만원 이하의 벌금에 처해집니다(「산업안전보건법」 제168조제1호).

⑧ 이를 위반해서 근로자를 사망에 이르게 하면 7년 이하의 징역 또는 1억원 이하의 벌금에 처해지고(「산업안전보건법」 제167조 제1항), 이로 인해 형을 선고받고 그 형이 확정된 후 5년 이내에 다시 동일한 죄를 범한 경우에는 그 형이 2분의 1까지 가중됩니다(「산업안전보건법」 제167조 제2항).

2. 보험 가입 의무

2-1. 4대 사회보험(산업재해보상보험·국민건강보험·고용보험·국민 연금보험)의 가입

2-1-1. 산업재해보상보험(당연 적용)

「산업재해보상보험법」에 따른 산업재해보상보험은 내·외국인근로 자를 구분하지 않고 근로자를 사용하는 모든 사업 또는 사업장에 적용되지만, 다음의 어느 하나에 해당하는 사업에는 적용되지 않습니다 (「산업재해보상보험법」 제6조 및 「산업재해보상보험법 시행령」 제2조).

1. 「공무원 재해보상법」 또는 「군인 재해보상법」에 따라 재해 보상 이 되는 사업(다만, 순직유족급여 또는 위험직무순직유족급여에 관한 규정을 적용받는 경우는 제외)

2. 「선원법」, 「어선원 및 어선 재해보상보험법」 또는 「사립학교 교 직원 연금법」에 따라 재해보상이 되는 사업

3. 가구내 고용활동

4. 농업·임업(벌목업은 제외)·어업·수렵업 중 법인이 아닌 자의 사업 으로서 상시근로자수가 5명 미만인 사업

2-1-2. 국민건강보험(당연 적용)

① 「출입국관리법」에 따라 외국인 등록을 한 비전문취업(E-9) 또는 방문취업(H-2) 체류자격을 가진 외국인근로자는 「국민건강보험 법」의 적용을 받는 직장가입자입니다(「국민건강보험법」 제109조 제2항, 「국민건강보험법 시행령」 제76조 제1항 및 「외국인근로 자의 고용 등에 관한 법률」 제14조).

② 따라서, 사용자는 해당 외국인근로자를 고용한 날부터 14일 이

내에 해당 외국인근로자의 직장가입자 자격 취득 사실을 국민건강보험공단에 신고해야 합니다(「국민건강보험법」 제8조제2항).

2-1-3. 고용보험(임의 가입)

① 「고용보험법」에 따른 고용보험은 근로자를 사용하는 모든 사업 또는 사업장에 적용되지만, 다음의 어느 하나에 해당하는 사업에는 적용되지 않습니다(「고용보험법」 제8조 제1항 및 「고용보험법 시행령」 제2조).

  1. 농업·임업 및 어업 중 법인이 아닌 자가 상시 4명 이하의 근로자를 사용하는 사업

  2. 건설사업자(「건설산업기본법」 제2조 제7호), 주택건설사업자(「주택법」 제4조), 공사업자(「전기공사업법」 제2조 제3호),정보통신공사업자(「정보통신공사업법」 제2조 제4호), 소방시설업자(「소방시설공사업법」 제2조 제1항 제2호) 및 문화재수리업자(「문화재수리 등에 관한 법률」 제14조)가 아닌 자가 시공하는 ⓐ총공사금액이 2천만원 미만인 공사 또는 ⓑ연면적이 100제곱미터 이하인 건축물의 건축 또는 연면적이 200제곱미터 이하인 건축물의 대수선에 관한 공사

  3. 가구 내 고용활동 및 달리 분류되지 않은 자가소비 생산활동

② 비전문취업(E-9) 또는 방문취업(H-2) 체류자격을 가진 외국인근로자는 신청에 의해 「고용보험법」에 따른 피보험자격을 취득하게 되므로, 사용자는 자신이 고용하고 있는 외국인근로자가 고용보험에 가입하려는 경우 「산업재해보상보험법」 제10조에 따른 근로복지공단에 외국인 고용보험 가입 신청을 해야 합니다(「고용보험법」 제10조의2 제1항 단서, 「고용보험법 시행령」 제3조의3 제2호나목 및 「고용보험법 시행규칙」 제2조 제1항).

③ 사용자는 해당 외국인근로자를 고용한 날(취득사유가 발생한 날)

이 속하는 달의 다음 달 15일 이내에 해당 근로자의 피보험자격 취득 사실을 지방노동관서의 장에게 신고해야 합니다(「고용보험법」 제15조제1항 및 「고용보험법 시행령」 제7조제1항).

2-1-4. 국민연금(상호주의)

① 「국민연금법」에 따른 국민연금은 상호주의 원칙에 따라 대한민국의 국민연금에 상응하는 연금에 대해 그 외국인근로자의 본국법이 대한민국 국민에게 적용되는 경우에만 적용됩니다(「국민연금법」 제126조 제1항 단서).

② 「국민연금법」의 반환일시금도 상호주의에 따라 적용되는 것이 원칙이나, 비전문취업(E-9) 또는 방문취업(H-2) 체류자격을 가진 외국인근로자에 대해서는 그 본국법이 대한민국 근로자에게 반환일시금에 상응하는 급여를 지급하는지 여부와 관계없이 일시반환금 규정이 적용됩니다(「국민연금법」 제126조 제4항 제2호).

2-2. 「외국인근로자의 고용 등에 관한 법률」상 보험(출국만기보험·신탁 및 임금체불 보증보험)의 가입

2-2-1. 출국만기보험·신탁

[1] "출국만기보험·신탁"이란?

① 외국인근로자의 출국 등에 따른 퇴직금 지급을 위해서 사용자가 외국인근로자[비전문취업(E-9) 또는 방문취업(H-2) 체류자격자]를 피보험자 또는 수익자로 해서 가입해야 하는 보험 또는 신탁을 말합니다.

② 출국만기보험 등에 가입하면 별도의 퇴직금을 지급할 필요가 없습니다(「외국인근로자의 고용 등에 관한 법률」 제13조 제2항). 다만, 사용자는 외국인근로자의 근로관계가 종료되거나 체류자격이 변경된 경우 출국만기보험등의 일시금의 금액이 퇴직금의 금액보다 적은 경우에는 그 차액을 외국인근로자에게 지급해야 합니다(「외국인근로자의 고용 등에 관한 법률 시행령」 제21조 제3항).

[2] 가입 대상자

근로자를 사용하는 모든 사업 또는 사업장(단, 동거의 친족만을 사용하는 사업 및 가사사용인은 제외)의 사용자로서 취업활동기간이 1년 이상 남은 외국인근로자를 고용한 사용자는 의무적으로 가입해야 합니다. 다만, 방문취업(H-2) 체류자격을 가진 외국인근로자를 고용한 건설업의 사용자인 경우에는 가입하지 않아도 됩니다(「외국인근로자의 고용 등에 관한 법률」 제13조 제1항 및 「외국인근로자의 고용 등에 관한 법률 시행령」 제21조 제1항).

[3] 가입기간

① 근로계약의 효력발생일부터 15일 이내에 출국만기보험 등에 가입해야 합니다(「외국인근로자의 고용 등에 관한 법률 시행령」 제21조 제2항).

② "근로계약 효력발생일"이란?

　　1. 비전문취업(E-9) 외국인근로자 : 입국일

　　2. 방문취업(H-2) 외국인근로자 : 근로계약서의 근로시작일

　　3. 입국한 외국인근로자로서 사업장 변경을 한 경우 : 근로계약서의 근로시작일

[4] 납입보험료

　사용자는 외국인근로자고용허가서에 기재되어 있는 월 통상임금의 1000분의 83(상시 4명 이하의 근로자를 사용하는 사업 또는 사업장의 경우 2012년까지는 1,000분의 41.5, 2013년부터는 1,000분의 83) 이상의 금액을 매월 출국만기보험료로 적립해야 합니다 [「외국인근로자의 고용 등에 관한 법률 시행령」 제21조 제2항 제1호 및 「외국인근로자 출국만기보험 또는 신탁의 월적립금액 고시」(고용노동부 고시 제2011-33호, 2011. 7. 19. 발령, 2011. 8. 1. 시행)].

[5] 보험가입 사실 등의 안내

　외국인근로자는 출국만기보험 등의 계약 전에 계약의 내용을, 계약체결 후에는 그 사실을 보험사업자로부터 통지받게 됩니다. 또, 매년 보험료 또는 신탁부금 납부상황과 일시금의 수급예상액도 통지받습니다(「외국인근로자의 고용 등에 관한 법률 시행령」 제21조 제2항 제4호 및 제5호).

[6] 보험금 지급사유

① 외국인근로자 계속하여 1년 이상을 근무하고 출국(일시적 출국 제외) 또는 사망하거나 체류자격이 변경된 경우 등에는 적립된 금액을 일시금으로 청구할 수 있습니다(「외국인근로자의 고용 등에 관한 법률 시행령」 제21조 제2항 제2호 본문).

② 만약, 외국인근로자가 근무기간이 1년 미만인 경우에는 그 일시 금을 사용자가 받게 됩니다(「외국인근로자의 고용 등에 관한 법률 시행령」 제21조 제2항 제2호 단서).

③ 출국만기보험 등의 지급시기는 피보험자 등이 출국한 때부터 14 일(체류자격의 변경, 사망 등에 따라 신청하거나 출국일 이후에 신청하는 경우에는 신청일부터 14일) 이내로 합니다(「외국인근 로자의 고용 등에 관한 법률」 제13조 제3항).

④ 출국만기보험 등의 보험금 청구는 지급사유가 발생한 날부터 3년이 내에 행사해야 합니다. 3년 이내에 청구하지 않으면 소멸시효가 완 성되며, 소멸시효가 완성된 보험금 등은 한국산업인력공단으로 이 전됩니다(「외국인근로자의 고용 등에 관한 법률」 제13조 제4항).

[7] 위반시 제재

사용자가 출국만기보험·신탁에 가입하지 않으면 500만원 이하의 벌금에 처해집니다(「외국인근로자의 고용 등에 관한 법률」 제30조 제1호).

■ 고용 허가를 받아 국내에 입국한 외국인근로자의 출국만기보험금을 출국 후 14일 이내에 지급하도록 한 규정의 적법여부

Q. 비전문취업(E-9) 비자를 받고 대한민국에 입국한 외국인입니다. 원래 외국인근로자는 사업장을 이탈하지 아니한 채 1년 이상 근무하고 기간 만료로 출국하거나 사업장을 변경하는 경우 출국만기보험금을 지급받을 수 있었으나, 최근 법률이 개정되어 출국만기보험금의 지급시기를 '피보험자등이 출국한 때로부터 14일 이내'로 제한하고 있는데, 이러한 규정은 근로의 권리를 침해하는 것 아닌가요?

A. 헌법재판소는, "불법체류자는 임금체불이나 폭행 등 각종 범죄에 노출될 위험이 있고, 그 신분의 취약성으로 인해 강제 근로와 같은 인권침해의 우려가 높으며, 행정관청의 관리 감독의 사각지대에 놓이게 됨으로써 안전사고 등 각종 사회적 문제를 일으킬 가능성이 있다. 또한 단순기능직 외국인근로자의 불법체류를 통한 국내 정주는 일반적으로 사회통합 비용을 증가시키고 국내 고용 상황에 부정적 영향을 미칠 수 있다. 따라서 이 사건 출국만기보험금이 근로자의 퇴직 후 생계 보호를 위한 퇴직금의 성격을 가진다고 하더라도 불법체류가 초래하는 여러 가지 문제를 고려할 때 불법체류 방지를 위해 그 지급시기를 출국과 연계시키는 것은 불가피하므로 심판대상조항이 청구인들의 근로의 권리를 침해한다고 보기 어렵다(헌법재판소 2016. 3. 31. 자 2014헌마367)."라고 판단한 바 있습니다. 따라서 출국한 때로부터 14일 이내로 제한한 규정이 외국인근로자의 근로의 권리를 침해한다고 보기는 어렵습니다.

2-2-2. 임금체불 보증보험

[1] "임금체불 보증보험"이란?

외국인근로자에 대한 임금체불에 대비해서 사용자가 외국인근로자[비전문취업(E-9) 또는 방문취업(H-2) 체류자격자]를 피보험자로 해서 가입해야 하는 보험을 말합니다.

[2] 가입 대상자

① 「임금채권보장법」이 적용되지 않는 사업 또는 사업장이나 ② 상시 300명 미만의 근로자를 사용하는 사업 또는 사업장의 사용자는 의무적으로 가입해야 합니다. 다만, 방문취업(H-2) 체류자격을 가진 외국인근로자를 고용한 건설업의 사용자인 경우에는 가입하지 않아도 됩니다(「외국인근로자의 고용 등에 관한 법률」 제23조 제1항 및 「외국인근로자의 고용 등에 관한 법률 시행령」 제27조 제1항).

③ "「임금채권보장법」이 적용되지 않는 사업 또는 사업장"이란?(「임금채권보장법」 제3조 단서, 「산업재해보상보험법」 제6조 및 「산업재해보상보험법 시행령」 제2조 제1항)

 1. 「공무원 재해보상법」 또는 「군인 재해보상법」에 따라 재해보상이 행해지는 사업(다만, 순직유족급여 또는 위험직무순직유족급여를 받는 경우 제외)

 2. 「선원법」·「어선원 및 어선 재해보상보험법」 또는 「사립 교교직원 연금법」에 따라 재해보상이 행해지는 사업

 3. 가구내 고용활동

 4. 농업·임업(벌목업은 제외)·어업·수렵업 중 법인이 아닌 자의 사업으로서 상시근로자수가 5명 미만인 사업

[3] 가입기간

근로계약의 효력발생일부터 15일 이내에 임금체불 보증보험에 가입해야 합니다(「외국인근로자의 고용 등에 관한 법률 시행령」 제27조 제2항).

[4] 보험가입 사실 등의 안내

외국인근로자는 보증보험 가입사실을 보증보험회사로부터 통지받게 됩니다(「외국인근로자의 고용 등에 관한 법률 시행령」 제27조 제2항 제2호).

[5] 보험금 지급사유

① 사용자가 임금을 체불한 경우 외국인근로자는 보증보험회사에 보험금 지급을 청구할 수 있습니다(「외국인근로자의 고용 등에 관한 법률 시행령」 제27조 제2항 제3호).

② 사용자는 임금체불이 아닌 그 밖의 사유(이탈, 출국, 사망 등)로 해당 외국인근로자와 근로계약이 해지 된 경우 납입한 보험료 중 일부 보험료를 환급받을 수 있습니다.

[6] 위반 시 제재

사용자가 보증보험에 가입하지 않으면 500만원 이하의 벌금에 처해집니다(「외국인근로자의 고용 등에 관한 법률」 제30조제2호).

3. 고용변동 등 신고 의무

3-1. 근로개시 신고

① 신고사유

사용자가 방문취업(H-2) 체류자격을 가진 외국인근로자를 고용한 경우 그 외국인근로자가 근로를 시작한 때에 근로개시 신고를 해야 합니다(「외국인근로자의 고용 등에 관한 법률」 제12조 제4항).

※ 여기서 "근로개시일"이란 외국인근로자가 사업장에서 실제 근로를 제공한 날을 의미합니다.

② 신고절차

사용자는 외국인근로자가 근로를 개시한 날부터 14일 이내에 특례고용외국인근로자 근로개시신고서(「외국인근로자의 고용 등에 관한 법률 시행규칙」 별지 제11호서식)에 다음의 서류를 첨부하여 사용자가 영위하는 사업 또는 사업장의 소재지를 관할하는 고용센터 소장에게 제출해야 합니다(「외국인근로자의 고용 등에 관한 법률 시행규칙」 제12조의3).

1. 표준근로계약서 사본
2. 외국인등록증 사본 또는 여권 사본

③ 위반시 제재

사용자가 근로개시 신고를 하지 않거나 거짓으로 신고하면 500만원 이하의 과태료가 부과됩니다(「외국인근로자의 고용 등에 관한 법률」 제32조 제1항 제4호).

3-2. 고용변동 등 신고

3-2-1. 「외국인근로자의 고용 등에 관한 법률」의 신고 의무

① 사용자가 비전문취업(E-9) 또는 방문취업(H-2) 체류자격을 가진 외국인근로자를 고용한 경우 다음 어느 하나에 해당하는 사유가 발생하면 고용변동 등 신고를 해야 합니다(「외국인근로자의 고용 등에 관한 법률」 제17조 제1항 및 「외국인근로자의 고용 등에 관한 법률 시행령」 제23조 제1항).

 1. 외국인근로자가 사망한 경우

 2. 외국인근로자가 부상 등으로 해당 사업에서 계속 근무하는 것이 부적합한 경우

 3. 외국인근로자가 사용자의 승인을 얻는 등 정당한 절차 없이 5일 이상 결근하거나 외국인근로자의 소재를 알 수 없는 경우

 4. 외국인근로자와의 근로계약을 해지하는 경우

 5. 사용자 또는 근무처의 명칭이 변경된 경우(양도, 양수, 합병 등에 의한 고용승계 등을 말함)

 6. 사용자의 변경 없이 근무장소를 변경한 경우(동일한 법인 내에서 본사·지사 또는 지사 간 이동 등을 말함)

② 사용자가 위의 신고를 한 경우 그 신고사실이 다음의 신고사유에 해당하는 때에는 「출입국관리법」 제19조제1항에 따른 신고를 한 것으로 봅니다(「외국인근로자의 고용 등에 관한 법률」 제17조 제2항).

 1. 외국인을 해고하거나 외국인이 퇴직 또는 사망한 경우

 2. 고용된 외국인의 소재를 알 수 없게 된 경우

 3. 고용계약의 중요한 내용을 변경한 경우

3-2-2. 신고절차

사용자는 위 고용변동 등 신고사유에 해당하는 사유가 발생하거나 발생한 사실을 안 날부터 15일 이내에 외국인근로자 고용변동 등 신고서 또는 외국인근로자 고용사업장 정보변동 신고서에 그 사실을 기재해서 사용자가 영위하는 사업 또는 사업장의 소재지를 관할하는 고용센터 소장에게 제출해야 합니다(「외국인근로자의 고용 등에 관한 법률 시행규칙」 제14조).

3-2-3. 위반시 제재

사용자가 고용변동 등 신고를 하지 않거나 거짓으로 신고하면 500만원 이하의 과태료가 부과됩니다(「외국인근로자의 고용 등에 관한 법률」 제32조 제1항 제7호).

3-3. 「출입국관리법」의 신고 의무

[1] 신고 의무

① 사용자가 비전문취업(E-9) 또는 방문취업(H-2) 체류자격을 가진 외국인근로자를 고용한 경우 다음의 구분에 따른 날부터 15일 이내에 고용변동 등 신고를 해야 합니다(「출입국관리법」 제19조 제1항 및 「출입국관리법 시행령」 제24조 제1항 및 제3항).

1. 외국인을 해고하거나 외국인이 퇴직하여 신고를 하는 경우: 외국인을 해고하거나 외국인이 퇴직한 날

2. 외국인이 사망하여 신고를 하는 경우: 외국인이 사망한 사실을 알게 된 날

3. 고용된 외국인의 소재를 알 수 없어 신고를 하는 경우: 외국인의 소재를 알 수 없다는 사실을 알게 된 날

4. 고용계약의 중요한 내용을 변경이 있어 신고를 하는 경우: 고용계약의 중요내용을 변경한 날

   가. 고용계약기간을 변경한 경우

   나. 고용주 또는 근무처 명칭이 변경되거나 근무처의 이전으로 그 소재지가 변경된 경우(국가기관 및 지방자치단체의 장 또는 「초·중등교육법」 제2조 및 「고등교육법」 제2조에 따른 학교의 장이나 그 밖에 법인의 대표자가 변경된 경우와 외국인이 근무처를 변경하는 경우는 제외)

   다. 「파견근로자 보호 등에 관한 법률」 등 다른 법률에 따라 근로자를 파견한 경우(파견사업장이 변경된 경우를 포함)

[2] 신고절차

사용자는 위의 구분에 따른 날부터 15일 이내에 고용·연수 외국인 변동사유 발생신고서(「출입국관리법 시행규칙」 별지 제32호서식)를 관할 출입국·외국인청의 장·출입국·외국인사무소의 장 또는 출입국·외국인청 출장소의 장 또는 출입국·외국인사무소 출장소의 장에 신고해야 합니다(「출입국관리법」 제19조 제1항 및 「출입국관리법 시행령」 제24조 제2항).

[3] 위반시 제재

① 사용자가 고용변동 등 신고를 하지 않으면 위반기간에 따라 200만원 이하의 과태료가 부과됩니다(「출입국관리법」 제100조 제1항 제1호).

② 과태료 금액은 위반기간이 3개월 미만이면 10만원, 3개월 이상 6개월 미만이면 30만원, 6개월 이상 12개월 미만이면 50만원, 1년 이상 2년 미만이면 100만원, 2년 이상이면 200만원입니다 (「출입국관리법시행령」 제102조 제1항 및 별표 2).

③ 사용자가 외국인근로자에 대한 사증발급인정서를 신청하는 경우 신청일 최근 1개월 간 위 고용변동 등 신고 의무를 2회 이상 게을리 한 것으로 확인되는 경우에는 사증발급인정서가 발급되지 않을 수 있습니다(「출입국관리법 시행규칙」 제17조의3 제2항 제6호).

■ 외국인 노동자를 퇴사를 시키려고 하는데 어떻게 하면 되는 건가요?

Q. 저희 회사에 외국인 노동자를 한 명 쓰고 있었는데, 사정상 노동자가 업무와 맞지 않아서 퇴사를 시키려고 합니다. 일단 절차가 고용지원센터에 외국인근로자 고용변동등신고서를 팩스로 보내고 그 다음에 출입국 사무소에도 신고를 하라는데 어떻게 하면 되는 건가요?

A. 귀하께서 문의하신 내용은 외국인근로자의 고용해지에 따른 출입국관리사무소에 신고 방법에 대해서 문의하신 것으로 판단됩니다.

출입국관리법 제19조에 따라 고용변동 사유가 발생된 경우 고용.연수외국인변동사유발생신고서를 작성하여 주소지 관할인 출입국관리사무소에 해당일로부터 15일 이내에 신고하셔야 합니다.

신고방법은 신고서를 작성하여 ① 관할출입국관리사무소 방문제출 ② Fax신고(☎ 1577-1346) ③ 하이코리아(www.hikorea.go.kr)이용 신고방법이 있습니다. 하이코리아를 활용하시려면 우선 회원가입을 하신 후 홈페이지에 접속하여 전자민원 -〉 민원사무 안내 -〉 민원사무명 항목에서 "고용변동 등 신고" 클릭 -〉 하단의 신고(BOX) 클릭하여 민원인 신원인증하기를 거쳐 내용을 입력하여 제출하면 됩니다.

4. 그 밖의 사용자 준수사항

4-1. 불법체류 외국인근로자 고용 금지

① 사용자는 「출입국관리법」에 따른 취업활동이 가능한 체류자격을 가지지 않은 외국인을 고용해서는 안 됩니다(「출입국관리법」 제18조 제3항).

② 이를 위반하면 3년 이하의 징역 또는 3천만원 이하의 벌금에 처해집니다(「출입국관리법」 제94조 제9호).

4-2. 외국인구직자명부 미등록 외국인근로자 고용 금지

① 사용자가 방문취업(H-2) 체류자격을 가진 외국인근로자를 고용하려는 경우에는 한국산업인력공단이 작성·관리하는 외국인구직자명부에 등록된 자 중에서 채용해야 합니다(「외국인근로자의 고용 등에 관한 법률」 제12조 제4항).

② 이를 위반하면 500만원 이하의 과태료가 부과됩니다(「외국인근로자의 고용 등에 관한 법률」 제32조 제1항 제4호, 「외국인근로자의 고용 등에 관한 법률 시행령」 제32조 및 별표 제2호마목).

4-3. 취업교육 실시 의무

① 사용자는 국외에 있는 비전문취업(E-9) 체류자격을 가진 외국인
근로자를 고용하려는 경우 해당 외국인근로자가 입국한 후 사용
자의 부담으로 외국인 취업교육을 받을 수 있도록 해야 합니다
(「외국인근로자의 고용 등에 관한 법률」 제11조 제2항 및 「외국
인근로자의 고용 등에 관한 법률 시행규칙」 제11조 제3항).

② 이를 위반하면 500만원 이하의 과태료가 부과됩니다(「외국인근로
자의 고용 등에 관한 법률」 제32조 제1항 제2호 및 「외국인근로
자의 고용 등에 관한 법률 시행령」 제32조 및 별표 제2호나목).

③ 외국인 취업교육은 사용자 부담으로 실시되어 「국민 평생 직업
능력 개발법」에 따른 직업능력개발훈련에 해당되므로, 고용보험
에 가입된 사용자는 「고용보험법」에 따라 그 훈련비용을 지원받
을 수 있습니다(「고용보험법」 제27조제1항, 「고용보험법 시행
령」 제41조 및 「고용보험법 시행규칙」 제60조).

4-4. 사용자 교육

① 외국인근로자 고용허가를 최초로 받은 사용자는 노동관계법령·인권 등에 관한 교육(이하 "사용자 교육"이라 함)을 고용허가서를 최초로 발급받은 날부터 6개월 이내에 받아야 합니다(「외국인근로자의 고용 등에 관한 법률」 제11조의2 제1항 및 「외국인근로자의 고용 등에 관한 법률 시행규칙」 제11조의2 제1항).

② 이를 위반하면 500만원 이하의 과태료가 부과됩니다(「외국인근로자의 고용 등에 관한 법률」 제32조 제1항 제2호의2, 「외국인근로자의 고용 등에 관한 법률 시행령」 제32조 및 별표 제2호다목).

4-5. 건강진단 실시 의무

① 사용자는 외국인근로자의 건강보호·유지를 위해서 외국인근로자에 대해 「산업안전보건법」에 따라 건강진단을 실시해야 합니다(「산업안전보건법」 제129조, 제130조 및 「산업안전보건법 시행규칙」 제195조부터 제208조까지).

② 이를 위반하면 건강검진을 실시하지 않은 외국인근로자 1명당 다음에 해당하는 금액의 과태료가 부과됩니다(「산업안전보건법」 제175조 제4항 제7호·제7항, 「산업안전보건법 시행령」 제119조 및 별표 35 제4호녀목).
   - 1차 위반 시: 10만원
   - 2차 위반 시: 20만원
   - 3차 위반 시: 30만원

4-6. 귀국에 필요한 조치 의무

① 사용자는 외국인근로자가 근로관계의 종료, 체류기간의 만료 등
　으로 귀국하는 경우에는 귀국하기 전에 임금 등의 금품관계를
　청산하는 등 필요한 조치를 취해야 합니다(「외국인근로자의 고
　용 등에 관한 법률」 제16조).

② 이를 위반하면 1년 이하의 징역 또는 1천만원 이하의 벌금에 처
　해집니다(「외국인근로자의 고용 등에 관한 법률」 제29조 제2호).

4-7. 보고 및 조사의 협조 의무

① 사용자는 고용센터 소장으로부터 보고·관련 서류의 제출이나 그
　밖의 필요한 명령을 받을 수 있고, 소속 공무원으로부터 질문을
　받거나 관련 장부·서류 등을 조사 또는 검사 받을 수 있습니다
　(「외국인근로자의 고용 등에 관한 법률」 제26조 제1항).

② 위 요구에 불응해서 보고를 하지 않거나 거짓으로 보고하는 경
　우, 관련 서류를 제출하지 않거나 거짓으로 제출하는 경우 및
　이에 따른 질문 또는 조사·검사를 거부·방해하거나 기피하는 경
　우에는 500만원 이하의 과태료가 부과됩니다(「외국인근로자의
　고용 등에 관한 법률」 제32조 제1항 제9호, 「외국인근로자의
　고용 등에 관한 법률 시행령」 제32조 및 별표 제2호차목부터
　타목까지).

Part 4. 외국인근로자 고용제한

1. 고용허가 또는 특례고용확인의 취소 및 고용 제한

1-1. 외국인근로자 고용허가 또는 특례고용가능확인의 취소

[1] 취소 사유

사용자가 다음의 어느 하나에 해당하게 되면 고용센터 소장으로 부터 외국인근로자 고용허가 또는 특례고용가능확인의 취소명령을 받게 됩니다(「외국인근로자의 고용 등에 관한 법률」 제19조 제1항).

1. 사용자가 입국 전에 계약한 임금이나 그 밖의 근로조건을 위반 한 경우

2. 사용자가 임금체불이나 그 밖의 노동관계법을 위반하는 등의 이 유로 근로계약을 유지하기 어렵다고 인정되는 경우

3. 사용자가 거짓이나 그 밖의 부정한 방법으로 고용허가나 특례고 용가능확인을 받은 경우

[2] 허가 취소의 통지

고용허가 또는 특례고용가능확인 취소 통지서에는 ⓐ 취소의 사유, ⓑ 해당 외국인근로자와의 근로계약 종료기한, ⓒ 외국인근로자 고용의 제한 여부가 모두 포함됩니다(「외국인근로자의 고용 등에 관한 법률 시행령」 제24조).

[3] 허가 취소 후 조치

① 사용자는 고용허가 또는 특례고용가능확인 취소명령을 받은 날부터 15일 이내에 그 외국인근로자와의 근로계약을 종료해야 합니다(「외국인근로자의 고용 등에 관한 법률」 제19조제2항).

② 이를 위반하면 사용자는 1년 이하의 징역 또는 1천만원 이하의 벌금에 처해집니다(「외국인근로자의 고용 등에 관한 법률」 제29조 제3호).

1-2. 외국인근로자 고용의 제한

1-2-1. 고용 제한 사유

① 사용자가 「외국인근로자의 고용 등에 관한 법률」에 따라 다음의
어느 하나에 해당하게 되면 그 사실이 발생한 날부터 3년간 외
국인근로자의 고용이 제한될 수 있습니다(「외국인근로자의 고용
등에 관한 법률」 제20조 제1항 및 「외국인근로자의 고용 등에
관한 법률 시행령」 제25조).

  1. 외국인근로자 고용허가서나 특례고용가능확인서를 발급받지
않고 외국인근로자를 고용한 경우

  2. 외국인근로자 고용허가나 특례고용가능확인이 취소된 경우

  3. 「외국인근로자의 고용 등에 관한 법률」 또는 「출입국관리법」
을 위반해서 처벌을 받은 경우

  4. 외국인근로자의 사망으로 「산업안전보건법」 제167조제1항에
따른 처벌을 받은 경우

  5. 외국인근로자 고용허가서를 발급받은 날 또는 특례고용가능확
인에 따라 외국인근로자의 근로가 시작된 날부터 6개월 이내
에 내국인근로자를 고용조정으로 이직시킨 경우

  6. 외국인근로자에 대해 근로계약에 명시된 사업 또는 사업장 외
에서 근로를 제공하게 한 경우

  7. 근로계약이 체결된 이후부터 외국인 취업교육을 마칠 때까지
의 기간 동안 경기의 변경, 산업구조의 변화 등에 따른 사업
규모의 축소, 사업의 폐업 또는 전환, 감염병 확산으로 인한
항공기 운항 중단 등과 같은 불가피한 사유가 없음에도 불구
하고 근로계약을 해지한 경우

② 사용자가 「출입국관리법」에 따라 다음의 어느 하나에 해당하게

되면 고용하려는 외국인에 대한 사증발급인정서의 발급이 제한됨으로써 외국인근로자를 고용할 수 없게 될 수 있습니다(「출입국관리법」 제9조 제3항 및 「출입국관리법 시행규칙」 제17조의3 제2항).

1. 「출입국관리법」 제7조의2(허위초청 등의 금지), 「출입국관리법」 제12조의3(선박 등의 제공금지), 「출입국관리법」 제18조 제3항부터 제5항까지(외국인고용의 제한), 「출입국관리법」제21조제2항(근무처변경·추가허가 받지 않은 외국인의 고용금지) 또는 「출입국관리법」 제33조의3제1호(외국인등록증 등의 채무이행확보 수단제공금지)를 위반해서 금고 이상의 실형의 선고를 받고 그 형의 집행이 종료되거나 집행이 면제된 날, 금고 이상의 형의 집행유예를 선고받고 그 판결이 확정된 날 또는 500만원 이상의 벌금형의 선고를 받거나 500만원 이상의 범칙금의 통고처분을 받고 벌금 또는 범칙금을 납부한 날부터 3년(다만, 법무부장관은 재범의 위험성, 법 위반의 동기와 결과, 그 밖의 정상을 고려해 3년 미만의 기간으로 정할 수 있음)이 지나지 않은 사람

2. 「출입국관리법」 제7조의2(허위초청 등의 금지), 「출입국관리법」 제12조의3(선박 등의 제공금지), 「출입국관리법」 제18조 제3항부터 제5항까지(외국인고용의 제한), 「출입국관리법」제21조제2항(근무처변경·추가허가 받지 않은 외국인의 고용금지) 또는 「출입국관리법」 제33조의3제1호(외국인등록증 등의 채무이행확보 수단제공금지)를 위반해서 500만원 미만의 벌금형의 선고를 받거나 500만원 미만의 범칙금의 통고처분을 받고 벌금 또는 범칙금을 납부한 날부터 1년(다만, 법무부장관은 재범의 위험성, 법 위반의 동기와 결과, 그 밖의 정상을 고려해 1년 미만의 기간으로 정할 수 있음)이 지나지 않은 사람

3. 「성매매알선 등 행위의 처벌에 관한 법률」, 「사행행위 등 규제 및 처벌 특례법」 및 「마약류 관리에 관한 법률」 등을 위반

해서 금고 이상의 실형의 선고를 받고 그 형의 집행이 종료되거나 집행이 면제된 날 또는 금고 이상의 형의 집행유예를 선고받고 그 판결이 확정된 날로부터 3년이 지나지 않은 사람

4. 「근로기준법」을 위반해서 금고 이상의 형의 선고를 받고 그 형의 집행이 종료되거나 집행을 받지 않기로 한 날 또는 금고 이상의 형의 집행유예를 선고받고 그 판결이 확정된 날로부터 3년이 지나지 않은 사람

5. 신청일부터 최근 1년 간 규제「출입국관리법」제9조제2항에 따라 10명 이상의 외국인을 초청한 사람으로서 피초청 외국인의 과반수가 불법체류 중인 사람

6. 신청일부터 최근 1개월 간 「출입국관리법」제19조 또는 「출입국관리법」제19조의4에 따른 신고의무를 2회 이상 게을리한 사람

7. 「성폭력범죄의 처벌 등에 관한 특례법」 또는 「성폭력방지 및 피해자보호 등에 관한 법률」을 위반해서 금고 이상의 실형의 선고를 받고 그 형의 집행이 종료되거나 집행이 면제된 날 또는 금고 이상의 형의 집행유예를 선고받고 그 판결이 확정된 날부터 5년이 지나지 않은 사람

8. 그 밖에 위의 1.부터 7.까지에 준하는 사유에 해당하는 사람으로서 법무부장관이 따로 정하는 사람

1-2-2. 고용 제한의 통지

사용자가 「외국인근로자의 고용 등에 관한 법률」에 따라 외국인근로자의 고용이 제한받게 되는 경우에는 사용자에게 고용제한의 사유가 명시된 문서가 통지됩니다(「외국인근로자의 고용 등에 관한 법률」제20조 제2항 및 「외국인근로자의 고용 등에 관한 법률 시행규칙」제15조).

Chapter 3.
외국인근로자 취업

Part 1. 외국인근로자 취업자격

1. 외국인근로자 자격요건

1-1. 한국어능력시험(EPS-KLT) 합격

[1] 응시대상자

① 비전문취업(E-9) 체류자격으로 대한민국에서 취업하려는 외국인 근로자는 해당 외국인의 국가에서 시행되는 한국어능력시험에 합격해야 합니다(「외국인근로자의 고용 등에 관한 법률」 제7조 제2항).

② 한국어능력시험은 외국인근로자 고용허가제의 일환으로 외국인 구직자에 대한 한국어 구사능력, 한국사회 및 산업안전에 관한 이해 등을 평가하는 시험으로 외국인구직자명부 작성시 활용됩니다.

③ 따라서 특례고용 대상자인 방문취업(H-2) 체류자격 외국인근로 자는 한국어능력시험에 합격하지 않아도 됩니다.

④ 3년의 취업기간 만료로 출국한 후 6개월이 지나 다시 대한민국에서 취업하려는 외국인근로자도 다시 한국어능력시험에 합격해야 합니다.

[2] 응시자격

한국어능력시험에 응시하려면 다음에 해당해야 합니다.

  - 만18세 이상 만39세 이하 일 것
  - 금고 이상의 범죄 경력이 없을 것
  - 대한민국에서 강제퇴거 또는 출국조치를 당한 경력이 없을 것
  - 자국으로부터 출국에 제한(결격사유)이 없을 것

[3] 한국어능력시험의 실시

① 한국어능력시험은 매년 1회 이상 실시하며, 객관식 필기시험을 원칙으로 하되, 주관식 필기시험을 일부 추가할 수 있습니다(「외국인근로자의 고용 등에 관한 법률 시행령」 제13조 제3항).

② 한국어능력시험의 내용에는 대한민국의 문화에 대한 이해와 산업안전 등 근무에 필요한 기본사항이 포함됩니다(「외국인근로자의 고용 등에 관한 법률 시행령」 제13조 제4항).

③ 합격자발표는 EPS-TOPIK[고용허가제 한국어능력시험 홈페이지(https://eps.hrdkorea.or.kr/)] 및 송출기관 게시판을 통하여 공고합니다.

[4] 수수료

한국어능력시험의 실시기관은 시험에 응시하려는 사람으로부터 수수료를 징수하여 사용할 수 있습니다. 이 경우 수수료는 외국인근로자 선발 등을 위한 비용으로 사용해야 합니다(「외국인근로자의 고용 등에 관한 법률」 제7조 제3항).

1-2. 자격요건 평가

[1] 자격요건 평가기관

① 고용노동부장관은 외국인구직자 선발기준 등으로 활용하기 위하여 필요한 경우 기능 수준 등 인력 수요에 부합되는 자격요건을 평가할 수 있습니다(「외국인근로자의 고용 등에 관한 법률」 제7조 제4항).

② 자격요건 평가기관은 한국산업인력공단입니다(「외국인근로자의 고용 등에 관한 법률」 제7조 제5항).

③ 고용노동부장관은 자격평가의 방법 및 내용을 정하여 한국산업인력공단에 통보하고, 고용노동부게시판 및 인터넷 홈페이지 등에 공고해야 합니다(「외국인근로자의 고용 등에 관한 법률 시행령」 제13조의2 제2항).

[2] 자격요건 평가의 방법 및 내용

① 자격요건의 평가는 필기시험, 실기시험, 면접시험의 방법으로 합니다(「외국인근로자의 고용 등에 관한 법률 시행령」 제13조의2 제1항 제1호).

② 자격요건의 평가내용은 다음과 같습니다(「외국인근로자의 고용 등에 관한 법률 시행령」 제13조의2 제1항 제2호).
   - 취업하려는 업종에 근무하기 위하여 필요한 기능 수준
   - 외국인구직자의 체력
   - 근무경력
   - 그 밖에 인력 수요에 부합되는지를 평가하기 위하여 필요하다고 인정되는 사항

1-3. 외국인 취업교육 이수

[1] 교육 이수 의무

① 대한민국에서 취업하기 위해 입국한 외국인근로자[비전문취업 (E-9) 체류자격 또는 방문취업(H-2)체류자격 외국인근로자]는 입국한 후 15일 이내에 한국산업인력공단 또는 외국인 취업교육기관에서 실시하는 외국인취업교육을 받아야 합니다(「외국인근로자의 고용 등에 관한 법률」 제11조 및 「외국인근로자의 고용 등에 관한 법률 시행규칙」 제11조).

② 비전문취업(E-9) 체류자격 외국인근로자의 취업교육에 드는 비용은 사용자가 부담하여야 합니다. 다만, 방문취업(H-2) 체류자격 외국인근로자의 취업교육비용은 본인이 부담합니다(「외국인근로자의 고용 등에 관한 법률 시행규칙」 제11조 제3항).

[2] 교육 시간 및 내용

① 외국인 취업교육의 시간은 16시간 이상으로 진행됩니다. 다만, 취업활동기간이 만료된 외국인근로자가 소정의 절차를 거쳐 재입국한 경우에는 그 외국인근로자의 취업교육시간을 16시간 미만으로 단축할 수 있습니다(「외국인근로자의 고용 등에 관한 법률 시행규칙」 제11조 제1항).

② 외국인근로자의 취업교육에는 다음의 사항들이 포함됩니다(「외국인근로자의 고용 등에 관한 법률 시행규칙」 제11조 제2항 본문).

1. 취업활동에 필요한 업종별 기초적 기능에 관한 사항

2. 외국인근로자 고용허가제도에 관한 사항

3. 산업안전보건에 관한 사항

4. 「근로기준법」, 「출입국관리법」 등 관련 법령에 관한 사항

5. 한국의 문화와 생활에 관한 사항

6. 그 밖에 취업활동을 위하여 고용노동부장관이 필요하다고 인

정한 사항

③ 취업활동 기간이 만료되어 출국한 후 재입국한 외국인근로자로
서 외국인근로자 고용 특례 대상자에 대해서는 1. 및 5.에 해당
하는 내용의 취업교육을 생략할 수 있습니다(「외국인근로자의
고용 등에 관한 법률 시행규칙」 제11조제2항 단서).

[3] 교육수료증의 교부

외국인 취업교육을 이수하면 외국인 취업교육 수료증을 발급받게
됩니다(「외국인근로자의 고용 등에 관한 법률 시행규칙」 제11조 제
4항 및 별지 제8호서식).

■ 연령이 60세 넘었을 경우에도 방문취업 신청해도 가능한지요?

> Q. 저의 아버님이 한국에 한 번도 와 보지 못했습니다. 그래서 방
>   문취업 신규입국자로 한번 입국하시려고 하는데 연령이 60세
>   넘었어요. 방문취업 추첨에 신청해도 가능한지요?
>
> A. 귀하의 질의 내용은 방문취업 신규입국관련하여 문의하신 것으
>   로 이해됩니다.
>
>   방문취업 신규입국을 원하는 동포는 하이코리아 홈페이지 공지
>   사항을 참고하여 절차에 따라 입국하실 수 있습니다. 25세 이
>   상동포는 신청가능하며, 추첨 등을 통해 입국하실 수 있습니다

■ 고용허가서나 표준근로계약서등의 서류의 양식은 어디서 받아야 하나요? 그리고 신원보증서는 어떻게 받아야 하는 건가요?

Q. 외국인 E-9 비자 취득에 관해 문의 드립니다. 이탈리아에서 온 친구인데 9월 초에 한국에 관광비자로 들어왔고 12월에 비자가 끝납니다. 친구가 한국을 너무 좋아해서 지금 일을 구했고 E-9 비자를 받고 싶어하는데 필요한 서류에 관해 궁금한 점이 있어서요. 고용허가서나 표준근로계약서등의 서류의 양식은 어디서 받아야 하나요? 그리고 신원보증서는 어떻게 받아야 하는 건가요? E-9 비자 취득에 관한 자세한 정보 부탁드립니다.

A. 귀하의 민원 요지는 이탈리아인 친구의 E-9자격의 비자 취득과 관련된 것으로 판단됩니다.

현행 E-9자격의(고용허가제) 외국인근로자의 도입은 외국인근로자의고용등에 관한 법률에 의하여 시행되고 있으며, 우리나라와 MOU를 체결한 15개 국가 국민에 한해서 취득할 수 있는 자 자격입니다.

이탈리아는 동 제도의 해당 국가가 아니므로 귀하의 친구 분은 E-9자격을 취득하실 수가 없음을 알려드립니다.

■ 결혼이민(F-6) 자격자가 국내에 취업할 수 있나요?

Q. 연구소에 다니는 외국인 연구자가 최근 E3에서 F2비자로 변경했습니다. 배우자가 한국인이라서요. 하여 해당 비자로 국내 대학에서 겸임교수활동을 하고자하는데, F2비자로 겸임교수직이 가능한 건지 확인하고 싶습니다.

A. 귀하께서는 배우자(F-6, 구 F-2-1)가 해당 체류자격으로 국내 대학에서 겸임교수로 활동할 수 있는지에 대하여 문의하신 것으로 이해됩니다.

결혼이민(F-6, 구 F-2-1) 자격으로 체류하고 있는 국민의 배우자는 대한민국내에서 취업활동에 제한이 없습니다.

다만, 취업하려고 하는 기관이 요구하는 자격요건은 갖추어야 할 것으로 판단됩니다.

■ 재외동포자격(F-4)소지자가 음식점 영업이 가능한지요?

Q. 현재 F-4자격으로 체류하고 있는 중국동포입니다. 회사근무는 계속 하면서 본인이 음식점을 인수하여 운영하고자 할 때 현 체류자격으로 가능한가요? 만일 H-2자격 배우자가 가계운영을 하게 되면 배우자는 F-4 신청이 가능한가요. 만일 가능하다면 어떤 절차가 필요한지 답변 부탁드립니다.

A. 귀하의 민원 요지는 재외동포자격(F-4)소지자의 음식점영업 가능여부와 관련된 것으로 판단됩니다.

재외동포 자격을 가진 경우 취업활동에 제한을 받지는 않으며, 허용되는 취업활동이라도 국내법령에 의하여 일정한 자격을 요하는 때에는 그 자격을 갖추어야 합니다.

다만, 다음에 해당하는 경우는 취업할 수 없습니다.

1. 단순노무행위를 하는 경우(법무부고시 제2010-297호, 2010.4.8)

2. 사행행위 등 선량한 풍속 기타 사회질서에 반하는 행위를 하는 경우

3. 기타 공공의 이익이나 국내 취업질서 등의 유지를 위하여 그 취업을 제한할 필요가 있다고 인정되는 경우

그러므로 귀하께서 음식점을 경영하는 것은 가능하다고 할 것 이나, 귀하께서 음식점을 경영한다고 하여 배우자에게 재외동 포자격을 부여할 수 있는 것은 아닙니다. 또한 방문취업자격 은 음식점을 경영할 수 있는 자격이 아님을 알려드립니다.

Part 2. 외국인근로자 취업절차

1. 비전문취업(E-9) 체류자격자 취업절차

1-1. 국외에 있는 비전문취업(E-9) 체류자격 외국인근로자가 최초로 취업하려는 경우의 절차

[1] 비전문취업(E-9) 체류자격 외국인근로자의 취업 규모 및 업종

고용노동부는 외국인근로자의 도입 규모 및 업종 등이 포함된 「외국인근로자 도입계획」을 관보, 일간신문 또는 인터넷을 통해 공표합니다(「외국인근로자의 고용 등에 관한 법률」 제5조제1항 및 「외국인근로자의 고용 등에 관한 법률 시행령」 제3조).

[2] 외국인구직자명부 등록

① 사용자는 외국인구직자명부에 등록된 외국인근로자 중에서 적격자를 채용하게 되므로, 비전문취업(E-9) 체류자격을 가진 외국인근로자가 대한민국에서 취업하려면 반드시 외국인구직자명부에 등록되어 있어야 합니다(「외국인근로자의 고용 등에 관한 법률」 제8조 제3항).

② 외국인구직자명부에 등록되기 위해서는 한국어능력시험 성적, 경력 등 외국인구직자 선발기준에 해당하는 능력을 갖추어야 합니다(「외국인근로자의 고용 등에 관한 법률」 제7조 제2항).

[3] 사업자의 요청과 고용센터 소장의 추천

① 외국인근로자가 취업하기 위해서는 사용자의 고용 요청과 고용센터 소장의 추천이 있어야 합니다.

② 사용자가 추천받은 외국인근로자 중에서 적합한 사람을 선정한 경우에는 즉시 고용허가서가 발급됩니다.

[4] 근로계약 체결

① 표준계약서의 작성 등

    ⓐ 고용센터 소장의 추천을 받아 대한민국의 사용자에 의해 선정된 외국인근로자는 그 사용자와 근로계약을 체결합니다. 이 때 근로계약은 표준근로계약서를 사용해서 이루어집니다(「외국인근로자의 고용 등에 관한 법률」 제9조 제1항).

    ⓑ 근로계약의 체결은 사용자에 의해 한국산업인력공단이 대행할 수 있습니다(「외국인근로자의 고용 등에 관한 법률」 제9조 제2항).

    ⓒ 근로계약을 체결한 외국인근로자는 근로계약서 1부를 받습니다(「외국인근로자의 고용 등에 관한 법률 시행령」 제16조).

② 근로계약기간

    ⓐ 외국인근로자와 사용자는 3년의 기간 내에서 당사자 간 합의에 따라 근로계약을 체결하거나 갱신할 수 있습니다(「외국인근로자의 고용 등에 관한 법률」 제9조 제3항 및 제18조).

    ⓑ 이 경우 근로계약은 외국인근로자가 입국한 날부터 효력이 발생합니다(「외국인근로자의 고용 등에 관한 법률 시행령」 제17조 제1항).

    ⓒ 다만, 취업활동기간 3년이 만료되어 출국하기 전에 사용자가 고용노동부장관에게 재고용허가를 요청한 외국인근로자는 3년의 기간제한(「외국인근로자의 고용 등에 관한 법률」 제18조)에도 불구하고 한 차례만 2년 미만의 범위에서 취업활동기간을 연장받아, 연장된 취업활동기간의 범위에서 근로계약을 체결할 수 있습니다(「외국인근로자의 고용 등에 관한 법률」 제18조의2 제1항).

       - 사용자가 재고용 허가를 받으려면 취업활동 기간 만료일까지의 근로계약 기간이 1개월 이상인 외국인근로자를 대

상으로 해당 근로자의 취업활동 기간 만료일의 7일 전까지 다음의 서류를 소재지 관할 직업안정기관의 장에게 제출해야 합니다. 이 경우 고용센터에서 행정정보의 공동이용을 통하여 사업자등록증을 확인하며, 신청인은 확인에 동의하지 않으면 사업자등록증 사본을 제출해야 합니다(「외국인근로자의 고용 등에 관한 법률 시행규칙」 제14조의2 제1항).

  i) 취업기간 만료자 취업활동기간 연장신청서(「외국인근로자의 고용 등에 관한 법률 시행규칙」 별지 제12호의3 서식)

  ii) 외국인등록증 사본

  iii) 여권 사본

  iv) 표준근로계약서 사본

- 사용자는 외국인근로자가 사용자와 근로계약을 체결하기 직전에 다른 사업 또는 사업장에서 근로한 경우로서 규제「외국인근로자의 고용 등에 관한 법률」 제25조제1항제2호에 따른 휴업, 폐업 등의 사유로 사업 또는 사업장을 변경하여 사용자와 근로계약을 체결하게 된 경우에는 취업활동기간 만료일까지의 근로계약 기간이 1개월 미만인 외국인근로자에 대해서도 같은 법 제18조의2에 따른 재고용 허가를 신청할 수 있습니다(「외국인근로자의 고용 등에 관한 법률 시행규칙」 제14조의2 제2항).

- 취업활동기간 연장 신청을 받은 소재지관할 직업안정기관의장은 연장신청서를 검토한 결과 해당요건을 충족하는 경우에는 신청서를 접수한 날부터 7일 이내에 취업기간 만료자 취업활동기간 연장 확인서(「외국인근로자의 고용 등에 관한 법률 시행규칙」 별지 제12호의4 서식)를 발급합니다(「외국인근로자의 고용 등에 관한 법률 시행규칙」 제14조

의2 제2항).

ⓓ 고용노동부장관은 감염병 확산, 천재지변 등의 사유로 외국인 근로자의 입국과 출국이 어렵다고 인정되는 경우에는 외국인력 정책위원회의 심의·의결을 거쳐 1년의 범위에서 취업활동 기간을 연장할 수 있습니다(「외국인근로자의 고용 등에 관한 법률」 제18조의2 제3항).

[5] 사증 발급 신청

① 근로계약을 체결한 외국인근로자는 사용자로부터 사증발급인정서를 송부받아 대한민국대사관 또는 영사관에 비전문취업(E-9) 체류자격 사증의 발급을 신청합니다(「외국인근로자의 고용 등에 관한 법률」 제10조, 「출입국관리법」 제8조 및 「출입국관리법 시행규칙」 제9조).

② 사용자가 외국인근로자를 대신해서 사증발급인정서를 발급받으면(「외국인근로자의 고용 등에 관한 법률」 제10조), 그 외국인근로자는 별도의 심사절차 없이 사증을 발급받을 수 있습니다.

③ 국가에 따라 사증발급인정서 대신 사증발급인정번호를 부여하기도 하는데, 사증발급인정번호는 전자사증이 발급되는 국가에서 인정됩니다.

④ 사증발급인정번호 발급국가에 대해서는, 외국인을 위한 전자정부에서 확인할 수 있습니다.

[6] 입국

① 외국인근로자는 유효한 여권과 사증을 가지고 입국해야 합니다(「출입국관리법」 제7조 제1항).

② 다만, 대한민국 법무부장관의 재입국허가를 받았거나 재입국허가가 면제된 사람으로서 그 허가 또는 면제받은 기간이 끝나기 전

에 입국하는 경우에는 사증 없이도 입국할 수 있습니다(「출입국
관리법」 제7조 제2항 제1호).

[7] 외국인 취업교육 이수

외국인근로자는 입국한 후 15일 이내에 한국산업인력공단 또는
국제노동협력원에서 실시하는 외국인 취업교육을 받아야 합니다(「외
국인근로자의 고용 등에 관한 법률」 제11조 제1항 및 「외국인근로
자의 고용 등에 관한 법률 시행규칙」 제10조).

[8] 건강진단

① 사용자는 근로자의 건강보호를 위해 일반건강진단 또는 특수건
   강진단 등을 실시하여야 하므로(「산업안전보건법」 제129조 및
   제130조), 외국인근로자에게도 건강진단을 실시해야 합니다.

② 건강진단 불합격자는 2차 정밀검사를 실시하게 됩니다. 2차 정
   밀검사 결과가 확정될 때까지 지방출입국과 협의해서 격리수용
   후, 이상이 없을 경우에는 사업장에 정상적으로 배치되나 부적
   격자로 확정될 경우 출국 조치됩니다.

[9] 외국인등록

외국인근로자는 입국한 날부터 90일 이내에 그 체류지를 관할하
는 출입국·외국인청(이하 "청장"이라 한다), 출입국·외국인사무소(이
하 "사무소장"이라 한다), 출입국·외국인청 출장소장 또는 출입국·외
국인사무소 출장소장에게 외국인등록을 해야 합니다(「출입국관리법」
제31조 제1항).

[10] 근로 시작

외국인 취업교육을 이수한 외국인근로자는 근로계약을 체결한 사
업장에 배치되어 근로를 시작하게 됩니다.

[11] 체류기간 연장허가 신청

① 근로계약기간을 갱신하는 경우, 즉 1년의 체류기간을 초과해서 계속 체류하려는 경우에는 그 기간이 끝나기 전에 관할 청장·사무소장 또는 출장소장에게 체류기간 연장허가를 신청해야 합니다(「출입국관리법」 제25조 제1항 및 「출입국관리법 시행령」 제31조 제1항).

1-2. 국내에 취업 중인 비전문취업 체류자격 외국인근로자가 사업장을 변경해서 취업하려는 경우

[1] 사업 또는 사업장 변경 신청

외국인근로자가 다음 중 어느 하나에 해당하는 경우가 발생해서 그 사업 또는 사업장에서 정상적인 근로관계를 지속하기 곤란한 경우에는 근로계약 종료 후 1개월 이내에 고용센터에 다른 사업 또는 사업장으로의 변경을 신청해야 합니다[「외국인근로자의 고용 등에 관한 법률」 제25조 제1항·제3항, 「외국인근로자의 고용 등에 관한 법률 시행령」 제30조 제1항 및 「외국인근로자의 책임이 아닌 사업장변경 사유」(고용노동부 고시 제2021-30호, 2021. 4. 1. 발령·시행)].

1. 사용자가 정당한 사유로 근로계약기간 중 근로계약을 해지하려거나 근로계약기간이 만료된 후 갱신을 거절하려는 경우

2. 사업 또는 사업장의 휴업, 폐업 등으로 근로를 계속할 수 없게 되었다고 인정되는 경우

3. 사용자의 근로조건 위반 또는 부당한 처우 등으로 근로를 계속할 수 없게 되었다고 인정되는 경우

4. 상해 등으로 외국인근로자가 해당 사업 또는 사업장에서 계속 근무하기는 부적합하나 다른 사업 또는 사업장에서의 근무는 가능하다고 인정되는 경우

[2] 근무처 변경허가 신청

① 외국인근로자는 위와 같은 사유로 새로운 사업장에서 근무하게 되는 경우 고용센터에 사업 또는 사업장 변경을 신청하는 것과는 별도로 근로가 시작되기 전 「출입국관리법 시행령」 제26조에 따라 미리 법무부장관의 허가를 받아야 합니다(「출입국관리법」 제21조 제1항).

② 사업 또는 사업장 변경 신청일부터 3개월 이내에 근무처 변경허가를

받지 못하면 강제출국 대상자가 됩니다. 다만, 업무상 재해, 질병, 임신, 출산 등의 사유로 근무처 변경허가를 받을 수 없거나 근무처 변경신청을 할 수 없는 경우에는 그 사유가 없어진 날부터 3개월 이내에 근무처 변경허가를 받거나 1개월 내에 근무처 변경신청을 해야 합니다(「외국인근로자의 고용 등에 관한 법률」 제25조 제3항).

[3] 사업 또는 사업장 변경의 제한

① 외국인근로자의 사업 또는 사업장 변경은 입국한 날부터 3년의 기간(「외국인근로자의 고용 등에 관한 법률」 제18조) 중에는 원칙적으로 3회를 초과할 수 없습니다(「외국인근로자의 고용 등에 관한 법률」 제25조 제4항).

② 취업활동기간 3년이 만료되어 출국하기 전, 사용자의 재고용허가 요청에 의해 취업활동기간이 연장된 외국인근로자의 경우(「외국인근로자의 고용 등에 관한 법률」제18조의2 제1항), 연장된 기간 중 사업 또는 사업장 변경은 2회를 초과할 수 없습니다(「외국인근로자의 고용 등에 관한 법률」 제25조 제4항).

③ 휴업, 폐업, 그 밖에 외국인근로자의 책임이 아닌 사유로 그 사업장에서 근로를 계속할 수 없게 되었다고 인정되는 경우는 위의 변경 횟수의 제한을 받지 않습니다(「외국인근로자의 고용 등에 관한 법률」 제25조 제1항 제2호 및 제4항).

[4] 체류지 변경신고

사업장이 변경됨으로써 외국인근로자의 체류지도 함께 변경되는 경우 그 외국인근로자는 새로운 체류지로 전입한 날부터 15일 이내에 새로운 체류지를 관할하는 시·군·구 또는 읍·면·동의 장이나 새로운 체류지 관할 청장·사무소장 또는 출장소장에게 전입신고를 해야 합니다(「출입국관리법」 제36조 제1항).

[5] 그 밖의 절차

사업 또는 사업장의 변경을 신청한 외국인근로자의 취업절차에 있어서 ① 외국인구직자명부 등록, ② 근로계약 체결, ③ 근로시작에 관한 사항은 국외에 있는 외국인근로자가 최초로 취업하는 경우와 동일하게 적용됩니다.

■ 외국인근로자가 비전문취업(E-9) 체류자격으로 대한민국에서 취업하려면 어떤 절차를 거쳐야 하나요?

Q. 외국인근로자가 비전문취업(E-9) 체류자격으로 대한민국에서 취업하려면 어떤 절차를 거쳐야 하나요?

A. 비전문취업(E-9) 체류자격자의 취업절차는 ① 외국인구직자명부 등록, ② 고용지원센터소장의 고용 추천, ③ 근로계약 체결, ④ 사증 발급 신청, ⑤ 입국, ⑥ 외국인 취업교육 이수, ⑦ 근로 시작 등의 순서로 이루어집니다.

외국인근로자가 비전문취업(E-9) 체류자격으로 대한민국에서 취업하려면 외국인구직자명부에 등록되어 있어야 합니다.

대한민국의 사용자가 고용지원센터의 추천을 받아 선정한 외국인근로자는 표준근로계약서로 근로계약을 체결하고 근로계약서 1부를 받습니다. 근로계약을 체결한 외국인근로자는 사용자로부터 사증발급인정서를 송부받아 대한민국대사관 또는 영사관에 신청하여 비전문취업(E-9) 체류자격 사증을 발급받습니다. 외국인근로자는 유효한 여권과 사증을 가지고 대한민국에 입국해야 합니다.

외국인근로자는 대한민국에 입국한 후 15일 이내에 외국인 취업교육을 받아야 하며, 일반적으로 외국인 취업교육을 받을 때 건강진단을 함께 받게 됩니다. 외국인 취업교육을 이수한 외국인근로자는 사업장에 배치되어 근로를 시작합니다.

입국한 날부터 90일 이내에 체류지를 관할하는 지방출입국·외국인관서에 외국인등록을 해야 합니다.

2. 방문취업(H-2) 체류자격자 취업절차

2-1. 방문취업(H-2) 체류자격 외국인근로자의 취업절차

[1] 방문취업(H-2) 체류자격 외국인근로자의 취업 규모 및 업종

고용노동부는 매년 외국인근로자의 도입 규모 및 업종 등이 포함된 《외국인근로자 도입계획》을 관보, 일간신문 또는 인터넷을 통해 공표하고 있습니다(「외국인근로자의 고용 등에 관한 법률」 제5조 제1항 및 「외국인근로자의 고용 등에 관한 법률 시행령」 제3조).

[2] 외국인 취업교육 이수

방문취업(H-2) 사증을 발급받고 입국한 외국인근로자는 입국한 후 15일 이내에 한국산업인력공단 또는 국제노동협력원에서 실시하는 외국인 취업교육을 받아야 합니다(「외국인근로자의 고용 등에 관한 법률」 제12조 제2항 및 「외국인근로자의 고용 등에 관한 법률 시행규칙」 제10조).

[3] 건강진단

① 사용자는 근로자의 건강보호를 위해 일반건강진단 또는 특수건강진단 등을 실시하여야 하므로(「산업안전보건법」 제129조 및 제130조), 외국인근로자에게도 건강진단을 실시해야 합니다.

② 건강진단 불합격자는 2차 정밀검사를 실시하게 됩니다. 2차 정밀검사 결과가 확정될 때까지 지방출입국과 협의해서 격리수용 후, 이상이 없을 경우에는 사업장에 정상적으로 배치되나 부적격자로 확정될 경우 출국 조치됩니다.

[4] 구직 신청

① 취업교육을 이수한 외국인근로자는 외국인근로자구직신청서(「외국인근로자의 고용 등에 관한 법률 시행규칙」 별지 제9호서식)에 다음의 서류를 모두 첨부해서 소재지 관할 고용센터 소장에게 제출해야 합니다(「외국인근로자의 고용 등에 관한 법률」 제12조 제2항 및 「외국인근로자의 고용 등에 관한 법률 시행규칙」 제12조).

   1. 여권 사본

   2. 방문취업(H-2) 체류자격에 해당하는 사증 사본

② 구직 신청을 한 외국인근로자에 대한 명부는 한국산업인력공단이 작성·관리합니다(「외국인근로자의 고용 등에 관한 법률」 제12조 제2항 및 「외국인근로자의 고용 등에 관한 법률 시행령」 제31조 제2항 제5호).

[5] 근로계약 체결

① 표준계약서의 작성 등

   ⓐ 외국인구직자명부에 등록된 외국인근로자 중 대한민국의 사용자에 의해 선정된 외국인근로자는 그 사용자와 근로계약을 체결합니다. 이 때 근로계약은 표준근로계약서를 사용해서 이루어집니다(「외국인근로자의 고용 등에 관한 법률」 제9조 제1항).

② 근로계약의 체결은 사용자에 의해 한국산업인력공단이 대행할 수 있습니다(「외국인근로자의 고용 등에 관한 법률」 제9조 제2항).

③ 근로계약을 체결한 외국인근로자는 근로계약서 1부를 받습니다(「외국인근로자의 고용 등에 관한 법률 시행령」 제16조).

[6] 근로계약기간

① 외국인근로자와 사용자는 3년의 기간 내에서 당사자 간 합의에 따라 근로계약을 체결하거나 갱신할 수 있습니다(「외국인근로자의 고용 등에 관한 법률」 제9조 제3항, 제12조 제1항 및 제18조).

② 다만, 취업활동기간 3년이 만료되어 출국하기 전에 사용자가 고용노동부장관에게 재고용허가를 요청한 외국인근로자는 3년의 기간제한(「외국인근로자의 고용 등에 관한 법률」 제18조)에도 불구하고 한 차례만 2년 미만의 범위에서 취업활동기간을 연장받아, 연장된 취업활동기간의 범위에서 근로계약을 체결할 수 있습니다(「외국인근로자의 고용 등에 관한 법률」 제18조의2 제1항).

- 사용자가 재고용 허가를 받으려면 취업활동 기간 만료일까지의 근로계약 기간이 1개월 이상인 외국인근로자를 대상으로 해당 근로자의 취업활동 기간 만료일의 7일 전까지 다음의 서류를 소재지 관할 직업안정기관의 장에게 제출해야합니다. 이 경우 고용센터에서 행정정보의 공동이용을 통하여 사업자등록증을 확인하며, 신청인은 확인에 동의하지 않으면 사업자등록증 사본을 제출해야 합니다(「외국인근로자의 고용 등에 관한 법률 시행규칙」 제14조의2 제1항).

  ⅰ) 취업기간 만료자 취업활동기간 연장신청서(「외국인근로자의 고용 등에 관한 법률 시행규칙」 별지 제12호의3 서식)

  ⅱ) 외국인등록증 사본

  ⅲ) 여권 사본

  ⅳ) 표준근로계약서 사본

- 사용자는 외국인근로자가 사용자와 근로계약을 체결하기 직전에 다른 사업 또는 사업장에서 근로한 경우로서 「외국인근로자의 고용 등에 관한 법률」 제25조제1항제2호에 따른

휴업, 폐업 등의 사유로 사업 또는 사업장을 변경하여 사용자와 근로계약을 체결하게 된 경우에는 취업활동 기간 만료일까지의 근로계약 기간이 1개월 미만인 외국인근로자에 대해서도 같은 법 제18조의2에 따른 재고용 허가를 신청할 수 있습니다(「외국인근로자의 고용 등에 관한 법률 시행규칙」제14조의2 제2항).

- 취업활동기간 연장 신청을 받은 소재지관할 직업안정기관의 장은 연장신청서는 검토한 결과 해당요건을 충족하는 경우에는 신청서를 접수한 날부터 7일 이내에 취업기간 만료자 취업활동기간 연장 확인서(「외국인근로자의 고용 등에 관한 법률 시행규칙」 별지 제12호의4 서식)를 발급합니다(「외국인근로자의 고용 등에 관한 법률 시행규칙」 제14조의2 제3항).

③ 고용노동부장관은 감염병 확산, 천재지변 등의 사유로 외국인근로자의 입국과 출국이 어렵다고 인정되는 경우에는 외국인력정책위원회의 심의·의결을 거쳐 1년의 범위에서 취업활동 기간을 연장할 수 있습니다(「외국인근로자의 고용 등에 관한 법률」 제18조의2 제2항).

[7] 근로 시작

사용자와 근로계약을 체결한 외국인근로자는 사업장에 배치되어 근로를 시작하게 됩니다.

[8] 취업개시 신고(외국인등록사항 변경신고)

외국인등록을 한 외국인근로자가 최초로 고용되어 근로를 시작하는 경우에는 그 취업시작 사실(외국인등록사항 변경사실)을 근로시작일부터 15일 이내에 그 체류지를 관할하는 출입국·외국인청의 장(이하 "청장"이라 함), 출입국·외국인사무소의 장(이하 "사무소장"이라 함) 또는 출입국·외국인청 출장소의 장 또는 출입국·외국인사무소 출장소의 장(이하 "출장소장"이라 함)에게 신고해야 합니다(「출입국관리법」 제35조, 「출입국관리법 시행령」 제44조 제1항 및 「출입국관리법 시행규칙」 제49조의2 제4호).

[9] 체류기간 연장허가 신청

근로계약기간을 갱신하는 등의 이유로 체류기간을 초과해서 계속 체류하려는 경우에는 그 기간이 끝나기 전에 관할 청장·사무소장 또는 출장소장에게 체류기간 연장허가를 신청해야 합니다(「출입국관리법」 제25조 제1항 및 「출입국관리법 시행령」 제31조 제1항).

2-2. 취업 중인 방문취업 체류자격 외국인근로자가 사업장을 변경해서 취업하려는 경우의 절차

[1] 사업 또는 사업장 변경 신청

외국인근로자가 다음 중 어느 하나에 해당하는 경우가 발생해서 그 사업 또는 사업장에서 정상적인 근로관계를 지속하기 곤란한 경우에는 근로계약 종료 후 1개월 이내에 고용센터에 다른 사업 또는 사업장으로의 변경을 신청해야 합니다[「외국인근로자의 고용 등에 관한 법률」 제25조 제1항·제3항, 「외국인근로자의 고용 등에 관한 법률 시행령」 제30조 제1항 및 「외국인근로자의 책임이 아닌 사업장변경 사유」(고용노동부 고시 제2021-30호, 2021. 4. 1. 발령·시행)].

1. 사용자가 정당한 사유로 근로계약기간중 근로계약을 해지 하려거나 근로계약기간이 만료된 후 갱신을 거절하려는 경우

2. 사업 또는 사업장(이하 "사업장"이라 한다)의 휴업, 폐업 등으로 근로를 계속할 수 없게 되었다고 인정되는 경우

3. 사용자의 근로조건 위반 또는 부당한 처우 등으로 근로를 계속할 수 없게 되었다고 인정되는 경우

4. 상해 등으로 외국인근로자가 해당 사업 또는 사업장에서 계속 근무하기는 부적합하나 다른 사업 또는 사업장에서의 근무는 가능하다고 인정되는 경우

[2] 근무처 변경신고(외국인등록사항 변경신고)

외국인등록을 한 외국인근로자가 취업 중이던 사업 또는 사업장을 변경(명칭변경을 포함)하는 경우에는 그 소속 근무처의 변경사실(외국인등록사항 변경사실)을 근무처 변경일부터 15일 이내에 그 체류지를 관할하는 청장·사무소장 또는 출장소장에게 신고해야 합니다[「출입국관리법」 제35조, 「출입국관리법 시행령」 제44조 제1항

및 「출입국관리법 시행규칙」 제49조의2 제5호).

[3] 사업 또는 사업장 변경의 제한

① 외국인근로자의 사업 또는 사업장 변경은 입국한 날부터 3년의 기간(「외국인근로자의 고용 등에 관한 법률」 제18조) 중에는 원칙적으로 3회를 초과할 수 없습니다(「외국인근로자의 고용 등에 관한 법률」 제25조 제4항).

② 취업활동기간 3년이 만료되어 출국하기 전, 사용자의 재고용허가 요청에 의해 취업활동기간이 연장된 외국인근로자의 경우(「외국인근로자의 고용 등에 관한 법률」 제18조의2 제1항), 연장된 기간 중 사업 또는 사업장 변경은 2회를 초과할 수 없습니다(「외국인근로자의 고용 등에 관한 법률」 제25조 제4항).

③ 휴업, 폐업, 그 밖에 외국인근로자의 책임이 아닌 사유로 그 사업장에서 근로를 계속할 수 없게 되었다고 인정되는 경우는 위의 변경 횟수의 제한을 받지 않습니다(「외국인근로자의 고용 등에 관한 법률」 제25조 제1항 제2호 및 제4항).

[4] 체류지 변경신고

사업장이 변경됨으로써 외국인근로자의 체류지도 함께 변경되는 경우 그 외국인근로자는 새로운 체류지로 전입한 날부터 15일 이내에 새로운 체류지를 관할하는 시·군·구 또는 읍·면·동의 장이나 새로운 체류지 관할 청장·사무소장 또는 출장소장에게 전입신고를 해야 합니다(「출입국관리법」 제36조 제1항).

[5] 그 밖의 절차

사업 또는 사업장의 변경을 신청한 외국인근로자는 다른 사용자와 근로계약을 체결하고 근로를 시작하게 됩니다.

■ 외국인근로자가 방문취업(H-2) 체류자격으로 대한민국에서 취업하려면 어떤 절차를 거쳐야 하나요?

Q. 외국인근로자가 방문취업(H-2) 체류자격으로 대한민국에서 취업하려면 어떤 절차를 거쳐야 하나요?

A. 방문취업(H-2) 체류자격자는 취업을 위해 외국인등록을 해야 하며, 절차는 ① 외국인 취업교육 이수, ② 구직 신청, ③ 근로계약 체결, ④ 외국인등록, ⑤ 근로 시작 등의 순서로 이루어집니다.

방문취업(H-2) 사증을 발급받고 입국한 외국인근로자로서 대한민국에서 취업하고자 하는 자는 외국인 취업교육을 받아야 하며, 일반적으로 외국인 취업교육을 받을 때 건강진단을 함께 받게 됩니다.

취업교육을 이수한 외국인근로자는 관할 고용지원센터에 구직신청을 하여 외국인구직자명부에 등록되어야 취업할 수 있습니다. 외국인구직자명부에 등록된 외국인근로자 중 대한민국의 사용자에 의해 선정된 외국인근로자는 표준근로계약서로 근로계약을 체결하고 근로계약서 1부를 받습니다. 근로계약을 체결한 외국인근로자는 사업장에 배치되어 근로를 시작합니다.

외국인근로자는 입국한 날부터 90일 이내에 체류지를 관할하는 지방출입국·외국인관서에 외국인등록을 해야 합니다. 외국인등록을 한 외국인근로자가 최초로 고용되어 근로를 시작하는 경우에는 그 취업시작 사실을 근로시작일부터 15일 이내에 체류지를 관할하는 청장·사무소장 또는 출장소장에게 신고해야 합니다.

■ 전산추첨이 없이 국내에서 방문취업 자격으로 변경하되 이런 분들은 하반년 전산추첨에서 참여할 수 있는지요?

Q. 저는 7월 12일 부터는 단기사증으로 입국하거나 입국 예정인 동포들이 기술연수를 받을 경우 누구든지 1년간 체류할 수 있도록 일반연수(D4)자격으로 변경해 주고, 이런 분들이 기술연수를 정상적으로 마친 사람들에 대해서는 전산추첨이 없이 국내에서 방문취업 자격으로 변경하되 궁금한 것은 이런 분들은 하반년 전산추첨에서 참여할 수 있는지요? 그리고 하반년 전산추첨은 언제쯤 하시는지요?. 그리고 연수를 하는 외에 취업도 가능하다고 했는데 외국인 등록증도 주시나요? 처음 고향을 떠나 이국 타향으로 거서 잘살아 보려는 신념으로 취업을 하려고 하는 것은 또 산너머 산이네요, 방문취업제를 시행함으로써 불필요한 비용도 들이지 않고도 국내에 입국하여 취업할 수 있는 기회라고 했는데 연수비용 및 채재비용도 큰 부담이라고 생각합니다. 취업은 자체로 해결해야 하나요? 아니면 정부에서 해결해 주나요? 취업도 하면서 기술연수도 어떻게 시행하나요?

A. 추첨탈락자 대상으로 발급하는 단기사증(C-3) 발급받은 사람도 자동으로 추첨 명단에 포함됩니다. 또는 C-3 에서 D-4(기술연수) 자격으로 변경 받은 경우 취업을 하시면 안 됨을 주의하셔야 합니다. 향후에 기술연수연수 후 H-2 자격으로 변경 될 경우 그 때는 취업이 가능합니다. 출입국 업무에 더 궁금한 점이 있으시면, 외국인종합안내센터(국번없이 1345)로 문의하시면 자세한 안내를 받으실 수 있습니다.

■ 재외동포 자격변경 절차는 어떻게 해야 하나요?

Q. 재외동포(F-4) 자격 체류관리 절차에서 방문취업자격(H-2)소지자 중 농축산업이나 지방소재 제조업에서 2년 이상(2021. 7.31.까지는 1년 이상) 근속한 사람은 재외동포자격(F-4)을 부여한다고 규정하고 있습니다. 자격을 부여받기 위한 제출서류로는 최근 2년간 해당업종 계속 고용관계 증명서류(근로자 원천징수영수증)과 해당 업체의 사업자등록사본을 요구하고 있습니다. 그러나 대부분의 지방소재 제조업체들은 4대 보험의무 등 복잡한 문제를 회피하기 위해서 외부용역업체에 아웃소싱을 줘서 비정규직으로 고용업무를 처리하고 있으며 용역업체들은 외국근로자들을 일용근로자로 처리해서 원천징수를 하지 않고 있는 실정입니다. 서로 책임을 전가하며 필요한 서류를 떼어주지 않으려 합니다. 따라서 정부의 방침만 믿고 2년 이상 박봉과 열악한 환경에 시달리며 지방제조업에 근무하며 국익에 기여한 외국인근로자들은 재외동포(F-4) 자격부여에 필요한 지방소재 제조업에 종사하였다는 고용관계서류(근로자원천징수영수증과 사업자등록증사본)를 징구할 수가 없습니다. 이럴 경우 어떻게 해야 하는지요? 어떠한 서류를 대신 제출하면 되는지요?

A. 귀하의 질의 내용은 재외동포 자격변경 절차에 대해 문의하신 것으로 이해됩니다.

방문취업자격자는 고용부의 특례고용가능확인서를 발급 받은 제조업, 농축산업, 어업분야 업체에서 고용계약을 한 후 취업개시일로 부터 14일 이내에 관할 출입국관리사무소에 취업개시 신고를 한 후 2년 후에 재외동포 자격변경 신청이 가능함을 알려드립니다.

방문취업 자격소지자는 고용부에서 허가한 특례고용가능확인서를 발급 받은 업체에서만 취업이 가능하며, 고용주도 외국인 고용절차를 따라야 하며, 외국인도 취업절차에 따라 취업을 하여야 합니다. 만약 업체에서 계약을 하지 않는다면 고용부 등에 신고를 하던가 허가를 받은 업체를 선택하여 취업을 하여야 할 것입니다.

■ 방문취업 자격소지자의 취업교육관련한 문의합니다.

Q. 저는 H-2 5년 비자입니다. 12월말이면 3년이라서 출국하여 다시 재입국해야 하는데 소문에 3일 교육을 받고 들어가야 된다는 말이 있어 문의합니다.

A. 귀하의 질의 내용은 취업교육에 대해 문의하신 것으로 이해됩니다.

방문취업 자격소지자가 국내에서 취업을 원하는 경우는 취업교육 후 구직등록을 한 후 특례고용가능확인서를 발급 받은 업체에서 취업할 수 있으며, 5년 유효기간의 방문취업 자격을 소지하고 있는 동포는 취업 중이라면 고용주가 재고용확인서를 고용부에서 발급 받으면 출국하지 않고 국내에서 체류기간 연장을 받을 수 있으나, 재고용을 하지 못한 경우는 출국 후 바로 입국할 수 있음을 안내드립니다. 또한 3년 만기 후 취업교육을 받은 제도는 없음을 안내드립니다.

■ C-3로 교육받고 H-2변경되어 근로하였고, 내년 10월이면 3년만기 됩니다. 내년에 재고용신청은 어떻게 하는지요?

Q. 저는 중국교포입니다. C-3로 교육받고 H-2변경되어 근로하였고, 내년 10월이면 3년 만기됩니다. 내년에 재고용신청은 어떻게 하는지요?

A. 귀하께서 상담을 요청하신 내용에 대하여 다음과 같이 답변 드립니다.

1) 「외국인근로자의 고용 등에 관한 법률」에 따라 외국인 근로자는 입국한 날부터 3년의 범위에서 취업활동을 할 수 있으며,(제18조 제1항)

　- 단, 3년의 취업기간이 만료되는 외국인 근로자에 대해 사용자의 재고용 허가 요청이 있는 경우, 해당 외국인근로자를 출국하지 않고 1회에 한정하여 2년 미만(1년 10개월)의 범위에서 취업활동기간 연장 가능합니다.

2) 특례고용가능확인을 받은 사용자에게 고용된 외국인 근로자(H-2)로서 취업활동 기간 3년이 만료되어 출국하기 전에 사용자가 재고용 허가를 요청한 근로자는 재고용 신청 대상이 됩니다.

　- 사용자가 재고용신청을 관할 고용센터에 방문하여 신청하여야 하며, 재고용 신청가능기간은 취업활동기간만료 1개월 전부터 취업활동 기간 만료 7일전까지 신청 가능합니다.

따라서, 귀하가 근로하는 해당 사업장의 사용자는 재고용 허가 신청서류는 아래 사항을 작성하여 관할 고용센터에 제출하여야 합니다.

① 취업기간 만료자 취업활동 기간 연장신청서(별지 제12호의3 서식)

② 사업자 등록증 사본 / 외국인 등록증 사본 / 여권 사본 / 표준근로계약서 사본

3) 참고로 출입국관리사무소에 체류기간연장허가 신청은 외국인 근로자가 직접 하거나 사업주가 대리 신고하여도 되며, 이때는 고용센터에서 발급하는 「취업기간 만료자 취업활동기간연장확인서」 및 「고용허가서」를 발급(표준근로계약서 포함)받은 서류를 첨부하여 법무부에 체류기간연장허가를 신청하여야 하며, 자세한 사항은 출입국관리사무소로 문의하여 처리하면 될 것으로 사료됩니다.

*고용노동부 고객상담센터 연락처 1350(09:00~18:00)으로 상담 받을 수 있습니다.

■ 노동계약을 미체결한 상태일 경우 체류연장 전에 고용안정센터에 가서 등록을 하여야 하는지요? 제출하는 서류는 어떤 것인지요?

Q. 저는 H-2비자로 중국에서온 동포입니다. 한국에 입국된 후 교육을 받아 한국산업인력공단인증서를 받았으며 학습 3일시 교육장소에서 고용노동부에 취업신청서를 제출하였습니다. 요즘 소문에 의하면 "노동계약서를 체결하지 않는 자는 3개월 1번씩 고용노동부고용안정센터에 취업신청서를 체출하여야 하며 그러지 않을 시는 1년 체류연장을 하지 않는다"는 소문을 들었습니다. 혹시 이 소문도 정확한 것인지요? 저도 아직 노동계약을 미체결한 상태임으로 체류연장 전에 소속된 고용노동부고용안정센터에 가서 등록을 하여야 하는지요? 제출하는 서류는 어떤 것인지요?

A. 귀하가 질의하신 사항에 관해 답변 드리겠습니다.

○ 방문취업사증(H-2)으로 입국한 외국국적동포가 처음 입국시 교육기관(한국산업인력공단)에서 외국인취업교육을 사전에 이수하였다면 다시 교육을 받을 필요가 없습니다.

○ 귀 질의서에 기재된 "노동계약서를 체결하지 않는 자는 3개월 1번씩 고용안정센터에 취업신청서를 체출하여야 하며, 그러지 않을 시는 1년 체류연장을 하지 않는다"는 소문에 대하여 고용지원센터에 확인한 바 그런 사실이 없다고 하므로 참고하시고, 혹여 법무부 출입구관리사무소에 체류 연장과 관련한 내용이 있는지 문의하시기 바랍니다.

Part 3. 외국인근로자 준수사항

1. 보험가입 의무

1-1. 귀국비용보험·신탁 가입

[1] "귀국비용보험·신탁"이란?

외국인근로자 체류기간 만료 시 출국을 유도하여 불법체류를 방지하고 귀국 시 필요한 비용에 충당하기 위해 외국인근로자가 가입해야 하는 보험 또는 신탁을 말합니다.

[2] 가입 대상자

비전문취업(E-9) 또는 방문취업(H-2) 체류자격을 가진 외국인근로자로서 대한민국에 취업한 자는 모두 귀국비용보험 등의 가입 대상이 됩니다(「외국인근로자의 고용 등에 관한 법률」 제15조 제1항).

[3] 가입 기간

① 근로계약의 효력발생일부터 3개월 이내에 귀국비용보험 등에 가입해야 합니다(「외국인근로자의 고용 등에 관한 법률 시행령」 제22조 제1항).

② "근로계약 효력발생일"이란?
  - 비전문취업(E-9) 외국인근로자 : 입국일
  - 방문취업(H-2) 외국인근로자 : 근로계약서의 근로시작일
  - 입국한 외국인근로자로서 사업장 변경을 한 경우 : 근로계약서의 근로시작일

[4] 납입 보험료

외국인근로자는 아래의 국가별 납부금액을 일시금 또는 3회 이내로 나누어 납입해야 합니다[「외국인근로자의 고용 등에 관한 법률 시행령」 제22조 제1항 제1호·제3항 및 「외국인근로자 귀국비용보험·신탁의 국가별납부금액」(노동부고시 제200 4-28호, 2004. 8. 11. 발령·시행)].

구분	국가(외국인근로자 국적)	납부금액
제1군	중국, 필리핀, 인도네시아, 태국, 베트남	40만원
제2군	몽골 및 그 밖의 국가	50만원
제3군	스리랑카	60만원

※ 위 제1군부터 제3군까지의 국가 이외의 국가 출신 외국인근로자의 귀국비용 보험·신탁 납부금액은 50만원입니다.

[5] 보험금 지급사유

① 외국인근로자는 다음의 어느 하나에 해당하는 사유가 발생하면 귀국비용보험 등의 일시금의 지급을 신청할 수 있습니다(「외국인근로자의 고용 등에 관한 법률 시행령」 제22조 제2항).

   1. 체류기간이 만료되어 출국하려는 경우

   2. 개인사정으로 체류기간의 만료 전에 출국(일시적 출국은 제외)하려는 경우

   3. 사업 또는 사업장에서 이탈하였던 외국인근로자가 자진출국하려거나 강제 퇴거되는 경우

② 보험사업자는 귀국비용보험 등의 일시금 신청을 받으면 관할 출입국·외국인청의 장 또는 출입국·외국인사무소의 장에게 그 외국인근로자의 출국사실 여부를 확인한 후 귀국비용보험 등의 일시금을 지급해야 합니다(「외국인근로자의 고용 등에 관한 법률 시행령」 제22조 제1항 제3호).

③ 귀국비용보험 등의 보험금 청구는 지급사유가 발생한 날부터 3년 이내에 행사해야 합니다. 3년 이내에 청구하지 않으면 소멸시효가 완성되며, 소멸시효가 완성된 보험금 등은 한국산업인력공단으로 이전됩니다(「외국인근로자의 고용 등에 관한 법률」 제13조 제4항 및 제15조 제3항).

[6] 위반시 제재

외국인근로자가 귀국비용보험 등에 가입하지 않으면 500만원 이하의 과태료가 부과됩니다(「외국인근로자의 고용 등에 관한 법률」 제32조 제1항 제6호, 「외국인근로자의 고용 등에 관한 법률 시행령」 제32조 및 별표 제2호바목).

1-2. 상해보험 가입

[1] "상해보험"이란?

① 외국인근로자가 업무상 재해 이외의 질병·사망 등에 대비해서 가입해야 하는 보험을 말합니다. 외국인근로자는 사용자의 산업재해보상보험 가입 여부와 관계없이 상해보험을 의무적으로 가입해야 합니다.

② 상해보험에서는 업무상 재해 이외의 상해 또는 질병사고를 보상하므로 산업재해에 해당될 경우에는 산업재해보상보험에 따라 보상을 받습니다. 따라서, 산업재해로 보상을 받은 후 추가로 상해보험에서 보상받을 수는 없습니다.

[2] 가입 대상자

비전문취업(E-9) 또는 방문취업(H-2) 체류자격을 가진 외국인근로자로서 대한민국에 취업한 자는 모두 상해보험의 가입 대상이 됩니다(「외국인근로자의 고용 등에 관한 법률」 제23조 제2항 및 「외국인근로자의 고용 등에 관한 법률 시행령」 제28조 제1항).

[3] 가입 기간

① 근로계약의 효력발생일부터 15일 이내에 상해보험에 가입해야 합니다(「외국인근로자의 고용 등에 관한 법률 시행령」 제28조 제2항).

② "근로계약 효력발생일"이란?
   - 비전문취업(E-9) 외국인근로자 : 입국일
   - 방문취업(H-2) 외국인근로자 : 근로계약서의 근로시작일
   - 입국한 외국인근로자로서 사업장 변경을 한 경우 : 근로계약서의 근로시작일

[4] 보험금

납입 보험료는 외국인근로자의 연령, 성별, 보험기간에 따라 다릅니다.

[5] 보험금 지급사유

외국인근로자가 사망하거나 질병 등이 발생한 경우 본인 또는 유족이 보험회사에 상해보험의 보험금액을 청구할 수 있습니다(「외국인근로자의 고용 등에 관한 법률 시행령」 제28조 제2항 제2호).

[6] 위반시 제재

외국인근로자가 상해보험에 가입하지 않으면 500만원 이하의 벌금에 처해집니다(「외국인근로자의 고용 등에 관한 법률」 제30조 제2호).

1-3. 출국만기보험금 및 임금체불 보증보험금의 수령

[1] 출국만기보험·신탁금의 지급 신청

① 외국인근로자가 계속하여 1년 이상을 근무하고 출국(일시적 출국 제외) 또는 사망하거나 체류자격이 변경된 경우 등에는 적립된 금액을 일시금으로 청구할 수 있습니다(「외국인근로자의 고용 등에 관한 법률 시행령」 제21조 제2항 제2호 본문).

② 만약, 외국인근로자가 근무기간이 1년 미만인 경우에는 그 일시금을 사용자가 받게 됩니다(「외국인근로자의 고용 등에 관한 법률 시행령」 제21조 제2항 제2호 단서).

③ 출국만기보험·신탁 일시금은 사용자가 매월 납입한 보험료의 적립금입니다. 다만, 사용자는 외국인근로자의 근로관계가 종료되거나 체류자격이 변경된 경우 출국만기보험등의 일시금의 금액이 퇴직금의 금액보다 적은 경우에는 그 차액을 외국인근로자에게 지급해야 합니다(「외국인근로자의 고용 등에 관한 법률 시행령」 제21조 제3항).

④ 출국만기보험 등의 지급시기는 피보험자 등이 출국한 때부터 14일(체류자격의 변경, 사망 등에 따라 신청하거나 출국일 이후에 신청하는 경우에는 신청일부터 14일) 이내로 합니다(「외국인근로자의 고용 등에 관한 법률」 제13조 제3항).

⑤ 출국만기보험 등의 보험금 청구는 지급사유가 발생한 날부터 3년이내에 행사해야 합니다. 3년 이내에 청구하지 않으면 소멸시효가 완성되며, 소멸시효가 완성된 보험금 등은 한국산업인력공단으로 이전됩니다(「외국인근로자의 고용 등에 관한 법률」 제13조 제4항).

[2] 임금체불 보증보험금의 지급 신청

① ⓐ「임금채권보장법」이 적용되지 않거나 ⓑ 상시 300명 미만의 근로자를 사용하는 사업 또는 사업장[방문취업(H-2) 체류자격을 가진 외국인근로자를 고용한 건설업의 경우는 제외]에서 임금체불 사실이 발생한 경우 외국인근로자는 먼저 고용노동부 지방고용노동청 근로감독과 또는 고용센터에 임금체불 사실을 신고해야 합니다. 임금체불사실이 확인될 경우 한국산업인력공단에 보험금 신청을 할 수 있습니다.

② 사용자의 임금체불금액이 보증금액 한도(200만원)를 초과하더라도 그 보증금액 한도 내에서 체불임금을 받을 수 있으며, 나머지 임금체불금액에 대해서는 사용자에게 직접 청구하거나 고용노동부 근로감독과로 문의하면 됩니다.

■ 외국인근로자가 이탈시 퇴직금을 어떻게 처리해야 하나요?

Q. 저는 회사에서 외국인근로자를 담당하고 있습니다. 다름이 아니라 2023년 9월에 입사하여 일을 하고 있다가 올해 2024년 11월 18일에 사업장이탈을 하여 연락이 두절된 상태입니다. 현재 고용지원센터와 출입국사무소에 이탈신고를 한 상태입니다. 상기의 근로자는 1년 경과하여 근무를 하였기 때문에 퇴직금이 발생하는데, 근로자가 사업장을 이탈하여 연락이 되지않는 상태에서 퇴직금과 임금을 정산하여 급여통장으로 입금을 해주어야 되는지요? 아울러 외국인근로자 가입보험인 '출국만기보험'의 보험금은 당사로 수령신청을 하여야 하는지도 알고 싶습니다.

A. 외국인고용등에관한법률시행령 제21조에 의하면, 퇴직금지급대상이 되더라고 사업장을 이탈한 경우 출국만기보험은 사용자에게 귀속됩니다.

다만, 불법체류 외국인근로자라하더라도 출입국관리법 위반에 따른 처벌과는 별도로 노동관계법에 의해 보호를 받으므로, 해당 근로자가 근로자퇴직급여보장법 제8조의 퇴직금 지급대상이라면 퇴직일로부터 14일이내 퇴직금을 지급하지 아니한 경우, 근로자퇴직급여보장법 위반에 해당됨을 알려드립니다.

2. 「출입국관리법」의 준수사항

2-1. 외국인등록 등

[1] 외국인등록

① 외국인근로자는 입국한 날부터 90일 이내에 그 체류지를 관할하는 출입국·외국인청의 장(이하 "청장"이라 함), 출입국·외국인사무소의 장(이하 "사무소장"이라 함), 출입국·외국인청 출장소의 장 또는 출입국·외국인사무소 출장소의 장(이하 "출장소장"이라 함)에게 외국인등록을 해야 합니다(「출입국관리법」 제31조 및 「출입국관리법 시행령」 제40조).

② 이를 위반하면 1년 이하의 징역 또는 1천만원 이하의 벌금에 처해집니다(「출입국관리법」 제95조 제7호).

[2] 외국인등록사항의 변경

① 외국인 등록 후 다음 중 어느 하나에 해당하는 사항이 변경된 경우에는 15일 이내에 그 체류지를 관할하는 청장·사무소장 또는 출장소장에게 신고해야 합니다(「출입국관리법」 제35조, 「출입국관리법 시행령」 제44조 및 「출입국관리법 시행규칙」 제49조의2).

1. 성명, 성별, 생년월일 및 국적

2. 여권의 번호, 발급일자 및 유효기간

3. 방문취업(H-2)의 자격에 해당하는 자로서 개인, 기관, 단체 또는 업체에 최초로 고용된 경우에는 그 취업개시 사실

4. 방문취업(H-2)의 자격에 해당하는 자로서 개인, 기관, 단체 또는 업체에 이미 고용되어 있는 경우에는 그 개인, 기관, 단체 또는 업체의 변경(명칭변경을 포함)

② 이를 위반하면 10만원 이상 100만원의 이하의 과태료가 부과됨

니다(「출입국관리법」 제100조 제2항 제1호, 「출입국관리법 시행령」 제102조 제1항 및 별표 2 제5호).

[3] 생체정보의 제공 등

① 외국인등록을 하여야 하는 사람이거나 국내거소신고를 하려는 사람으로 17세 이상인 사람은 외국인등록 또는 국내거소신고를 하는 때에 출입국관리공무원이 지정하는 정보화기기를 통하여 양쪽 모든 손가락의 지문 및 얼굴에 관한 정보를 제공하여야 합니다. 다만, 17세가 되기 전에 외국인등록 또는 국내거소신고를 한 사람은 17세가 된 날부터 90일 이내에 지문 및 얼굴에 관한 정보를 제공하여야 합니다(「출입국관리법」 제38조 제1항 제1호, 「출입국관리법 시행규칙」 제50조 제1호).

② 생체정보의 제공을 거부하는 외국인에게는 청장·사무소장 또는 출장소장이 체류기간 연장허가 등 「출입국관리법」에 따른 허가를 하지 않을 수 있습니다(「출입국관리법」 제38조 제2항).

2-2. 체류기간 연장허가

① 비전문취업(E-9) 또는 방문취업(H-2) 체류자격 외국인근로자는 3년의 범위에서 체류기간을 부여받습니다(「출입국관리법 시행규칙」 제18조의3 및 별표 1). 외국인근로자가 부여받은 체류기간을 초과하여 계속 체류하려는 경우에는, 그 체류기간이 끝나기 전에 청장·사무소장 또는 출장소장에게 체류기간 연장허가를 신청해야 합니다(「출입국관리법」 제25조 제1항 및 「출입국관리법 시행령」 제31조 제1항).

② 이를 위반하면 3년 이하의 징역 또는 3천만원 이하의 벌금에 처해집니다(「출입국관리법」 제94조 제17호).

2-3. 근무처 변경·추가허가 및 신고

[1] 근무처 변경·추가허가

① 대한민국에 체류하는 외국인근로자가 그 체류자격의 범위에서 그의 근무처를 변경하거나 추가하려는 경우에는 「출입국관리법 시행령」 제26조에 따라 미리 법무부장관의 허가를 합니다(「출입국관리법」 제21조제1항 본문).

② 근무처 변경·추가허가를 받으려는 사람은 근무처 변경·추가 허가 신청서에 체류자격별 해당서류(「출입국관리법 시행규칙」 별표5의 2)를 첨부해서 그 체류지를 관할하는 청장·사무소장 또는 출장소장에게 제출해야 합니다(「출입국관리법 시행령」 제26조 제1항).

[2] 근무처 변경·추가 신고

① 전문적인 지식·기술 또는 기능을 가진 사람으로 다음의 자격요건에 해당하는 사람은 근무처를 변경하거나 추가한 날부터 15일 이내에 「출입국관리법 시행령」 제26조의2에 따라 법무부장관에게 신고하면 됩니다[「출입국관리법」 제21조 제1항 단서, 「출입국관리법 시행령」 제26조의2 제1항 및 「출입국관리법시행령 제26조의2 제1항에 따라 신고만으로 근무처 변경·추가를 할 수 있는 외국인의 요건」(법무부고시 제2020-2   12호, 2020. 6. 22. 발령·시행)].

1. 자격요건

 - 교수(E-1), 회화지도(E-2), 연구(E-3), 기술지도(E-4), 전문직업(E-5), 예술흥행(E-6), 특정활동(E-7) 자격으로 외국인 등록을 하고 체류 중이어야 함

 - 변경·추가되는 근무처에서 활동하는데 필요한 자격요건을 구비하고 있어야 함(예: E-2 자격 원어민 영어보조교사가 사설외

국어학원에서 활동하려면 대학졸업 및 학사학위 이상의 요건을 갖추어야 함)

2. 적용제외대상
   - 예술흥행(E-6) 체류자격자 중 「관광진흥법」에 따른 호텔업시설, 유흥업소 등에서 공연활동에 종사하는 자(E-6-2)
   - 특정활동(E-7)자격자 중 고용업체별 허용인원 제한 등이 있어 사전관리가 필요한 다음 직종 종사자: 기계공학기술자(2351), 제도사(2395), 해외영업원(2742) 중 해외 온라인상품판매원, 디자이너(285), 판매사무원(31215), 주방장 및 조리사(441), 고객상담사무원(3991), 호텔접수사무원(3922), 의료코디네이터(S3922), 양식기술자(6301), 조선용접공(7430), 숙련기능 점수제 종사자[뿌리산업체 숙련기능공(S740), 농림축산어업 숙련기능인(S610), 일반 제조업체 및 건설업체 숙련기능공(S700)]
   - 자격요건을 갖추었더라도 본인 귀책사유로 해고 또는 중도 퇴직한 자로서 원 고용주의 이적 동의를 받지 못한 자

② 근무처의 변경·추가 신고를 하려는 사람은 근무처 변경·추가 신고서에 체류자격별 해당서류(「출입국관리법 시행규칙」 별표 5의2)를 첨부해서 그 체류지를 관할하는 청장·사무소장 또는 출장소장에게 제출해야 합니다(「출입국관리법 시행령」 제26조의2 제2항).

2-4. 체류지 변경신고

① 외국인 등록을 한 외국인근로자가 그 체류지를 변경하는 경우 체류지 변경신고서에 법무부령으로 정하는 서류를 첨부하여 새로운 체류지로 전입한 날부터 15일 이내에 새로운 체류지를 관할하는 시·군·구 또는 읍·면·동의 장이나 청장·사무소장 또는 출장소장에게 전입신고를 해야 합니다(「출입국관리법」 제36조 제1항 및 「출입국관리법 시행령」 제45조 제1항).

② 이를 위반하면 100만원 이하의 벌금에 처해집니다(「출입국관리법」 제98조 제2호).

2-5. 여권과 외국인등록증의 휴대

① 대한민국에 체류하는 외국인근로자는 항상 여권과 외국인등록증을 지니고 있어야 하며, 출입국관리공무원 또는 권한 있는 공무원이 여권 등의 제시를 요구할 경우에는 요구에 응해야 합니다 (「출입국관리법」 제27조).

② 이를 위반하면 100만원 이하의 벌금에 처해집니다(「출입국관리법」 제98조 제1호).

Part 4. 외국인근로자 취업 지원 및 제한

1. 고충상담 및 처리 지원

1-1. 고충상담 및 처리 지원

[1] 임금 및 근로기준 관련 사항

다음 예시와 같은 경우가 발생하면 취업 중인 사업장을 관할하는 지방고용노동청[고용노동부에서 각 지방고용노동청 사이트 연결] 근로감독과와 상의합니다.

1. 임금 및 퇴직금을 받지 못했을 경우

2. 사용자 또는 관리자로부터 폭행을 당했을 경우

3. 장시간 근로를 당하거나 본인의 의사와 무관한 강제 근로를 당했을 경우

[2] 산업안전 관련 사항

사업장 내에서 안전과 보건 등이 지켜지지 않을 경우 취업 중인 사업장을 관할하는 지방고용노동청 산업안전과와 상의합니다.

[3] 고용 관련 사항

다음 예시와 같은 경우가 발생하면 취업 중인 사업장을 관할하는 고용센터와 상의합니다.

1. 사업장 변경 및 취업알선에 관한 상담이 필요한 경우

2. 취업확인서 발급 등 체류 중에 필요한 각종 증명서류 등의 발급이 필요한 경우

3. 그 밖에 취업기간 중의 고충 상담이 필요한 경우

[4] 언어 지원 등에 관한 사항

다음 예시와 같은 경우가 발생하면 고용노동부 고객만족센터 (tel:1350) 또는 외국인력정책과와 상의합니다.

1. 외국인근로자의 해당 언어를 통한 상담 및 안내 지원이 필요한 경우

2. 각종 민원상담 및 고충처리 기관 안내가 필요한 경우

[5] 체류 관련 사항

다음 예시와 같은 경우가 발생하면 출입국·외국인정책본부와 상의합니다.

1. 외국인등록증 발급, 체류기간 연장, 근무처 변경허가 등 체류 관련 사항에 관한 상담이 필요한 경우

2. 출입국 또는 체류과정에서 부당한 대우를 받았거나 받을 우려가 있는 경우

[6] 산업재해보상 관련 사항

산업재해(업무상 부상이나 질병, 장해 또는 사망)로 인해 산업재해보상 신청 및 요양 신청 등을 해야 하는 경우가 발생하면 근로복지공단(tel: 1588-0075)과 상의합니다.

[7] 각종 범죄 관련 사항

취업기간 동안 각종 범죄 피해를 당하거나 부당한 대우를 받은 경우에는 경찰서(Tel: 112)를 이용합니다.

2. 취업 기간 및 사업장 제한

2-1. 취업 기간의 제한 및 특례

[1] 원칙

① 외국인근로자는 입국한 날부터 3년의 범위에서 취업활동을 할 수 있습니다(「외국인근로자의 고용 등에 관한 법률」 제18조).

② 비전문취업(E-9) 체류자격을 가진 외국인근로자의 경우 3년의 취업기간이 만료해서 출국한 경우에는 6개월이 지나야 다시 대한민국에 취업할 수 있습니다(「외국인근로자의 고용 등에 관한 법률」 제18조의3).

[2] 기간 제한의 특례

취업활동기간 3년이 만료되어 출국하기 전에 사용자가 고용노동부장관에게 재고용허가를 요청한 외국인근로자는, 3년의 기간 제한에도 불구하고 1회에 한해서 2년 미만의 범위에서 취업활동기간을 연장받아, 연장된 취업활동기간의 범위에서 근로계약을 체결할 수 있습니다(「외국인근로자의 고용 등에 관한 법률」 제18조의2 제1항).

2-2. 사업 또는 사업장 변경의 제한 및 허용

[1] 원칙

비전문취업(E-9) 체류자격을 가진 외국인근로자는 최초로 근로를 시작한 사업장에서 계속 근무해야 하며, 정당한 사유 없이 최초 근로를 시작한 사업장을 이탈해서 다른 사업장에서 근로해서는 안됩니다.

[2] 사업 또는 사업장 변경의 허용

① 사업장 변경 사유

외국인근로자가 다음 중 어느 하나에 해당하는 경우가 발생해서 그 사업 또는 사업장에서 정상적인 근로관계를 지속하기 곤란한 경우에는 근로계약 종료 후 1개월 이내에 고용센터에 다른 사업 또는 사업장으로의 변경을 신청해야 합니다[「외국인근로자의 고용 등에 관한 법률」 제25조 제1항·제3항, 「외국인근로자의 고용 등에 관한 법률 시행령」 제30조 제1항 및 「외국인근로자의 책임이 아닌 사업장변경 사유」 (고용노동부 고시 제2021-30호, 2021. 4. 1. 발령·시행)].

1. 사용자가 정당한 사유로 근로계약기간 중 근로계약을 해지하려거나 근로계약이 만료된 후 갱신을 거절하려는 경우
2. 사업 또는 사업장의 휴업, 폐업 등으로 근로를 계속할 수 없게 되었다고 인정되는 경우
3. 사용자의 근로조건 위반 또는 부당한 처우 등으로 근로를 계속할 수 없게 되었다고 인정되는 경우
4. 상해 등으로 외국인근로자가 해당 사업 또는 사업장에서 계속 근무하기는 부적합하나 다른 사업 또는 사업장에서의 근무는 가능하다고 인정되는 경우

② 사업장 변경 신청

ⓐ 외국인근로자가 위의 사유에 해당되어 사업 또는 사업장을 변경하려는 경우에는 근로계약 종료 후 1개월 이내에 사업장변경신청서(「외국인근로자의 고용 등에 관한 법률 시행규칙」 별지 제13호서식 또는 「외국인근로자의 고용 등에 관한 법률 시행규칙」 별지 제13호의2서식)에 다음 서류를 첨부해서 사업장의 소재지를 관할하는 고용센터 소장에게 제출해야 합니다(「외국인근로자의 고용 등에 관한 법률」 제25조 제3항 및 「외국인근로자의 고용 등에 관한 법률 시행규칙」 제16조).

1. 여권사본(외국인등록사실증명을 확인할 수 없는 경우만 해당)
2. 사업장 변경사유에 해당함을 증명하는 서류(고용센터 소장이 요구하는 경우만 해당)

ⓑ 외국인근로자는 위와 같은 사유로 새로운 사업장에서 근무하게 되는 경우 근로가 시작되기 전 규제「출입국관리법 시행령」 제26조에 따라 미리 법무부장관의 허가를 받아야 합니다(「출입국관리법」 제21조 제1항).

ⓒ 사업장 변경신청을 한 날부터 3개월 이내에 「출입국관리법」에 따른 근무처 변경허가를 받지 못하거나[비전문취업(E-9) 체류자격 외국인근로자에게만 적용] 사용자와 근로계약이 종료된 후 1개월 이내에 사업장 변경을 신청하지 않은 경우에는 출국해야 합니다. 다만, 업무상 재해, 질병, 임신, 출산 등의 사유로 근무처 변경허가를 받을 수 없거나 근무처 변경신청을 할 수 없는 경우에는 그 사유가 없어진 날부터 3개월 이내에 변경허가를 받거나, 1개월 이내에 변경신청을 해야 합니다(「외국인근로자의 고용 등에 관한 법률」 제25조 제3항).

③ 사업 또는 사업장 변경 제한

    ⓐ 외국인근로자의 사업 또는 사업장 변경은 입국한 날부터 3년의 기간(「외국인근로자의 고용 등에 관한 법률」 제18조 제1항) 중에는 원칙적으로 3회를 초과할 수 없습니다(「외국인근로자의 고용 등에 관한 법률」 제25조 제4항).

    ⓑ 취업활동기간 3년이 만료되어 출국하기 전, 사용자의 재고용허가 요청에 의해 취업활동기간이 연장된 외국인근로자의 경우(「외국인근로자의 고용 등에 관한 법률」제18조의2 제1항), 연장된 기간 중 사업 또는 사업장 변경은 2회를 초과할 수 없습니다(「외국인근로자의 고용 등에 관한 법률」 제25조 제4항).

    ⓒ 휴업, 폐업, 그 밖에 외국인근로자의 책임이 아닌 사유로 그 사업장에서 근로를 계속할 수 없게 되었다고 인정되는 경우는 위의 변경 횟수의 제한을 받지 않습니다(「외국인근로자의 고용 등에 관한 법률」 제25조 제1항 제2호 및 제4항).

2-3. 사업장 변경 방해 시 제재

외국인근로자의 사업 또는 사업장 변경을 방해한 자에게는 1년 이하의 징역 또는 1천만원 이하의 벌금에 처해집니다(「외국인근로자의 고용 등에 관한 법률」 제29조 제4호).

■ 비전문취업(E-9) 또는 방문취업(H-2) 체류자격을 가진 외국인근로자 가 취업할 수 있는 기간은 얼마인가요?

Q. 비전문취업(E-9) 또는 방문취업(H-2) 체류자격을 가진 외국인 근로자가 취업할 수 있는 기간은 얼마인가요? 취업할 수 있는 기간 중에 사업장을 변경하는 것이 가능한가요?

A. 비전문취업(E-9) 또는 방문취업(H-2) 체류자격자는 입국한 날 부터 3년의 범위 내에서 취업활동을 할 수 있습니다. 또한 취 업활동기간 3년이 만료되어 출국하기 전에 사용자가 노동부장 관에게 재고용 허가를 요청한 외국인근로자는 1회에 한정하여 2년 미만의 범위에서 취업활동기간을 연장 받을 수 있습니다.

◇ 사업장 변경 사유

비전문취업(E-9) 체류자격자는 근로계약을 체결한 사업장에 서 근로하는 것이 원칙이지만, 다음과 같은 예외적 사유가 발생한 경우에는 고용센터에 다른 사업 또는 사업장으로의 변경을 신청할 수 있습니다.

1. 사용자가 정당한 사유로 근로계약기간 중 근로계약을 해 지하려거나 근로계약이 만료된 후 갱신을 거절하려는 경우

2. 휴업·폐업이나 그 밖에 외국인근로자의 책임이 아닌 사 유로 그 사업장에서 근로를 계속할 수 없게 되었다고 인정되는 경우

3. 사용자의 근로조건 위반 또는 부당한 처우 등으로 근로 를 계속할 수 없게 되었다고 인정되는 경우

4. 상해 등으로 외국인근로자가 해당 사업 또는 사업장에서 계속 근무하기는 부적합하나 다른 사업 또는 사업장에 서의 근무는 가능하다고 인정되는 경우

Chapter 4.
국내체류 관련 정보

Part 1. 출·입국 및 체류

1. 입국절차

1-1. 입국 시 필요한 증명서

① 외국인이 대한민국에 입국할 때에는 유효한 여권과 사증을 가지고 있어야 합니다(「출입국관리법」 제7조 제1항 및 제8조제2항).

② "여권"이란?

대한민국정부·외국정부 또는 권한 있는 국제기구에서 발급한 여권 또는 난민여행증명서나 그 밖에 여권을 대신하는 증명서로서 대한민국정부가 유효하다고 인정하는 것을 말합니다(「출입국관리법」 제2조 제4호).

③ 사증의 종류(「출입국관리법」 제8조)

1. 단수사증: 유효기간 내에 1회만 대한민국의 입국이 허가되는 사증

2. 복수사증: 2회 이상 입국이 허가되는 사증

다음의 어느 하나에 해당하는 외국인에 대하여 공공질서의 유지나 국가이익에 필요한 경우 사전여행허가를 받아야 입국할 수 있습니다.(「출입국관리법」 제7조의3)

- 대한민국과 사증면제협정을 체결한 국가의 국민으로 그 협정에 의해 면제대상이 되는 사람

- 국제친선·관광 또는 대한민국의 이익 등을 위해 입국하는 사람으로서 따로 입국허가를 받은 사람

- 다른 법률에 따라 사증 없이 입국할 수 있는 외국인

1-2. 사증발급인정서의 발급

① 법무부장관이 외국인 입국 시 필요한 사증을 발급함에 앞서 특히 필요하다고 인정할 때 입국하려는 외국인의 신청에 의해 사증발급인정서를 발급할 수 있습니다(「출입국관리법」 제9조 제1항). 이 사증발급인정서의 발급신청은 그 외국인을 초청하려는 자(여기서는 사용자)가 대리할 수 있습니다(「출입국관리법」 제9조 제2항).

② 사증발급인정서를 발급 받으려는 사람은 사증발급인정신청서(「출입국관리법 시행규칙」 별지 제21호서식)에 관련 서류(「출입국관리법 시행규칙」 별표 5)를 첨부해서 그 외국인을 초청하려는 사람의 주소지를 관할하는 출입국·외국인청의 장(이하 "청장"이라 함), 출입국·외국인사무소의 장(이하 "사무소장"이라 함), 출입국·외국인청 출장소의 장 또는 출입국·외국인사무소 출장소의 장(이하 "출장소장"이라 함)에게 제출해야 합니다(「출입국관리법 시행규칙」 제17조 제2항).

③ 법무부장관은 해당 신청을 심사한 결과 사증발급이 타당하다고 인정하는 경우에는 전자문서로 사증발급인정서를 발급해서 재외공관의 장에게 송신하고, 초청자에게는 사증발급인정번호를 포함한 사증발급인정내용을 지체 없이 통지하게 됩니다(「출입국관리법 시행규칙」 제17조 제5항).

④ "재외공관의 장"이란?

외국에 주재하는 대한민국의 대사·공사·총영사·영사 또는 영사업무를 수행하는 기관의 장을 말합니다(「출입국관리법」 제2조제7호).

1-3. 사증의 발급

① 사증을 발급받으려는 외국인은 사증발급 신청서(「출입국관리법 시행규칙」 별지 제17호서식)에 관련 서류(「출입국관리법 시행규칙」 별표 5)를 첨부해서 법무부장관에게 제출해야 합니다(「출입국관리법 시행령」 제7조 제1항).

② 사증발급인정번호 등 사증발급인정내용을 통보받거나 사증발급인정서를 교부받은 사람은 사증발급신청서에 사증발급인정번호 또는 사증발급인정서를 첨부해서 재외공관의 장에게 사증발급을 신청할 수 있습니다(「출입국관리법 시행규칙」 제17조의2 제1항 및 제2항).

③ 다음의 사증발급 기준에 모두 적합한 외국인에 대해서 사증이 발급됩니다(「출입국관리법 시행규칙」 제9조의2).

1. 유효한 여권을 소지하고 있는지 여부

2. 다음 어느 하나의 입국 금지 또는 거부의 대상이 아닐 것

   가. 감염병환자·마약류중독자나 그 밖에 공중위생상 위해를 미칠 염려가 있다고 인정되는 사람

   나. 총포·도검·화약류 등을 위법하게 가지고 입국하려는 사람

   다. 대한민국의 이익이나 공공의 안전을 해하는 행동을 할 염려가 있다고 인정할만한 상당한 이유가 있는 사람

   라. 경제질서 또는 사회질서를 해하거나 선량한 풍속을 해하는 행동을 할 염려가 있다고 인정할 만한 상당한 이유가 있는 사람

   마. 사리분별 능력이 없고 국내에서 체류활동을 보조할 자가 없는 정신장애인, 국내체류비용을 부담할 능력이 없는 사람 그 밖에 구호가 필요한 사람

바. 강제퇴거명령을 받고 출국한 후 5년이 지나지 않은 사람

사. 1910년 8월 29일부터 1945년 8월 15일까지 일본정부, 일본정부와 동맹관계에 있던 정부, 일본정부의 우월한 힘이 미치던 정부의 지시 또는 연계 하에 인종, 민족, 종교, 국적, 정치적 견해 등을 이유로 사람을 학살·학대하는 일에 관여한 사람

아. 그 밖에 가목부터 사목까지의 어느 하나에 준하는 자로서 법무부장관이 그 입국이 부적당하다고 인정하는 사람

자. 입국하려는 외국인의 본국이 가목부터 아목까지의 사유 외의 사유로 국민의 입국을 거부한 경우 법무부장관이 동한 사유로 그 외국인의 입국을 거부하는 경우

3. 외국인 체류자격에 해당하는지 여부

4. 외국인 체류자격에 부합한 입국목적을 소명하는지 여부

5. 해당 체류자격별로 허가된 체류기간 내에 본국으로 귀국할 것이 인정되는지 여부

6. 그 밖에 체류자격별로 법무부장관이 따로 정하는 기준에 해당하는지 여부

④ 다음에 해당하는 외국인은 사증이 없어도 입국할 수 있습니다 (「출입국관리법」 제7조 제2항 및 「출입국관리법 시행령」 제8조 제1항).

1. 재입국허가를 받은 사람 또는 재입국허가가 면제된 사람으로서 그 허가 또는 면제받은 기간이 끝나기 전에 입국하는 사람

2. 대한민국과 사증면제협정을 체결한 국가의 국민으로 그 협정에 의해 면제대상이 되는 사람

3. 국제친선·관광 또는 대한민국의 이익 등을 위해 입국하는 사람으로서 따로 입국허가를 받은 사람

4. 난민여행증명서를 발급받고 출국해서 그 유효기간이 만료되기
   전에 입국하는 사람

⑤ 온라인에 의한 사증발급 제도

사증 또는 사증발급인정서는 온라인으로도 발급 신청을 할 수 있
습니다. 이 때 온라인에 의한 사증 또는 사증발급인정서의 발급
을 신청하려면 미리 사용자 등록을 해야 합니다(「출입국관리법
시행령」 제7조의2).

1-4. 사전여행허가서의 발급

① 사전여행허가서를 발급받으려는 외국인은 다음의 요건을 모두 갖추어야 합니다(「출입국관리법 시행규칙」 제8조3).

- 유효한 여권을 가지고 있을 것
- 「출입국관리법」 제11조에 따른 입국의 금지 또는 거부의 대상이 아닐 것
- 입국 목적이 체류자격에 맞을 것
- 허가된 체류기간 내에 대한민국에서 출국할 것으로 인정될 것
- 그 밖에 법무부장관이 정하여 고시하는 요건을 갖추고 있을 것

② 사전여행허가서를 발급받으려는 외국인은 온라인 발급 신청 등으로 해야 합니다(「출입국관리법 시행규칙」 제8조4)

1-5. 입국심사

① 외국인이 입국하려는 경우에는 입국하는 출입국항에서 여권과 입국신고서를 출입국관리공무원에게 제출하여 입국심사를 받아야 하지만(「출입국관리법」 제12조 제1항), 부득이한 사유로 출입국항으로 입국할 수 없을 경우에는 청장, 사무소장, 출장소장의 허가를 받아 출입국항 외의 장소에서 출입국관리공무원의 입국심사를 받은 후 입국할 수 있습니다(「출입국관리법」 제12조 제2항).

② "출입국항"이란?

다음 공항 등을 말하며, 도심공항터미널은 규제「항공법」 제2조제8호에 따라 이를 출입국항시설의 일부로 봅니다(「출입국관리법」 제2조 제6호 및 「출입국관리법 시행령」 제98조).

1. 「공항시설법」 제2조제3호에 따라 국토교통부장관이 지정한 국제공항

2. 「남북교류협력에 관한 법률 시행령」 제2조제1항제1호, 제2호, 제3호 및 제6호에 따른 출입장소

3. 「선박의 입항 및 출항 등에 관한 법률」 제2조제1호에 따른 무역항

4. 오산군용비행장·대구군용비행장·광주군용비행장·군산군용비행장 및 서울공항

③ 출입국관리공무원은 입국심사를 할 때 다음의 요건을 모두 갖추었는지를 심사해서 입국을 허가합니다(「출입국관리법」 제12조 제3항).

1. 여권과 사증이 유효할 것. 다만, 사증은 「출입국관리법」에서 요구하는 경우에만 심사합니다.

2. 사전여행허가서가 유효할 것

3. 입국목적이 체류자격과 부합할 것

4. 체류기간이 정해졌을 것

5. 입국의 금지 또는 거부의 대상이 아닐 것

④ 외국인이 위의 요건을 모두 갖추었음을 입증하지 못한 경우에는 입국을 허가받지 못할 수 있습니다(「출입국관리법」 제12조 제4항). 유효한 여권과 사증을 갖추지 못하였으나 일정 기간 내에 그 요건을 갖출 수 있다고 인정되는 사람은 청장·사무소장 또는 출장소장으로부터 조건부 입국허가를 받을 수 있습니다(「출입국관리법」 제13조 제1항).

⑤ 입국하려는 외국인은 입국심사를 받을 때에 생체정보를 제공하고 본인임을 확인하는 절차에 응해야 합니다. 다만, 다음의 어느 하나에 해당하는 사람은 그렇지 않습니다(「출입국관리법」 제12조의2 제1항, 「출입국관리법 시행령」 제15조의2).

1. 17세 미만인 사람

2. 외국정부 또는 국제기구의 업무를 수행하기 위하여 입국하는 사람과 그 동반가족

3. 다음 어느 하나에 해당하는 외국인 중 중앙행정기관의 장의 요청에 따라 생체정보 제공 의무를 면제할 필요가 있다고 법무부장관이 인정한 사람

   - 전·현직 국가 원수, 장관 또는 그에 준하는 고위 공직자로서 국제 우호 증진을 위하여 입국하려는 사람

   - 교육·과학·문화·예술·체육 등의 분야에서 저명한 사람

   - 투자사절단 등 경제 활동 촉진을 위하여 입국이 필요하다고 인정되는 사람

4. 협정(A-3) 체류자격에 해당하는 사람

5. 그 밖에 대한민국의 이익 등을 고려하여 지문 및 얼굴에 관한

정보 제공 의무를 면제할 필요가 있다고 법무부장관이 인정하는 사람

⑥ "생체정보"란 본인 일치 여부 확인 등에 활용되는 사람의 지문·얼굴·홍채 및 손바닥 정맥 등의 개인정보를 말합니다.

⑦ 출입국관리공무원은 외국인이 생체정보를 제공하지 아니하는 경우에는 그의 입국을 허가하지 않을 수 있습니다(「출입국관리법」 제12조의2 제2항).

⑧ 중앙행정기관의 장은 외국인이 지문 및 얼굴에 관한 정보 제공 의무를 면제받을 수 있도록 요청하려면 외국인의 신원을 확인하고, 입국 24시간 전까지 요청 사유와 입국·출국 예정일 등을 법무부 장관에게 제공하여야 합니다(「출입국관리법 시행령」 제15조의2 제2항).

1-6. 정보화기기에 의한 입국심사

① 정보화기기에 의한 입국심사(이하 '자동입국심사'라 함)를 받기 위해 지문과 얼굴에 관한 정보를 등록하려는 외국인은 관할 청장·사무소장 또는 출장소장에게 자동입국심사 등록신청서를 제출해야 합니다(「출입국관리법 시행규칙」 제19조의2제1항).

② 등록을 할 외국인이 등록을 해지하거나 등록정보를 정정하려면 관할 청장·사무소장 또는 출장소장에게 다음의 구분에 따른 서류를 제출해야 합니다(「출입국관리법 시행규칙」 제19조의2 제3항).

1. 등록을 해지하는 경우 : 자동입국심사 등록 해지신청서

2. 등록정보를 정정하는 경우 : 자동입국심사 등록정보 정정신청서

③ 외국인이 입국심사를 받을 때에는 출입국관리공무원이 지정하는 정보화기기를 통하여 양쪽 집게손가락의 지문과 얼굴에 관한 정보를 제공하여야 합니다. 다만, 훼손되거나 그 밖의 사유로 집게손가락의 지문을 제공할 수 없는 경우에는 엄지손가락, 가운데손가락, 약손가락, 새끼손가락의 순서에 따라 지문을 제공하여야 합니다(「출입국관리법 시행규칙」 제19조의3).

④ 다만, 법무부장관은 필요하다고 인정하는 외국인의 경우에는 정보화기기를 통하여 자동입국심사 등록, 등록 해지 또는 등록정보 정정을 신청하게 할 수 있습니다(「출입국관리법 시행규칙」 제19조의2 제1항 단서 및 제3항 단서).

2. 출국절차

2-1. 임의출국

외국인이 출국하려는 경우에는 유효한 여권을 가지고 출국하는 출입국항에서 출입국관리공무원의 출국심사를 받아야 하지만(「출입국관리법」 제28조 제1항), 부득이한 사유로 출입국항으로 출국할 수 없을 경우에는 청장·사무소장 또는 출장소장의 허가를 받아 출입국항 외의 장소에서 출입국관리공무원의 출국심사를 받은 후 출국할 수 있습니다(「출입국관리법」 제28조 제2항).

2-2. 출국의 정지

① 법무부장관은 다음의 어느 하나에 해당하는 외국인근로자에 대해서는 6개월 이내의 기간을 정하여 출국을 정지할 수 있습니다(「출입국관리법」 제4조 제1항, 제29조 제1항, 「출입국관리법 시행규칙」 제6조의2 제1항 및 제39조의3 제1항).

1. 형사재판에 계속 중인 사람
2. 징역형이나 금고형의 집행이 끝나지 않은 사람
3. 일정금액 이상의 벌금이나 추징금을 내지 않은 사람
4. 일정금액 이상의 국세·관세 또는 지방세를 정당한 사유 없이 그 납부기한까지 내지 않은 사람
5. 양육비 채무 불이행으로 인하여 감치명령 결정을 받았음에도 불구하고 양육비 채무를 이행하지 않은 양육비 채무자 중 양육비이행심의위원회의 심의·의결을 거친 사람
6. 2억원 이상의 국세를 포탈한 혐의로 세무조사를 받고 있는 사람
7. 20억원 이상의 허위 세금계산서 또는 계산서를 발행한 혐의로 세무조사를 받고 있는 사람

8. 공중보건에 현저한 위해를 끼칠 염려가 있다고 법무부장관이 인정하는 사람

9. 「전자장치 부착 등에 관한 법률」 제13조에 따라 위치추적전자장치가 부착된 사람

10. 그 밖에 출국 시 국가안보 또는 외교관계를 현저하게 해칠 우려가 있다고 법무부장관이 인정하는 사람

② 법무부장관은 사형, 무기, 장기 3년 이상의 징역 또는 금고에 해당하는 범죄 혐의로 수사를 받고 있거나 그 소재를 알 수 없어서 기소중지 또는 수사중지(피의자중지로 한정)가 된 외국인근로자에 대하여는 1개월 이내의 기간(다만, 아래에 해당하는 사람은 각각의 해당하는 기간으로 함)을 정하여 출국을 정지할 수 있습니다(「출입국관리법」 제4조 제2항, 제29조제1항 및 「출입국관리법 시행규칙」 제39조의3 제2항).

1. 소재를 알 수 없어 기소중지 또는 수사중지(피의자중지로 한정)된 사람 또는 도주 등 특별한 사유가 있어 수사진행이 어려운 사람: 3개월 이내

2. 기소중지 또는 수사중지(피의자중지로 한정)된 경우로서 체포 영장 또는 구속영장이 발부된 사람: 영장 유효기간 이내

2-3. 재입국허가

[1] 재입국허가의 대상

① 외국인등록을 하거나 그 등록이 면제된 외국인이 그의 체류기간 내에 출국했다가 사증 없이 재입국하려 하는 경우 재입국 허가를 받아야 합니다(「출입국관리법」 제30조 제1항 본문).

② 다만, 영주자격을 가진 사람과 재입국허가를 면제하여야 할 상당한 사유가 있는 사람으로서 다음에 해당하는 사람에 대해서는 재입국허가가 면제될 수 있습니다(「출입국관리법」 제30조 제1항 단서 및 「출입국관리법 시행규칙」 제44조의2 제1항).

1. 「출입국관리법 시행령」 별표1의3. 영주(F-5)의 자격을 가진 사람으로서 출국한 날부터 2년 이내에 재입국하려는 사람

2. 「출입국관리법 시행령」 별표1의2 중 체류자격 1.외교(A-1)부터 25. 동반(F-3)까지, 27. 결혼이민(F-6)부터 30. 기타(G-1)까지의 자격을 가진 사람으로서, 출국한 날부터 1년(남아있는 체류기간이 1년보다 짧을 경우에는 남아있는 체류기간) 이내에 재입국하려는 사람

③ 국내거소 신고를 한 외국국적동포(본인이나 부모의 일방 또는 조부모의 일방이 대한민국의 국적을 보유했던 자로서 현재는 외국국적을 취득한 자를 말함)가 체류기간 내에 출국했다가 재입국하는 경우에는 재입국허가가 필요하지 않습니다(「재외동포의 출입국과 법적 지위에 관한 법률」 제10조 제3항).

[2] 재입국허가의 종류

재입국허가는 한 번만 재입국할 수 있는 단수재입국허가와 두 번 이상 재입국할 수 있는 복수재입국허가로 구분됩니다(「출입국관리법」 제30조제2항).

[3] 재입국허가의 신청

재입국허가를 받으려는 사람은 재입국허가신청서에 그 사유를 소명하는 서류를 첨부해서 관할 청장·사무소장 또는 출장소장에게 제출해야 합니다(「출입국관리법 시행규칙」 제39조의6 제1항).

[4] 재입국허가 연장허가

외국인이 질병이나 그 밖의 부득이한 사유로 재입국허가를 받은 기간 내에 재입국할 수 없는 경우에는 그 기간이 끝나기 전에 재입국허가기간연장허가신청서(「출입국관리법 시행규칙」 별지 제61호 서식)에 그 사유를 소명하는 서류를 첨부해서 재외공관의 장에게 제출함으로써 재입국허가 연장허가를 받아야 합니다(「출입국관리법」 제30조 제3항 및 「출입국관리법 시행규칙」 제39조의7 제1항).

2-4. 강제퇴거

청장·사무소장 또는 출장소장 또는 외국인보호소장은 다음 중 어느 하나에 해당하는 외국인을 대한민국 밖으로 강제퇴거 시킬 수 있습니다(「출입국관리법」 제46조 제1항, 「출입국관리법 시행규칙」 제54조 및 제54조의2).

1. 외국인의 입국에 관한 규정(「출입국관리법」 제7조)을 위반한 사람

2. 허위초청의 금지에 관한 규정(「출입국관리법」 제7조의2)을 위반한 외국인 또는 허위초청 등의 행위에 따라 입국한 외국인

3. 입국금지에 해당하는 사유(「출입국관리법」 제11조 제1항)가 입국 후에 발견되거나 발생한 사람

4. 입국심사에 관한 사항(「출입국관리법」 제12조 제1항 및 제2항) 또는 불법입국을 목적으로 한 선박 등 제공금지에 관한 규정(「출입국관리법」 제12조의3)을 위반한 사람

5. 조건부 입국 시 청장·사무소장 또는 출장소장이 붙인 조건(「출입국관리법」 제13조 제2항)을 위반한 사람

6. 승무원의 상륙허가(「출입국관리법」 제14조 제1항), 관광상륙허가(「출입국관리법」 제14조의2 제1항), 긴급상륙허가(「출입국관리법」 제15조 제1항), 재난상륙허가(「출입국관리법」제16조 제1항), 난민임시상륙허가(「출입국관리법」 제16조의2제1항)에 따른 허가를 받지 않고 상륙한 사람

7. 승무원의 상륙허가(「출입국관리법」 제14조 제3항), 관광 상륙허가(「출입국관리법」 제14조의2 제3항), 긴급 상륙허가(「출입국관리법」 제15조 제2항), 재난상륙허가(「출입국관리법」제16조 제2항), 난민임시상륙허가(「출입국관리법」 제16조의2제2항) 시 청

장·사무소장 또는 출장소장 또는 출입국관리공무원이 붙인 조건을 위반한 사람

8. 외국인의 체류 및 활동범위(「출입국관리법」 제17조 제1항 및 제2항), 외국인고용의 제한(「출입국관리법」 제18조), 체류자격 외 활동(「출입국관리법」 제20조), 체류자격부여(「출입국관리법」 제23조), 체류자격변경허가(「출입국관리법」 제24조),체류기간연장허가(「출입국관리법」 제25조)에 관한 규정을 위반한 사람

9. 근무처의 변경·추가 허가를 받지 않고 근무지를 변경·추가 하거나(「출입국관리법」 제21조 제1항 본문) 근무처의 변경·추가 허가를 받지 않은 외국인을 고용·알선(「출입국관리법」제21조 제2항)한 사람

10. 활동범위의 제한 규정(「출입국관리법」 제22조)에 따라 법무부장관이 정한 거소 또는 활동범위의 제한 그 밖에 준수사항을 위반한 사람

11. 허위서류 제출 등의 금지(「출입국관리법」 제26조)를 위반한 외국인

12. 출국심사에 관한 규정(「출입국관리법」 제28조)을 위반해서 출국하려고 한 사람

13. 외국인의 등록 의무(「출입국관리법」 31조)를 위반한 사람

14. 외국인등록증 등의 채무이행 확보수단 제공 등의 금지 (「출입국관리법」 제33조의3)를 위반한 외국인

15. 금고 이상의 형의 선고를 받고 석방된 사람

16. 다음의 어느 하나에 해당하는 사람
가. 자살 또는 자해행위를 하려는 경우
나. 다른 사람에게 위해를 가하거나 가하려는 경우

다. 출입국관리공무원의 직무집행을 정당한 사유 없이 거부 또는 기피하거나 방해하는 경우

라. 그 밖에 시설 및 다른 사람의 안전과 질서를 현저히 해치는 행위를 하거나 하려는 경우

17. 그 밖에 위의 1.부터 16.까지에 준하는 사람으로서 다음의 어느 하나에 해당되어 청장·사무소장 또는 출장소장 또는 외국인보호소장이 강제 퇴거함이 상당하다고 인정하는 사람

가. 「형법」 제2편 제24장 살인의 죄, 제32장 강간과 추행의 죄 또는 제38장 절도와 강도의 죄 중 강도의 죄를 범한 사람

나. 「성폭력범죄의 처벌 등에 관한 특례법」 위반의 죄를 범한 사람

다. 「마약류 관리에 관한 법률」 위반의 죄를 범한 사람

라. 「특정범죄 가중처벌 등에 관한 법률」 약취·유인 죄의 가중처벌(제5조의2)·상습 강·절도죄의 가중처벌(제5조의4)·강도 상해 등 재범자의 가중처벌(제5조의5)·보복범죄의 가중처벌(제5조의9) 또는 마약사범 등의 가중처벌(제11조) 위반의 죄를 범한 사람

마. 「국가보안법」 위반의 죄를 범한 사람

바. 「폭력행위 등 처벌에 관한 법률」 제4조 위반의 죄를 범한 사람

사. 「보건범죄단속에 관한 특별조치법」 위반의 죄를 범한 사람

아. 「배타적 경제수역에서의 외국인어업 등에 대한 주권적 권리의 행사에 관한 법률」을 위반한 사람

자. 「영해 및 접속 수역법」을 위반한 사람

2-5. 출국권고 및 출국명령

① 청장·사무소장 또는 출장소장은 대한민국에 체류하는 외국인이 다음 중 어느 하나에 해당하는 경우에는 그 외국인에게 자진해서 출국할 것을 권고할 수 있습니다(「출입국관리법」 제67조 제1항 및 「출입국관리법 시행령」 제81조).

   1. 외국인의 체류 및 활동범위(「출입국관리법」 제17조) 또는 체류자격 외 활동허가(「출입국관리법」 제20조)에 관한 규정을 최초로 위반한 사람으로서 그 위반기간이 10일 이내인 경우

   2. 그 밖에 「출입국관리법」 또는 「출입국관리법」에 따른 명령을 위반한 사람으로서 법무부장관이 그 출국을 권고할 필요가 있다고 인정하는 경우

② 청장·사무소장 또는 출장소장 또는 외국인보호소장은 다음 중 어느 하나에 해당하는 외국인에 대해서는 출국명령을 할 수 있습니다(「출입국관리법」 제68조 제1항).

   1. 강제퇴거 대상자(「출입국관리법」 제46조 제1항)에 해당한다고 인정되나 자가 비용으로 자진해서 출국하려는 사람

   2. 출국권고를 받고도 이를 이행하지 않은 사람

   3. 각종 허가 등이 취소(「출입국관리법」 제89조 및 제89조의2)된 사람

   4. 영주자격이 취소된 사람(다만, 일반체류자격을 부여받은 사람 제외)

   5. 과태료 처분(「출입국관리법」 제100조 제1항부터 제3항까지) 후 출국조치 하는 것이 타당하다고 인정되는 사람

   6. 통고처분(「출입국관리법」 제102조 제1항) 후 출국조치 하는 것이 타당하다고 인정되는 사람

■ 중국인 불법체류자에 대해 신고를 받으면 어떻게 조치하고 처리하는 지요?

Q. 중국인 불법체류자에 대해 신고를 받으면 어떻게 조치하고 처리하는지 궁금합니다. 즉 불법자를 체포할 때 불법체류자라는 것이 확인되면 즉시 경찰서로 데려가서 본국으로 돌려보내는지? 아니면 몇 일 동안이라는 기한을 줘서 기한 내에 귀국하라고 경고를 주는지? 그리고 신고자의 정보는 불법체류자에 대해 절대적으로 비밀로 할 수 있는지? 불법체류자가 체포되서 귀국 비용 부담 감당이 어려우면 국가에서 부담해 주시는지요?

A. 우선 경찰청의 업무에 대해 관심을 가져주시고 국민신문고를 찾아주셔서 감사합니다. 하지만 외국인의 체류에 관한 사항은 법무부 산하 출입국관리사무소에서 업무를 담당하고 있고 관련 법규는 '출입국관리법' 입니다.

  ○ 경찰은 불법체류자의 단속에 대하여 독자적인 단속은 실시하지 않고 있으며 법무부(출입국관리사무소)에서 단속지원을 요청하는 경우 지방경찰청장의 승인을 받아 합동단속을 실시하는 경우는 있으며 신고나 제보자에 대한 정보는 철저히 보호됩니다.

  ○ 단, 형사사건을 취급하던 중에 불법체류자임이 밝혀지는 경우, 그 신병을 가까운 법무부 산하 출입국관리사무소에 인계해 주고는 있으며, 경찰이 평상시 단독으로 불법체류자 단속을 실시하지 아니하므로 신고나 제보를 받는 경우 해당 출입국관리사무소로 신고하도록 안내하고 있습니다.(서울출입국관리사무소 : 02-2650-6247, 수원출입국관리사무소 : 031-278-3319)

  ○ 출입국관리사무소로 신병이 인계되는 경우, 그 지역에 설치

된 보호소로 이동하여 심사과정을 거쳐 행정처분을 받기 전까지 대기하게 됩니다.

○ 그 외에 출입국관리법위반 사항에 대하여는 출입국관리소장의 고발이 있는 경우에 수사를 개시하게 됩니다.

○ 출입국관리법을 위반(불법체류 등)한 외국인에 대한 행정처분으로는 강제퇴거, 출국명령이 있으며 "강제퇴거"는 출입국관리법상 범법외국인에 대한 행정처분의 일종으로, 범법외국인에 대하여 국내체류를 불허함은 물론 당해 외국인의 의사에 반하여 강제로 대한민국 영토 밖으로 송환하는 가장 강력한 처분입니다.

○ 강제퇴거명령을 받은 외국인은 원칙적으로 국적 또는 시민권을 가진 국가에 송환하는 것을 원칙으로 하며, 강제퇴거명령에 대한 이의신청을 하고자 하는 때에는 강제퇴거명령서를 받은 날부터 7일 이내에 이의신청서 제출이 가능합니다. 이때 출국비용은 자비부담이며 절대적으로 출국비용을 마련하지 못한다는 것이 증명되면 국비로 지원을 하게 됩니다.

○ 강제퇴거 대상자

1. 출입국관리법 제46조에 해당되는 외국인

2. 출입국관리법 제7조의 규정에 위반한 자

3. 출입국관리법 제7조의2의 규정에 위반한 외국인 또는 동조에 규정된 허위초청 등의 행위에 의하여 입국한 외국인

4. 출입국관리법 제11조제1항 각호의 1에 해당하는 사유가 입국 후에 발견되거나 발생한 자

5. 출입국관리법 제12조제1항·제2항 또는 제12조의2의 규정에 위반한 자

6. 출입국관리법 제13조제2항의 규정에 의하여 사무소장 또는 출장소장이 붙인 조건에 위반한 자

7. 출입국관리법 제14조제1항, 제15조제1항·제16조제1항 또는 제16조의2제1항의 규정에 의한 허가를 받지 아니하고 상륙한 자

8. 출입국관리법 제14조제3항, 제15조제2항·제16조제2항 또는 제16조의2제2항의 규정에 의하여 사무소장·출장소장 또는 출입국관리공무원이 붙인 조건에 위반한 자

9. 출입국관리법 제17조제1항·제2항, 제18조, 제20조, 제21조, 제23조, 제24조 또는 제25조의 규정에 위반한 자

10. 출입국관리법 제22조의 규정에 의하여 법무부장관이 정한 거소 또는 활동범위의 제한 기타 준수사항을 위반한자

11. 출입국관리법 제28조의 규정에 위반하여 출국하려고 한 자

12. 출입국관리법 제31조의 규정에 위반한 자

13. 금고이상의 형의 선고를 받고 석방된 자

14. 그 밖에 제1호 내지 제11호에 준하는 자로서 법무부령이 정하는 자

○ 출국명령은 출입국관리공무원이 법위반자에 대하여 심사를 거쳐 출국명령을 결정하였을 경우 출국명령서 발부일로부터 14일 이내의 기한을 정하여 출국명령서를 해당 외국인에게 교부합니다. 출국명령을 받고 14일 이내에 출국하지 않은 외국인에 대하여는 강제퇴거명령서를 발부합니다. 출국명령서를 받은 외국인은 출국시 출입국공무원에게 출국명령서를

제출하여야 하며, 출국명령을 받은 외국인이 출국할 선박 등이 없거나 질병 기타 부득이한 사유로 그 기한 내에 출국할 수 없을 때에는 그 사유를 소명하는 자료를 출입국관리사무소장·출장소장 또는 보호소장에게 제출하여 출국기한의 유예를 받아야 합니다.

○ 출국명령 대상자

- 출입국관리법 제68조에 해당되는 외국인

- 강제퇴거의 대상자(출입국관리법 제46조)로 인정되나 자기비용으로 출국하고자 하는 외국인

- 출국권고(출입국관리법 제67조)를 받고도 이를 이행하지 아니한 외국인

- 출입국관리법 제89조의 규정에 의하여 각종 허가가 취소된 외국인

- 출입국관리법 법 제100조제1항, 2항, 3항의 규정에 의한 과태료 처분 후 출국 조치하는 것이 타당하다고 인정되는 외국인

- 출입국관리법 제102조제1항의 규정에 의한 통고처분 후 출국조치 하는 것이 타당하다고 인정되는 외국인

○ 보호소에서 보호를 하는 경우는 출입국관리법 제46조의 강제퇴거 사유에 해당된다고 의심할 만한 상당한 이유가 있고 도주하거나 도주할 염려가 있는 외국인으로 판단되거나 심사결정 결과 강제퇴거 대상자이나 즉시 대한민국 밖으로 송환할 수 없는 사유가 있는 외국인을 송환이 가능할 때까지 보호하는 것으로 출입국관리법 제12조제4항의 규정에 의하여 입국이 허가되지 아니한 외국인 등도 보호소에서 보호를 받게 됩니다.

○ 보호 절차는 보호명령서 발부 → 보호외국인기록표작성 → 물품급여 및 대여(보호복, 침구류, 세면도구 등) → 물품보관 → 생활규칙안내 → 보호되며, 보호 기간은 10일 이내로 하며 부득이한 경우 10일을 초과하지 않는 범위 내에서 1차에 한하여 연장할 수 있습니다. 일시보호의 경우 48시간 이내로 하며 부득이한 경우 48시간을 초과하지 않는 범위 내에서 1차에 한하여 연장할 수 있으며, 제퇴거집행을 위한 보호의 경우 송환이 가능할 때까지 외국인을 보호합니다.

○ 출입국관리공무원은 외국인을 보호한 때에는 국내에 있는 그의 법정대리인·배우자·직계친족·형제자매·가족·변호인 또는 외국인이 지정하는 사람에게 3일 이내에 보호의 일시·장소 및 이유를 통지하는데 보호외국인 또는 그의 법정대리인·배우자·직계친족·형제자매·가족·변호인은 보호에 대한 이의신청을 할 수 있습니다(이의신청시 이의신청서에 이의의 사유를 소명하는 자료를 첨부하여 제출하여야 합니다).

○ 보호 중 강제퇴거 조치가 되면 보호실 입소시 보관하였던 물품과 현금 등을 보호외국인에게 돌려주고 공항만으로 호송하여 강제퇴거를 집행하며, 『보호외국인이 보호(강제퇴거)로 인하여 회복할 수 없는 재산상 손해 또는 생명·신체에 중대한 위해가 발생하거나 기타 인도적 사유가 있는 경우 보호의 일시해제를 청구할 수 있는데』 보호외국인, 보증인 또는 법정대리인 보증인 또는 법정대리인이 보호일시해제 청구권자입니다.

○ 보호일시해제 결정은 보호외국인의 연령, 품성, 지능과 생활환경, 범법사실, 조사과정 및 보호시설에서 생활태도 등을 참작하여 보호해제를 하여도 도주 우려가 없는지 여부, 국가안전보장·사회질서·공중보건 등 국익 위해 우려가 없는

지 여부 등을 종합적으로 판단하여 엄격한 심사를 거쳐 결정하며 보호일시해제시 1천만원 이하의 보증금을 예치시키고 주거의 제한 기타 필요한 조건을 붙일 수 있습니다.

○ 그러나 다음의 경우 보호일시해제가 취소될 수 있으며 해당 외국인을 다시 보호조치 할 수 있습니다. 또한 도주 등 소재불명자에 대하여는 소재불명자로 처리되며 동인의 보호일시해제 보증금은 국고귀속절차에 따라 처리됩니다.

- 정당한 이유 없이 월 1회 이상 거주지·연락처를 통보하지 않거나 거주지이전 후 5일 이내에 그 사실을 통보하지 않은 때

- 정당한 이유 없이 출석명령에 응하지 아니한 때

- 도주하거나 도주할 염려가 있다고 인정된 때

- 보호일시해제신청서상의 신청사유가 허위로 밝혀진 때

- 보호일시해제 기간 동안 불법취업을 한 때

■ 불법체류 하는 외국인은 어디서 단속하며, 안하는 것인가요? 어떤 이유로 못 하는 것인가요?

Q. 불법체류 하는 외국인은 어디서 단속하며, 안하는 것인가요? 어떤 이유로 못 하는 것인가요?

A. 먼저 경찰업무에 관심을 가져주신데 감사드리며, 질문하신 사항에 대해 답변 드리도록 하겠습니다.

불법체류자를 비롯한 체류외국인의 관리 및 단속은 현행 「출입국관리법」 상 법무부 출입국외국인정책본부의 소관으로 되어 있습니다.

「출입국관리법」 제101조는 출입국공무원의 전속 고발권을 규정하여, 출입국사범에 대해서는 출입국관리사무소장 등의 고발이 없는 한 공소를 제기하지 못하도록 되어 있습니다. 또한 동법 제84조는 출입국 이외의 공무원 등 수사기관이 불법체류자를 발견한 경우 출입국관리사무소 또는 출장소로의 통보의무를 규정하여 타 국가기관이 불법체류자를 단속 또는 발견하더라도 그 처리는 해당 출입국관리사무소에서 이루어지도록 되어 있습니다.

경찰의 경우 일반적인 경찰권에 근거하여 불법체류자의 경우 출입국관리법 위반의 현행범으로 간주할 수 있으므로, 불법체류자를 발견하는 경우 그 신병을 확보하여 관할 출입국관리사무소에 인계하는 등 간접적인 단속 지원활동을 전개하고 있습니다. 또한 불법체류외국인 정부합동단속에 참여하여 출입국외국인정책본부의 출입국단속 시책을 지원하는 등 다방면적으로 불법체류자 감소를 위한 노력을 지속하고 있습니다.

3. 체류 관련 준수사항

3-1. 체류자격 및 활동 범위의 준수

[1] 체류 원칙

① 외국인근로자는 그 체류자격과 체류기간의 범위 내에서 대한민국에 체류할 수 있습니다(「출입국관리법」 제17조 제1항).

② 외국인은 다음 중 어느 하나에 해당하는 체류자격을 가져야 합니다(「출입국관리법」 제10조).

- 일반체류자격 : 이 법에 따라 대한민국에 체류할 수 있는 기간이 제한되는 체류자격

- 영주자격 : 대한민국에 영주(永住)할 수 있는 체류자격

③ 영주자격을 가진 외국인은 활동범위 및 체류기간의 제한을 받지 않습니다(「출입국관리법」 제10조의3 제1항).

[2] 정치활동 금지

대한민국에 체류하는 외국인근로자는 법률에서 정하는 경우를 제외하고는 정치활동을 해서는 안 되며(「출입국관리법」 제17조 제2항), 대한민국에 체류하는 외국인근로자가 정치활동을 한 경우에는 법무부장관으로부터 서면으로 그 활동의 중지명령이나 그 밖에 필요한 명령을 받을 수 있습니다(「출입국관리법」 제17조 제3항).

[3] 체류자격 외 활동허가

① 대한민국에 체류하는 외국인이 그 체류자격에 해당하는 활동과 함께 다른 체류자격에 해당하는 활동을 하려는 경우에는 「출입국관리법 시행령」 제25조에 따라 미리 법무부장관의 체류자격 외 활동허가를 받아야 합니다(「출입국관리법」 제20조).

② 체류자격 외 활동허가를 받으려는 사람은 체류자격 외 활동허가 신청서에 체류자격별 해당 서류(「출입국관리법 시행규칙」 별표 5의2)를 첨부해서 그 체류지를 관할하는 출입국·외국인청의 장(이하 "청장"이라 함), 출입국·외국인사무소의 장(이하 "사무소장"이라 함), 출입국·외국인청 출장소의 장 또는 출입국·외국인사무소 출장소의 장(이하 "출장소장"이라 함)에게 제출해야 합니다(「출입국관리법 시행령」 제25조 제1항).

[4] 근무처 변경·추가 허가 및 신고

① 근무처 변경·추가 허가

ⓐ 대한민국에 체류하는 외국인근로자가 그 체류자격의 범위에서 그의 근무처를 변경하거나 추가하려는 경우에는 규제「출입국관리법 시행령」 제26조에 따라 미리 법무부장관의 허가를 받아야 합니다(「출입국관리법」 제21조 제1항 본문).

ⓑ 근무처 변경·추가허가를 받으려는 사람은 근무처 변경·추가허가 신청서에 체류자격별 해당서류(「출입국관리법 시행규칙」 별표5의2)를 첨부해서 그 체류지를 관할하는 청장·사무소장 또는 출장소장에게 제출해야 합니다(「출입국관리법 시행령」 제26조제1항).

② 근무처 변경·추가 신고

ⓐ 전문적인 지식·기술 또는 기능을 가진 사람으로 다음의 자격요건에 해당하는 사람은 근무처를 변경하거나 추가한 날부터 15일 이내에 「출입국관리법 시행령」 제26조의2에 따라 법무부장관에게 신고하면 됩니다「출입국관리법」 제21조1항 단서, 「출입국관리법 시행령」 제26조의21항 및 「출입국관리법 시행령 제26조의21항에 따라 신고만으로 근무처 변경·추가를 할 수 있는 외국인의 요건」(법무부고시 제2020-212호, 2020.

6. 22. 발령·시행)].

1. 자격요건

- 교수(E-1), 회화지도(E-2), 연구(E-3), 기술지도(E-4), 전문직업(E-5), 예술흥행(E-6), 특정활동(E-7) 자격으로 외국인 등록을 하고 체류 중이어야 함

- 변경·추가되는 근무처에서 활동하는데 필요한 자격요건을 구비하고 있어야 함(예: E-2 자격 원어민 영어보조교사가 사설외국어학원에서 활동하려면 대학졸업 및 학사학위 이상의 요건을 갖추어야 함)

2. 적용제외대상

- 예술흥행(E-6) 체류자격자 중 「관광진흥법」에 따른 호텔업시설, 유흥업소 등에서 공연활동에 종사하는 자 (E-6-2)

- 특정활동(E-7)자격자 중 고용업체별 허용인원 제한 등이 있어 사전관리가 필요한 다음 직종 종사자: 기계공학기술자(2351), 제도사(2395), 해외영업원(2742) 중 해외 온라인상품판매원, 디자이너(285), 판매사무원(31215), 주방장 및 조리사(441), 고객상담사무원(3991), 호텔접수사무원(3922), 의료코디네이터(S3922), 양식기술자(6301), 조선용접공(7430), 숙련기능 점수제 종사자[뿌리산업체 숙련기능공(S740), 농림축산어업 숙련기능인(S610), 일반 제조업체 및 건설업체 숙련 기능공(S700)]

- 자격요건을 갖추었더라도 본인 귀책사유로 해고 또는 중도 퇴직한 자로서 원 고용주의 이적 동의를 받지 못한 자

ⓑ 근무처의 변경·추가 신고를 하려는 사람은 근무처 변경·추가 신고서에 체류자격별 해당서류(「출입국관리법 시행규칙」 별표 5의2)를 첨부해서 그 체류지를 관할하는 청장·사무소장 또는

출장소장에게 제출해야 합니다(「출입국관리법 시행령」 제26조
의2 제2항).

[5] 체류자격 변경허가

① 대한민국에 체류하는 외국인근로자가 그 체류자격과 다른 체류
자격에 해당하는 활동을 하려는 경우에는 「출입국관리법 시행
령」 제30조에 따라 미리 법무부장관의 체류자격 변경허가를 받
아야 합니다(「출입국관리법」 제24조 제1항).

② 체류자격 변경허가를 받으려는 사람은 체류자격 변경허가 신청서
에 체류자격별 해당 서류(「출입국관리법 시행규칙」 별표 5의2)를
첨부해서 그 체류지를 관할하는 청장·사무소장 또는 출장소장에
게 제출해야 합니다(「출입국관리법 시행령」 제30조 제1항).

[6] 체류기간 연장허가

① 외국인근로자가 체류기간을 초과해서 계속 체류하려는 경우에는
그 체류기간이 만료되기 전에 체류기간연장허가를 받아야 합니
다(「출입국관리법」 제25조 및 「출입국관리법 시행령」 제31조).

② 체류기간 연장허가를 받으려는 사람은 체류기간 연장허가 신청서
에 체류자격별 해당 서류(「출입국관리법 시행규칙」 별표 5의2)를
첨부해서 그 체류지를 관할하는 청장·사무소장 또는 출장소장에
게 제출해야 합니다(「출입국관리법 시행령」 제31조 제1항).

3-2. 외국인등록 관련 준수사항

[1] 외국인등록 대상

① 대한민국에 91일 이상 체류하는 외국인은 모두 등록대상자입니다(「출입국관리법」 제31조제1항 본문).

② 재외동포(F-4) 체류자격으로 입국한 외국국적동포는 「출입국관리법」의 외국인등록을 대신해서 대한민국 안에 거소를 정해 그 거소를 관할하는 청장, 사무소장, 출장소장에게 국내거소신고를 할 수 있습니다(「재외동포의 출입국과 법적 지위에 관한 법률」 제6조 제1항 및 제10조 제4항).

[2] 지문 및 얼굴에 관한 정보의 제공 등

① 외국인등록을 하여야 하는 사람이거나 국내거소신고를 하려는 사람으로 17세 이상인 사람은 생체정보를 제공하여야 합니다(「출입국관리법」 제38조 제1항 제1호).

② 생체정보의 제공을 거부하는 경우에는 청장·사무소장 또는 출장소장이 체류기간 연장허가 등 「출입국관리법」에 따른 허가를 하지 않을 수 있습니다(「출입국관리법」 제38조 제2항).

[3] 외국인등록 신청기한 및 절차

외국인등록 신청은 입국한 날부터 90일 이내에 외국인등록 신청서(「출입국관리법 시행규칙」 별지 제34호의2서식)에 체류자격별 해당 서류(「출입국관리법 시행규칙」 별표 5의2)를 첨부해서 그 체류지를 관할하는 청장·사무소장 또는 출장소장에게 제출해야 합니다(「출입국관리법 시행령」 제40조 제1항).

[4] 외국인등록증 발급

① 외국인등록 신청을 받은 청장·사무소장 또는 출장소장은 그 외국인근로자에게 외국인등록증(「출입국관리법 시행규칙」 별지 제67호서식)을 발급해야 합니다(「출입국관리법」 제33조제1항).

② 영주자격을 가진 외국인에게 발급하는 외국인등록증의 유효기간은 10년입니다(「출입국관리법」 제33조제3항).

③ 지방출입국·외국인관서의 장은 외국인등록증을 발급받은 외국인에게 외국인등록증과 동일한 효력을 가진 모바일외국인등록증을 발급할 수 있습니다(「출입국관리법」 제33조 제6항).

[5] 외국인등록증 재발급

① 다음 중 어느 하나에 해당하는 사유로 외국인등록증을 다시 발급받으려는 사람은 외국인등록증 재발급 신청서에 그 사유를 소명하는 서류와 사진 1장을 첨부해서 체류지를 관할하는 청장·사무소장 또는 출장소장에게 제출함으로써 외국인등록증을 재발급받을 수 있습니다(「출입국관리법 시행령」 제42조).

1. 외국인등록증을 분실한 경우
2. 외국인등록증이 헐어서 못쓰게 된 경우
3. 외국인등록증의 적는 난이 부족한 경우
4. 체류자격 변경허가를 받은 경우
5. 외국인등록사항 변경신고를 하는 경우
6. 위조방지 등을 위하여 외국인등록증을 한꺼번에 갱신할 필요가 있는 경우

② 이 경우 위 제2호~제6호에 규정된 사유로 외국인등록증을 재발급 받는 경우, 재발급 신청서에 원래의 외국인등록증을 첨부하여야 하며, 외국인등록증이 재발급되면, 원래의 외국인등록증은

파기됩니다(「출입국관리법 시행령」 제42조 제2항·3항).

③ 영주증을 발급받은 사람은 유효기간이 끝나기 전까지 영수증을 재발급받아야 합니다(「출입국관리법」 제33조 제4항).

[6] 외국인등록사항 변경신고

외국인등록을 한 외국인근로자는 다음의 사항에 변경이 있는 경우 외국인등록사항 변경신고서에 외국인등록증과 여권을 첨부해서 15일 이내에 그 체류지를 관할하는 청장·사무소장 또는 출장소장에게 제출해야 합니다(「출입국관리법」 제35조, 「출입국관리법 시행령」 제44조 제1항 및 「출입국관리법 시행규칙」 제49조의2).

1. 성명·성별·생년월일 및 국적

2. 여권의 번호·발급일자 및 유효기간

3. 방문취업(H-2) 체류자격에 해당하는 사람으로서 개인·기관· 단체 또는 업체에 최초로 고용된 경우에는 그 취업개시 사실

4. 방문취업(H-2) 체류자격에 해당하는 사람으로서 개인·기관· 단체 또는 업체에 이미 고용되어 있는 경우에는 그 개인·기관·단체 또는 업체의 변경(명칭변경 포함)

[7] 외국인등록증 반납

① 외국인등록을 한 외국인근로자가 출국하거나 대한민국 국민이 된 때, 또는 사망한 경우에는 출입국관리공무원에게 외국인등록증을 반납해야 합니다(「출입국관리법」 제37조 및 「출입국관리법 시행령」 제46조 제2항).

② 다만, 다음 중 어느 하나에 해당하면 외국인등록증을 반납하지 않아도 됩니다(「출입국관리법」 제37조 제1항 단서).

1. 재입국허가를 받고 일시출국하였다가 그 허가기간 내에 다시 입국하려는 경우

2. 복수사증소지자 또는 재입국허가 면제대상국가의 국민으로서 일시출국하였다가 허가된 체류기간 내에 다시 입국하려는 경우

3. 난민여행증명서를 발급받고 일시 출국하였다가 그 유효기간 내에 다시 입국하려는 경우

[8] 외국인등록증 관련 금지행위

외국인등록증과 관련해서 다음과 같은 행위가 금지됩니다(「출입국관리법」 제33조의2).

1. 외국인의 여권이나 외국인등록증을 취업에 따른 계약 또는 채무 이행의 확보수단으로 제공받거나 그 제공을 강요 또는 알선하는 행위

2. 외국인등록번호를 거짓으로 생성해서 자기 또는 다른 사람의 재물이나 재산상의 이익을 위해 사용하거나 이를 알선하는 행위

3. 외국인등록번호를 거짓으로 생성하는 프로그램을 다른 사람에게 전달하거나 유포 또는 알선하는 행위

4. 다른 사람의 외국인등록증을 부정하게 사용하거나 자기의 외국인등록증을 부정하게 사용한다는 사정을 알면서 다른 사람에게 제공하는 행위 또는 이를 각각 알선하는 행위

5. 다른 사람의 외국인등록번호를 자기 또는 다른 사람의 재물이나 재산상의 이익을 위해 부정하게 사용하거나 이를 알선하는 행위

3-3. 그 밖의 준수사항

[1] 여권과 외국인등록증의 휴대

대한민국에 체류하는 외국인근로자는 항상 여권과 외국인등록증을 지니고 있어야 하며, 출입국관리공무원 또는 권한 있는 공무원이 그 직무를 수행할 때 여권 등의 제시를 요구하면 여권 등을 제시해야 합니다(「출입국관리법」 제27조).

[2] 체류지변경신고

① 외국인등록을 한 외국인근로자가 그 체류지를 변경한 경우에는 전입한 날부터 15일 이내에 전입신고를 해야 합니다(「출입국관리법」 제36조 제1항).

② 재외동포(F-4) 체류자격으로 입국한 외국국적동포는 「출입국관리법」의 체류지변경신고를 대신해서 국내거소를 이전한 날부터 14일 이내에 그 사실을 새로운 거소가 소재한 시·군·구 또는 읍·면·동의 장이나 새로운 체류지를 관할하는 청장·사무소장 또는 출장소장에게 신고해야 합니다(「재외동포의 출입국과 법적 지위에 관한 법률」 제6조 제2항 및 제10조 제4항).

③ 전입신고를 하려는 외국인은 체류지 변경신고서에 법무부령으로 정하는 서류를 첨부하여 새로운 체류지의 시·군·구(자치구가 아닌 구를 포함) 또는 읍·면·동의 장이나 새로운 체류지를 관할하는 청장·사무소장 또는 출장소장에게 외국인등록증과 함께 제출해야 합니다. 이 경우 전입신고는 법무부장관이 정하는 정보통신망을 이용하여 할 수 있습니다(「출입국관리법」 제36조 제2항 및 「출입국관리법 시행령」 제45조 제1항).

■ 외국인이 한 외국인등록이나 체류지 변경신고에 주택임대차보호법상 대항력이 인정되는지요?

Q. 저는 '재외국민(대한국민 국민으로서 외국의 영주권을 취득한 자)'이고, 저의 아내와 딸은 '외국국적동포(대한민국 국적을 보유하였던 자로서 외국국적을 취득한 자)'로, 저는 2023. 6. 12. 아파트를 임대차보증금 3억3000만원에 2023. 7. 9.부터 2년간 임차하였고 2023. 7. 4. 그 임대차계약에 대하여 확정일자를 받음과 아울러, 위 아파트를 인도받아 이를 거소로 거소이전신고를 마치고 거주 중입니다. 저의 아내와 딸은 그 직후 입국하여 2023. 7. 19. 위 아파트를 거소로 국내거소신고를 마치고 함께 거주하여 오고 있습니다. 그런데 A저축은행이 2024. 4. 4. 위 아파트에 관하여 채권최고액 8억3200만원의 근저당권설정등기를 마쳤고 그에 기해 임의경매를 하여 갑은 임차인으로 권리신고를 하였고 아파트가 B에게 경락되었습니다. 저는 임차인으로서 우선변제권이 있을까요?

A. 이에 대하여 대법원은 외국인의 외국인등록이나 체류지 변경신고는 아래와 같은 이유로 주택임대차보호법상 대항요건으로 규정된 주민등록과 동등한 법적 효과가 인정된다고 보아야 한다고 보았습니다.

출입국관리법(2014. 3. 18. 법률 제12421호로 개정되기 전의 것, 이하 '출입국관리법'이라 한다)은, 외국인은 입국한 날부터 90일을 초과하여 대한민국에 체류하는 경우 입국한 날부터 90일 이내에 체류지를 관할하는 지방출입국?외국인관서의 장에게 국내체류지 등 외국인등록을 하여야 하고(제31조 제1항, 제32조 제4호), 체류지를 변경한 때에는 14일 이내에 변경신고를 하여야 하며(제36조 제1항), 위와 같은 외국인등록과 체류지

변경신고는 주민등록과 전입신고를 갈음한다고 규정하고 있습니다(제88조의2 제2항). 또한 재외동포의 출입국과 법적 지위에 관한 법률(이하 '재외동포법'이라 한다)은, 재외국민이라 함은 대한민국의 국민으로서 외국의 영주권을 취득한 자 또는 영주할 목적으로 외국에 거주하고 있는 자를 의미하고, 외국국적동포라 함은 대한민국의국적을 보유하였던 자 또는 그 직계비속으로서 외국국적을 취득한 자 중 대통령령이 정하는 자를 의미한다고 하고(제2조), 재외동포체류자격으로 입국한 외국국적동포가 국내에 거소를 정하여 국내거소신고 및 거소이전신고를 하면 출입국관리법에 따른 외국인등록과 체류지 변경신고를 한 것으로 본다고 규정하고 있습니다(제10조). 이와 같이 출입국관리법이 외국인이 외국인등록과 체류지 변경신고를 하면 주민등록법에 의한 주민등록 및 전입신고를 한 것으로 간주하는 것은, 외국인은 주민등록법에 의한 주민등록을 할 수 없는 대신 외국인등록과 체류지 변경신고를 하면 주민등록을 한 것과 동등한 법적 보호를 해 주고자 하는 데 취지가 있다 할 것이고, 이는 특히 주택임대차보호법에 의하여 주택의 인도와 주민등록을 마친 임차인에게 인정되는대항력 등의 효과를 부여하는 데에서 직접적인 실효성을 발휘하게 됩니다.

출입국관리법에 의한 외국인등록 및 체류지 변경신고와 재외동포법에 의한 국내거소신고 및 거소이전신고는, 거래의 안전을 위하여 임대차의 존재를 제3자가 인식할 수 있게 하는 공시방법으로서는 주민등록법에 의한 주민등록에 비하여 그 효과가 제한적입니다. 그러나 주민등록의 경우에도 열람이나 등·초본의 교부가 본인이나 세대원 또는 정당한 이해관계가 있는 자 등에게만 허용되어 그 공시기능은 부동산등기와 같은 정도에 미치지 못하는 한계가 있어, 외국인등록 등과 비교한 공시효과의 차이는 상대적인 데 그칩니다.

한편 2013. 8. 13. 법률 제12043호로 개정되어 2014. 1. 1.부터 시행된 주택임대차보호법은 주택임대차계약에 대한 확정일자 부여기관에 확정일자 부여일, 차임 및 보증금, 임대차기간 등을 기재한 확정일자부를 작성할 의무를 지우고, 주택의 임대차에이해관계가 있는 자는 확정일자 부여기관에 위와 같은 임대차 정보의 제공을 요청할수 있도록 하는 확정일자 부여 및 임대차 정보제공 제도를 신설하면서, 외국인(외국국적동포를 포함한다)도 확정일자 부여를 받을 수 있는 대상자에 포함시켰습니다(제3조의6). 이는 주민등록과 외국인등록부 등의 제한된 공시기능을 보강하고자 한 것이고, 이로써확정일자부에 의한 임대차계약 공시의 효과는 내국인과 외국인 사이에 차이가 없게 되었습니다. 이러한 제도는 원고의 이 사건 임대차계약 체결 이후에 새로 도입된 것이기는 하지만, 그것에 의하여 비로소 외국인이 체결한 임대차계약에 대한 공시방법이 마련되었다고 볼 것은 아니고, 기왕에 출입국관리법 제88조의2 제2항에 의하여 외국인등록 및 체류지 변경신고를 주민등록 및 전입신고로 갈음하는 효력이 있는 것을 보완하여 공시기능을 강화한 것으로 볼 수 있습니다.

위와 같은 여러 가지 점들을 고려하면, 외국인 또는 외국국적동포가 출입국관리법이나 재외동포법에 따라서 한 외국인등록이나 체류지 변경신고 또는 국내거소신고나 거소이전신고에 대하여는, 주택임대차보호법 제3조 제1항에서 주택임대차의 대항력 취득 요건으로 규정하고 있는 주민등록과 동일한 법적 효과가 인정된다고 보아야 합니다. 이는 외국인등록이나 국내거소신고 등이 주민등록과 비교하여 그 공시기능이 미약하다고 하여 달리 볼 수 없습니다.

그리고 주택임대차보호법 제3조 제1항에 의한 대항력 취득의 요건인 주민등록은 임차인 본인뿐 아니라 그 배우자나 자녀 등 가족의 주민등록도 포함되고(대법원1996. 1. 26. 선고 95다 30338 판결 등 참조), 이러한 법리는 재외동포법에 의한 재외국민이 임차인인 경우에도 마찬가지로 적용된다고 보아야 합니다. 2015. 1. 22. 시행된 개정 주민등록법에 따라 재외국민도 주민등록을 할 수 있게 되기 전까지는 재외국민은 주민등록을 할 수도 없고 또한 외국인이 아니어서 출입국관리법 등에 의한 외국인등록등도 할 수 없어 주택임대차보호법에 의한 대항력을 취득할 방도가 없었던 점을 감안하면, 재외국민이 임대차계약을 체결하고 동거 가족인 외국인 또는 외국국적동포가 외국인 등록이나 국내거소신고 등을 한 경우와 재외국민의 동거 가족인 외국인 또는 외국국적동포가 스스로 임대차계약을 체결하고 외국인등록이나 국내거소신고 등을 한 경우와 사이에 법적 보호의 차이를 둘 이유가 없기 때문입니다(대법원 2015다 14136). 따라서 귀하는 임차인으로서 우선변제권이 있을 것으로 보입니다.

■ 체류자격변경 또는 근무지를 변경할 경우 학교에서 어떻게 해야 하는 지요?

Q. E-2 비자로 사설 외국어 학원에서 일하고 있는 외국인을 ○○ 대학교 시간강사로 위촉하고자 합니다. 8월 말로 외국어 학원에서의 계약기간은 만료가 되고 E-2비자도 만료가 됩니다. 9월 1일자로 위촉하려고 하구요, 시간강사 위촉기간은 학기를 단위로 6개월입니다 .체류자격을 E1으로 변경도 해야할 것 같고, 근무지도 옮겨야 하는데요, 이 외국인의 체류자격과 관련하여 학교에서 어떻게 해야 하는지요?

A. 귀하의 질문은 외국어 회화지도 강사 근무처변경에 대한 것으로 이해됩니다.

(교수(E-1)자격은 고등교육법에 의한 자격요건을 갖춘 외국인으로서 전문대 이상의 교육기관이나 이에 준하는 기관에서 교육 또는 연구지도를 할 수 있으며, 교육기관의 경우 전임강사 이상의 교수로 임용되어야 하므로 이 경우에는 해당하지 않음)

출입국관리법 제 21조에 의하면, 대한민국에 체류하는 외국인이 그 체류자격의 범위내에서 그의 근무처를 변경하거나 추가하고자 할 경우에는 미리 법무부 장관의 허가를 받아야 합니다.

회화지도 자격의 경우에는 고용의 안정성을 담보하기 위해 원칙적으로 근무처 변경이 제한되나 학교로의 근무처변경, 학원에서 일정기간 근무 후의 근무처 변경 등은 예외적으로 허용되는 경우가 있습니다.

따라서 학원에서 근무하던 원어민 강사가 대학에서 영어회화 시간강사로 활동하기 위해서는 미리 관할 출입국관리사무소를 방문하여 근무처변경허가를 받아야 합니다.

참고로 근무처변경허가 신청시 제출서류는 다음과 같습니다.

- 여권 및 외국인등록증
- 근무처변경허가 신청서(출입국관리사무소에 있으며 홈페이지에서 다운받아 사용하셔도 됩니다)
- 고용계약서 원본 및 사본
- 신원보증서
- 사업자등록증 사본
- 원근무처 동의서
- 수수료
  - ○ 범죄경력증명서, 신체검사서는 기존에 출입국관리사무소에 제출하셨다면 다시 제출하지 않으셔도 되며 아울러 심사과정에서 필요하다고 인정하는 경우 제출서류를 가감할 수 있음을 알려드립니다.

또한 동 업무는 관할 사무소장에게 위임된 업무로 고용계약에 따른 체류목적과 상이 여부, 무질서하게 여러 직장을 옮겨 다니는 등 체류상태의 건실성 등 일정한 기준에 의거 심사 후 그 허가 여부를 결정하고 있음을 알려드립니다.

■ 현재 F-2 비자로 한국내에 거주하고 있는데, 체류기간은 2024. 3. 8. 까지인데 어떻게 연장하는지요?

Q. 현재 F-2 비자로 한국내에 거주하고 있는데, 체류기간은 2024년 3월 8일 까지인데 어떻게 연장하는지요?

A. 귀하께서는 F-2 체류자격으로 체류하고 계신데 체류기간 연장허가 신청을 어떻게 하고 필요한 것이 무엇인지 문의하신 것으로 이해됩니다.

귀하의 체류기간이 2024년 3월 8일 까지이면 2개월 전(2024.01.08)부터 만료일까지 거주하고 계신 지역의 출입국관리사무소(출장소)에 체류기간 연장허가를 신청하시면 됩니다.

체류기간 연장허가 신청시 필요한 서류는 여권, 외국인등록증, 혼인관계증명서(혼인사실이 기재된 증명서), 배우자 주민등록등본, 신원보증서입니다.

※ 심사과정에서 필요하다고 인정될 때에는 제출서류를 가감할 수 있습니다.
신청하러 가시기 전에 미리 하이코리아

(http://www.hikorea.go.kr)에 접속하여 방문예약을 하고 가시면 기다리는 시간을 절약하실 수 있습니다.

출입국 업무에 더 궁금한 점이 있으시면, 하이코리아(http://www.hikorea.go.kr) 또는 외국인종합안내센터(국번없이 1345)로 문의하시면 자세한 안내를 받으실 수 있습니다.

■ 국제결혼(배우자의 국적: 알제리)을 할 경우 혼인신고 등 절차는 어떻게 되는지요?

Q. 국제결혼을 앞두고 있는 남자입니다. 현재 알제리에서 근무 중에 알제리 국적의 여자와 혼인을 하려고 진행 중에 있습니다. 현지에서 결혼식을 2월 중순에 올리고 2월말에 한국에 동반입국을 할려고 계획중입니다. 알제리한국대사관에서 사증을 발급받아서 입국할 예정이며 국내 구청에서 혼인신고를 바로 할 예정입니다. 결혼식은 4월 중순에 치뤄질 계획입니다. 그리고 외국인등록을 하려고 하는데 아래 항목에 대해 답변 부탁드립니다.

1. 외국인등록과 혼인신고 사이의 절차

2. 이곳 알제리주재한국대사관에서 발급받는 사증은 어떤 종류를 받아야 하는지요?

3. 외국인 등록시 소요되는 기간 대학교에 재학 중에 현재 대우건설에서 3년차 통역업무를 담당하고 있는데 2월 말에 귀국을 하면 알제리에 향우 1년간은 학업으로 인해 재입국이 힘들것 같습니다.

A. 귀하께서는 알제리 여성분과 결혼하실 예정인데 어떤사증을 발급받고 외국인등록 어떻게 해야하는지 문의를 주신 것으로 이해됩니다.

귀하의 배우자되실 분이 한국에 얼마나 있을 예정이냐에 따라 귀하의 배우자가 알맞은 비자를 받아오시면 됩니다.

잠시동안(90일이내) 국내에 머물다 다시 돌아가실 예정이라면 단기종합(C-3) 비자를 받아 입국하셔도 되며, 만약 국내에서 계속 체류하시고 외국인등록을 하실 예정이라면 거주(F-2)사증을 받으셔야 합니다.

그러나, 거주(F-2)사증은 양국에 혼인신고가 되어 있어야 발급이 됩니다.

1. 외국인등록과 혼인신고 사이의 절차

   혼인신고는 구청등에 결혼의 사실을 신고하여 가족관계부
   에 등재하는 것이고, 외국인등록은 90일이상 한국에 머
   무르는 외국인이 출입국관리사무소에 등록하는 것입니다.

2. 이 곳 알제리주재한국대사관에서 발급받는 사증은 어떤 종
   류를 받아야 하는지 위에서 설명을 드렸습니다.

3. 외국인 등록시 소요되는 기간

   국내에 장기체류할 수 있는 비자를 가지고 있는 외국인이
   출입국관리사무소에 등록하시는 것으로 접수 후 대략 1주
   일 이내에 외국인등록증을 받으실 수 있습니다.

   출입국 업무에 더 궁금한 점이 있으시면, 하이코리아
   (http://www.hikorea.go.kr) 또는 외국인종합안내센터(국
   번없이 1345)로 문의하시면 자세한 안내를 받으실 수 있
   습니다.

■ 방문예약은 체류기간만료 두달전부터 가능한가요? 방문예약해서 기간 연장신청하면, 얼마나 걸리나요?

Q. 저는 F-4 비자소지자입니다. 외국국적동포국내거소신고증에 체류기간이 2024년 5월 초경까지 되어 있는데요, 방문예약은 체류기간만료 두달전부터 가능한가요? 방문예약해서 기간연장신청하면, 얼마나 걸리나요? 출입국사무소에서는 당일에 신청 완료될 수 있나요?

A. 귀하의 질의 내용은 재외동포 자격소지자의 체류기간연장에 대해 문의하신 것으로 이해됩니다.

재외동포 자격소지는 체류기간 만료일 전에 신청서, 여권, 거소증, 수수료3만원을 구비하여 관할 출입국관리사무소에 직접 방문하여 신청할 수 있으며, 처리기간은 각 사무소마다 차이가 있으므로 신청 시 문의하시기 바랍니다. 체류기간 만료일 2개월 전 부터 연장신청을 할 수 있습니다.

■ 재취업 신고를 출입국관리사무소에 해야 합니까?

Q. 저는 중국교포입니다. 2023년 11월경에 취업신고를 한 상태에서 작년에 체류연장했습니다. 지금 외국인고용허가서가 3년 만기여서 재발급 연장하는 상태에서 동일한 회사에서 근무 중 입니다. 재취업 신고를 출입국에 해야 합니까?

A. 귀하의 질의 내용은 취업신고 관련하여 문의하신 것으로 이해됩니다.

관할 출입국관리사무소에 취업개시신고를 하고 한 회사에서 계속 근무 중이라면 별도로 취업신고를 할 필요는 없으나, 재고용허가를 받았다면 반드시 재고용확인서를 구비하여 관할 출입국관리사무소에 체류기간연장 허가를 받아야 함을 안내드립니다.

기타 출입국 업무에 더 궁금한 점이 있으시면

○ 외국인종합안내센타 : ☎ 국번없이 1345

○출입국외국인정책본부 및 외국인을 위한 전자정부 하이코리아(www.hikorea.go.kr) 홈페이지에서 더 많은 정보를 확인하실 수 있으니 참고하여 주시기 바랍니다.

■ F-4비자로 변경되는데 변경 수속 할 때 어떤 서류가 필요한지요? 시간은 얼마 걸리는지요?

Q. 저의 친구가 다음 달이면 F-4비자로 변경되는데 변경 수속 할 때 어떤 서류가 필요한지요? 시간은 얼마 걸리는지요?

A. 귀하의 질의 내용은 재외동포 자격변경 절차에 대해 문의하신 것으로 이해됩니다.

방문취업자격자는 고용부의 특례고용가능확인서를 발급 받은 제조업, 농축산업, 어업분야에서 고용계약을 한 후 취업개시일 로 부터 14일 이내에 관할 출입국관리사무소에 취업개시 신고 를 2011.7.31 이전에 신고한 경우는 1년 후에 재외동포 자격 변경 신청이 가능함을 알려드립니다.

재외동포 자격으로 변경 시 필요한 서류는 신청서, 수수료6만 원, 사업자등록증 사본, 최근 1년간 해당업종 계속 고용관계 증명서류(원천징수 영수증 등)을 구비하여 신청하시면 됩니다.

■ 만기자 연장의 가능여부 및 재채용할 수 있나요?

Q. 저희 회사에 필리핀 외국인이 체류 만기가(5년) 도래하여 내년 1월초에 자기 나라로 귀국합니다. 또 다시 한국에서 근무를 원하고 있고, 저희도 성실하여 다시 채용하기를 원합니다. 현행법으로 가능한지 혹 불가한지 만약에 가능하면 어떤 방법이 있는지 궁금합니다.

A. 귀하의 민원 요지는 고용허가제로 근무하고 있는 외국인 근로자가 법정 체류기간을 모두 채운 경우에 다른 자격으로 변경이 가능한가에 관한 것으로 판단됩니다.

현행 외국인근로자의고용등에 관한 법률에 의하여 시행되고 있는 고용허가제에 의한 외국인근로자는 최장 4년10개월간 체류할 수 있도록 되어 있습니다. 이 기간을 모두 채운 외국인근로자는 추가로 연장을 할 수는 없으며, 일정 요건을 구비한 숙련인력에 대하여 특정활동(E-7)으로 변경할 수 있는 제도를 마련하여 시행하고 있습니다.

동 제도에 대한 자세한 사항은 제한된 지면 등으로 인해 관련된 모든 내용을 적어 드리기가 곤란하여 "외국인을 위한 전자정부" 홈페이지를 알려드리니 양지하시기 바랍니다.

※ 해당 홈페이지(www.hikorea.go.kr) → 알림마당 → 공지사항
따라서 법정 체류기간을 모두 채운 외국인근로자가 위에서 언급한 조건을 구비하지 못하였다면 출국을 하여야 함을 알려드립니다.

■ 외국인 노동자 관련 체류자격 변경에 관하여 문의합니다.

Q. 외국인 노동자 관련 체류자격 변경에 관하여 문의하고자 합니다. 저희 직원 중에 H-2비자 소유의 외국인 노동자가 근무 중입니다. 저희 회사에서 근무하신지 만 2년이 지났습니다. F-4로 체류자격변경이 가능하다고 하셔서 문의를 드립니다. 변경가능하다면 준비해야 할 서류들은 어떤 것들이 있는지요?어디서 신청하면 되는지 알려 주세요.

A. 귀하의 민원 요지는 방문취업자격 소지자의 재외동포자격(F-4) 변경과 관련된 것으로 판단됩니다.

방문취업자격자는 고용부의 특례고용가능확인서를 발급 받은 지방제조업, 농축산업, 어업(양식업포함)분야 업체에서 고용계약을 한 후 취업개시일로 부터 14일 이내에 관할 출입국관리사무소에 취업개시 신고를 하였다면 취업개시 신고 후 2년 후(2011.7.31이전에 신고한 경우는 1년)에 재외동포 자격변경 신청이 가능하며,

- "지방소재 제조업"이란 고용노동부(외국인력정책과)에서 고시하는 서울, 인천, 경기도의 일부(인구 20만 이상 시·군)를 제외한 지역을 말합니다.

※ 경기도지역 중에서 "지방" 범위에 포함되는 시군(인구 20만 이하) 는 양주시, 포천시, 동두천시, 구리시, 오산시, 과천시, 의왕시, 하남시, 안성시, 이천시, 여주군, 연천군, 가평군, 양평군입니다

이 경우 2년의 기간 산정은 동일업체에서 계속하여(폐업 등 사업주의 귀책사유로 인한 경우는 제외) 근무하는 경우에 해당합니다.

또한 재외동포자격신청시 필요한 서류, 요건, 비용, 절차 등에 관하여는 제한된 지면 등으로 인해 관련된 모든 내용을 적어드리기가 곤란하여 "외국인을 위한 전자정부" 홈페이지를 알려

드리니 양지하시기 바랍니다.

※ 해당 홈페이지(www.hikorea.go.kr) → 정보마당 → 출입국/체류 안내
→ 외국인의 체류 메뉴의 체류자격변경 → 체류자격별 신청서류안내
기타 출입국 업무에 더 궁금한 점이 있으시면

○ 외국인종합안내센타 : ☎ 국번없이 1345

○ 출입국외국인정책본부 및 외국인을 위한 전자정부 하이코
리아(www.hikorea.go.kr) 홈페이지에서 더 많은 정보를
확인하실 수 있으니 참고하여 주시기 바랍니다.

■ 체류자격외 활동을 받을려면 어떤 서류를 제출하여야 하는지요?

Q. 저는 중국 조선족 동포입니다. 저는 F-1 자격으로 체류하다가 작년에 수원시에 있는 "중소기업인재개발원"에서 6개월 공부 후 수료증을 제출하여 출입국에서 F-1 자격을 새로이 부여 받았습니다. 그런데 제가 학원에 다닐 때 수료하면 일을 할 수 있다고 하였는데 지금은 학업을 끝냈고 아르바이트라도 하고 싶어서 체류자격외 활동을 받고자 합니다. 제가 체류자격외 활동을 받을려면 어떤 서류를 제출하여야 하는지요?

A. 귀하의 질의 내용은 체류자격외 활동허가에 대해 문의하신 것으로 이해됩니다.

우리 부는 동포들의 체류편의를 위해 만 25세 미만자에 대해 기술교육을 받을 수 있도록 했으며, 기술교육 후 방문동거 자격으로 변경하여 국내 체류는 허용하되 취업은 허용하지 않습니다. 원칙적으로 성년의 자녀에 대해서는 국내에서 장기 체류를 허용하지 않기 때문입니다.

기술교육을 받은 동포에 대해서는 체류를 허용하고 만 25세가 되는 경우는 방문취업 자격으로 변경을 허용하고 있습니다.

시간제 취업에 대해서는 관할 출입국관리사무소에 직접 방문하여 상담을 받으시기 바랍니다.

Part 2. 여성근로자 보호

1. 여성보호를 위한 근로기준

1-1. 여성보호를 위한 법규

① 「근로기준법」과 「남녀고용평등과 일·가정 양립 지원에 관한 법률」은 고용에서 남녀의 평등한 기회와 대우를 보장하고 모성을 보호하기 위한 각종 보호규정을 두고 있습니다.

② 여성인 외국인근로자는 국내 여성 근로자와 동일하게 위 법규의 적용을 받습니다.

③ 다만, 각 법이 적용되는 범위는 다음과 같습니다.

　○ 「근로기준법」의 적용범위

　　1. 상시 5명 이상 근로자를 사용하는 모든 사업 또는 사업장. 다만, 동거하는 친족만을 사용하는 사업 또는 사업장과 가사(家事)사용인에게는 적용되지 않습니다(「근로기준법」 제11조제1항)

　　2. 상시 4명 이하의 근로자를 사용하는 사업 또는 사업장에 대해서는 일부 적용(「근로기준법」 제11조 제2항 및 「근로기준법 시행령」 별표 1)

　○ 「남녀고용평등과 일·가정 양립 지원에 관한 법률」의 적용범위

　　근로자를 사용하는 모든 사업 또는 사업장. 다만, 동거하는 친족만으로 이루어지는 사업 또는 사업장과 가사사용인에게는 적용되지 않습니다(「남녀고용평등과 일·가정 양립 지원에 관한 법률」 제3조 제1항 및 「남녀고용평등과 일·가정 양립 지원에 관한 법률 시행령」 제2조 제1항).

1-2. 남녀차별금지

[1] 남녀차별의 의미

① 남녀차별에서 "차별"이란 사업주가 근로자에게 성별, 혼인, 가족 안에서의 지위, 임신 또는 출산 등의 사유로 합리적인 이유 없이 채용 또는 근로의 조건을 다르게 하거나 그 밖의 불리한 조치를 하는 경우[사업주가 채용조건이나 근로조건은 동일하게 적용하더라도 그 조건을 충족할 수 있는 남성 또는 여성이 다른 한 성에 비하여 현저히 적고 그에 따라 특정 성에게 불리한 결과를 초래하며 그 조건이 정당한 것임을 증명할 수 없는 경우를 포함]를 말합니다(「남녀고용평등과 일·가정 양립 지원에 관한 법률」 제2조 제1호 본문).

② 다만, 다음의 어느 하나에 해당하는 경우는 차별에 해당하지 않습니다(「남녀고용평등과 일·가정 양립 지원에 관한 법률」 제2조 제1호 단서).

1. 직무의 성격에 비추어 특정 성이 불가피하게 요구되는 경우
2. 여성 외국인근로자의 임신·출산·수유 등 모성보호를 위한 조치를 하는 경우
3. 그 밖에 「남녀고용평등과 일·가정 양립 지원에 관한 법률」또는 다른 법률에 따라 적극적 고용개선조치를 하는 경우

③ "적극적 고용개선조치"란?

적극적 조치를 고용부문에 적용한 개념으로 사업주가 현존하는 고용상의 차별을 해소하거나 고용평등을 촉진하기 위해 잠정적으로 취하는 모든 조치 및 그에 수반되는 절차를 말합니다(「남녀고용평등과 일·가정 양립 지원에 관한 법률」 제2조 제3호). 적극적 고용개선조치는 능력주의나 업적주의를 침해하지 않는 방법으로

소수집단의 대표성을 확대시켜 나가는 방식입니다.

[2] 남녀차별금지 의무

사용자는 모집과 채용, 임금 및 복리후생, 교육·배치·승진, 정년·퇴직 및 해고 등 분야에서 여성 외국인근로자에 대해 남녀차별을 해서는 안 됩니다.

[3] 남녀차별금지의 주요 내용

① 모집과 채용

    ⓐ 사용자는 근로자를 모집하거나 채용할 때 남녀를 차별해서는 안 됩니다(「남녀고용평등과 일·가정 양립 지원에 관한 법률」 제7조 제1항).

    ⓑ 사용자는 여성 외국인근로자를 모집·채용할 경우 그 직무의 수행에 필요하지 않은 용모·키·체중 등의 신체적 조건, 미혼 조건, 그 밖에 「남녀고용평등과 일·가정 양립 지원에 관한 법률 시행규칙」으로 정하는 조건을 제시하거나 요구해서는 안 됩니다(「남녀고용평등과 일·가정 양립 지원에 관한 법률」 제7조 제2항).

    ⓒ 이를 위반하면 500만원 이하의 벌금에 처해집니다(「남녀고용평등과 일·가정 양립 지원에 관한 법률」 제37조 제4항 제1호).

[4] 임금 및 복리후생

① 사용자는 동일한 사업 내의 동일 가치 노동에 대하여는 동일한 임금을 지급해야 하며, 남성과 여성의 임금을 차별해서는 안 됩니다(「남녀고용평등과 일·가정 양립 지원에 관한 법률」 제8조 제1항).

② 이를 위반하면 3년 이하의 징역 또는 3천만원 이하의 벌금에 처해집니다(「남녀고용평등과 일·가정 양립 지원에 관한 법률」 제37조 제2항 제1호).

③ 사용자는 임금 외에 근로자의 생활을 보조하기 위한 금품의 지급 또는 자금의 융자 등 복리후생에서 남녀를 차별해서는 안 됩니다(「남녀고용평등과 일·가정 양립 지원에 관한 법률」 제9조).

④ 이를 위반하면 500만원 이하의 벌금에 처해집니다(「남녀고용평등과 일·가정 양립 지원에 관한 법률」 제37조 제4항 제2호).

[5] 교육·배치·승진

① 사용자는 근로자의 교육·배치 및 승진에서 남녀를 차별해서는 안 됩니다(「남녀고용평등과 일·가정 양립 지원에 관한 법률」 제10조).

② 이를 위반하면 500만원 이하의 벌금에 처해집니다(「남녀고용평등과 일·가정 양립 지원에 관한 법률」 제37조 제4항 제3호).

[6] 정년·퇴직 및 해고

① 사용자는 근로자의 정년·퇴직 및 해고에서 남녀를 차별해서는 안되며, 여성 외국인근로자의 혼인, 임신 또는 출산을 퇴직 사유로 예정하는 근로계약을 체결해서는 안 됩니다(「남녀고용평등과 일·가정 양립 지원에 관한 법률」 제11조).

② 이를 위반하면 5년 이하의 징역 또는 3천만원 이하의 벌금에 처해집니다(「남녀고용평등과 일·가정 양립 지원에 관한 법률」 제37조 제1항).

1-3. 여성 외국인근로자 보호의 주요 내용

[1] 위험유해업무에 대한 여성사용 금지

① 사용자는 임산부를 도덕상 또는 보건상 유해·위험한 사업에 사용하지 못합니다(「근로기준법」 제65조 제1항).

② "임산부"란 임신 중이거나 산후 1년이 지나지 않은 여성을 말합니다.

③ 사용자는 임산부가 아닌 18세 이상의 여성을 보건에 관해 유해·위험한 사업 중 임신 또는 출산에 관한 기능에 유해·위험한 사업에 사용하지 못합니다(「근로기준법」 제65조 제2항).

④ 이를 위반하면 3년 이하의 징역 또는 3천만원 이하의 벌금에 처해집니다(「근로기준법」 제109조 제1항).

⑤ 임산부, 산후 1년이 지나지 않은 여성 및 임산부가 아닌 18세 이상인 여성의 사용이 금지되는 직종의 범위는 다음과 같습니다(「근로기준법 시행령」 별표 4, 「근로기준법 시행규칙」 제11조의 2 및 별표 2).

구분	사용금지직종
임신 중인 여성	1. 「원자력안전법」 제91조제2항에 따른 방사선작업종사자 등의 피폭방사선량이 선량한도를 초과하는 원자력 및 방사선 관련 업무 2. 납, 수은, 크롬, 비소, 황린, 불소(불화수소산), 염소(산), 시안화수소(시안산), 2-브로모프로판, 아닐린, 수산화칼륨, 페놀, 에틸렌글리콜모노메틸에테르, 에틸렌글리콜모노에틸에테르, 에틸렌글리콜모노에틸에테르 아세테이트, 염화비닐, 벤젠 등 유해물질을 취급하는 업무 3. 사이토메갈로바이러스(Cytomegalovirus)·B형 간염 바이러스 등 병원체로 인해 오염될 우려가 큰 업무 (의사 간호사·방사선기사 등의 면허증을 가진 사람 또는 해당자격 취득을 위한 양성과정 중에 있는 사람의 경우는 제외)

	4. 신체를 심하게 펴거나 굽히면서 해야 하는 업무 또는 신체를 지속적으로 쭈그려야 하거나 앞으로 구부린 채 해야 하는 업무 5. 연속작업에 있어서는 5킬로그램 이상, 단속(斷續)작업에 있어서는 10킬로그램 이상의 중량물을 취급하는 업무 6. 건물 해체작업(지상에서 작업을 보조하는 업무 제외)및「산업안전보건기준에 관한 규칙」 제71조에서 규정한 통나무 비계의 설치 또는 해체업무 7. 「산업안전보건기준에 관한 규칙」 제42조에 따른 추락위험이 있는 장소에서의 작업 및 산업안전보건기준에 관한 규칙 제50조에 따른 붕괴 또는 낙하의 위험이 있는 장소에서의 작업 8. 「산업안전보건기준에 관한 규칙」 제105조 및 제106조에서 규정한 둥근톱기계로서 지름이 25센티미터 이상인 기계를 사용해 목재를 가공하는 업무 또는 산업안전보건기준에 관한 규칙」 제107조 및 제108조에서 규정하는 띠톱기계로서 풀리(Pulley)의 지름이 75센티미터 이상인 기계를 사용해 목재를 가공하는 업무 9. 산업안전보건기준에 관한 규칙 제319조부터 제322조까지의 규정에 따른 전기작업 및 충전전로 인근에서의 차량·기계장치 작업 10. 「산업안전보건기준에 관한 규칙」 제2편제4장제2절제3관에 따른 터널작업 11. 「산업안전보건기준에 관한 규칙」 제512조제4호에 따른 진동작업 12. 「산업안전보건기준에 관한 규칙」 제522조제2호 및 제3호에 따른 고압작업 및 잠수작업 13. 「산업안전보건기준에 관한 규칙」 제559조제1항 및 제2항에 따른 고열작업 및 한랭작업 14. 그 밖에 고용노동부장관이 산업재해보상보험법 제8조
산후 1년이 지나지 않은 여성	1. 납, 비소를 취급하는 업무(모유 수유를 하지 않는 여성으로서 본인이 취업 의사를 사업주에게 서면으로 제출한 여성의 경우에는 제외) 2. 2-브로모프로판을 취급하거나 2-브로모프로판에 노출 될 수 있는 업무 3. 그 밖에 고용노동부장관이 산업재해보상보험 및 예방심의위원회의 심의를

임산부가 아닌 18세 이상인 여성	1. 2-브로모프로판을 취급하거나 2-브로모프로판에 노출 될 수 있는 업무(의학적으로 임신할 가능성이 전혀 없는 여성인 경우에는 제외) 2. 그 밖에 고용노동부장관이 산업재해보상보험 및 예방심의위원회

⑥ 사용자는 원칙적으로 여성을 갱내에서 근로시키지 못합니다(「근로기준법」 제72조).

⑦ "갱내"란 광산에서 광물을 채취하기 위하여 파 놓은 구덩이의 안을 말합니다.

⑧ 이를 위반하면 3년 이하의 징역 또는 3천만원 이하의 벌금에 처해집니다(「근로기준법」 제109조 제1항).

⑨ 사용자는 임신 중의 여성근로자가 요구하면 쉬운 종류의 근로로 전환해 주어야 합니다(「근로기준법」 제74조 제5항).

⑩ 이를 위반하면 2년 이하의 징역 또는 2천만원 이하의 벌금에 처해집니다(「근로기준법」 제110조 제1호).

1-4. 근로시간에 관한 특별보호

[1] 시간 외 근로의 제한

① 사용자는 산후 1년이 지나지 않은 여성에 대해서는 단체협약이 있는 경우라도 1일에 2시간, 1주에 6시간, 1년에 150시간을 초과하는 시간 외 근로를 시키지 못합니다(「근로기준법」 제71조).

② 이를 위반하면 2년 이하의 징역 또는 2천만원 이하의 벌금에 처해집니다(「근로기준법」 제110조 제1호).

③ 사용자는 임신 중의 여성 근로자에게 시간 외 근로를 하게 해서는 안 됩니다(「근로기준법」 제74조 제5항).

④ 이를 위반하면 2년 이하의 징역 또는 2천만원 이하의 벌금에 처해집니다(「근로기준법」 제110조 제1호).

[2] 임신기 근로시간 단축제

① 임신 후 12주 이내 또는 36주 이후에 있는 여성 근로자는 1일 2시간의 근로시간 단축을 신청할 수 있으며, 사용자는 이를 허용해야 합니다(「근로기준법」 제74조 제7항 본문).

② 다만, 1일 근로시간이 8시간 미만인 근로자에 대하여는 1일 근로시간이 6시간이 되도록 근로시간 단축을 허용할 수 있습니다 (「근로기준법」 제74조 제7항 단서).

③ 사용자가 근로자의 임신기 근로시간 단축 신청을 허용하지 않으면 500만원 이하의 과태료가 부과됩니다(「근로기준법」 제116조 제2항 제2호).

④ 사용자는 임신기 근로시간 단축을 이유로 해당 근로자의 임금을 삭감할 수 없습니다(「근로기준법」 제74조 제8항).

[3] 임신기간 근로시간 단축의 신청

① 근로시간 단축을 신청하려는 여성 근로자는 근로시간 단축 개시 예정일의 3일 전까지 임신기간, 근로시간 단축 개시 예정일 및 종료 예정일, 근무 개시 시각 및 종료 시각 등을 적은 문서(전자문서 포함)에 의사의 진단서(같은 임신에 대하여 근로시간 단축을 다시 신청하는 경우 제외)를 첨부하여 사용자에게 제출해야 합니다(「근로기준법」 제74조 제10항 및 「근로기준법 시행령」 제43조의2).

② 임신기 근로시간 단축제 시행 시기[「근로기준법」 부칙(법률 제12527호) 제1조].
  - 상시 300명 이상의 근로자를 사용하는 사업 또는 사업장: 2014년 9월 25일
  - 상시 300명 미만의 근로자를 사용하는 사업 또는 사업장: 2016년 3월 25일

[4] 업무의 시작 및 종료 시각 변경

① 사용자는 임신 중인 여성 근로자가 1일 소정근로시간을 유지하면서 업무의 시작 및 종료 시각의 변경을 신청하는 경우 이를 허용해야 합니다. 다만, 정상적인 사업 운영에 중대한 지장을 초래하는 경우에는 그렇지 않습니다(「근로기준법」 제74조 제10항).

② 사용자가 이를 위반하면 500만원 이하의 과태료가 부과됩니다(「근로기준법」 제116조 제1항 제2호).

[5] 야간근로와 휴일근로의 제한

① 사용자는 18세 이상의 여성을 오후 10시부터 오전 6시까지의 시간 및 휴일에 근로시키려면 그 근로자의 동의를 받아야 합니다(「근로기준법」 제70조 제1항).

② 이를 위반하면 2년 이하의 징역 또는 2천만원 이하의 벌금에 처해집니다(「근로기준법」 제110조 제1호).

③ 사용자는 임산부를 오후 10시부터 오전 6시까지의 시간 및 휴일에 근로시키지 못합니다. 다만, 산후 1년이 지나지 않은 여성의 동의가 있는 경우, 임신 중의 여성이 명시적으로 청구하는 경우에 고용노동부장관의 인가를 받으면 가능합니다(「근로기준법」 제70조 제2항).

④ 이를 위반하면 2년 이하의 징역 또는 2천만원 이하의 벌금에 처해집니다(「근로기준법」 제110조 제1호).

[6] 탄력적 근로시간제의 적용배제

탄력적 근로시간제는 임신 중인 여성근로자에게는 적용이 제외됩니다(제51조제3항 및 제51조의2제6항). 이는 사용자가 임신 중인 여성근로자에게 특정한 주에 법정근로시간을 초과하여 업무를 시키는 것을 막기 위한 것입니다.

1-5. 출산·육아에 관한 특별보호

[1] 생리휴가

① 사용자는 여성 근로자가 청구하면 월 1일의 생리휴가를 주어야 합니다(「근로기준법」 제73조).

② 이를 위반하면 500만원 이하의 벌금에 처해집니다(「근로기준법」 제114조 제1호).

③ 생리휴가는 생리 중인 여성 외국인근로자면 누구나 신청할 수 있고, 연령이나 근로형태, 직종, 소정 근로일의 개근 여부 등의 영향을 받지 않으며, 해당 월에 생리휴가를 사용하지 않으면 더 이상 사용할 수 없습니다.

[2] 난임치료휴가

① 사용자는 근로자가 인공수정 또는 체외수정 등 난임치료를 받기 위하여 휴가(이하 "난임치료휴가"라 함)를 청구하는 경우에 연간 3일 이내의 휴가를 주어야 하며, 이 경우 최초 1일은 유급으로 합니다. 다만, 근로자가 청구한 시기에 휴가를 주는 것이 정상적인 사업 운영에 중대한 지장을 초래하는 경우에는 근로자와 협의하여 그 시기를 변경할 수 있습니다(「남녀고용평등과 일·가정 양립 지원에 관한 법률」 제18조의3 제1항).

② 이를 위반하고 난임휴가를 주지 않는 사용자에게는 500만원 이하의 과태료가 부과됩니다(「남녀고용평등과 일·가정 양립 지원에 관한 법률」 제39조 제2항 제3의2호).

③ 사업주는 난임치료휴가를 이유로 해고, 징계 등 불리한 처우를 하여서는 안 됩니다(「남녀고용평등과 일·가정 양립 지원에 관한 법률」 제18조의3 제2항).

[3] 출산전후휴가

① 사용자는 임신 중의 여성에게 출산 전과 출산 후를 통해 90일 (한 번에 둘 이상 자녀를 임신한 경우에는 120일)의 출산전후휴 가를 주어야 하며, 출산후에 45일(한 번에 둘 이상 자녀를 임신 한 경우에는 60일) 이상의 기간이 배정되어야 합니다(「근로기준 법」제74조 제1항).

② 이를 위반하면 2년 이하의 징역 또는 2천만원 이하의 벌금에 처 해집니다(「근로기준법」제110조 제1호).

③ 사용자는 임신 중인 여성 근로자가 유산의 경험 등으로 출산후 휴가를 청구하는 경우 출산 전 어느 때라도 휴가를 나누어 사용 할 수 있도록 해야 합니다. 이 경우 출산 후의 휴가 기간은 연 속하여 45일(한 번에 둘 이상 자녀를 임신한 경우에는 60일) 이 상이 되어야 합니다(「근로기준법」제74조 제2항).

④ 휴가 중 최초 60일은 유급으로 합니다. 다만, 출산전후휴가 급 여(「남녀고용평등과 일·가정 양립 지원에 관한 법률」제18조) 등 이 지급된 경우에는 그 금액이 제외되고 지급됩니다(「근로기준 법」제74조 제3항).

⑤ 이를 위반하면 2년 이하의 징역 또는 2천만원 이하의 벌금에 처 해집니다(「근로기준법」제110조 제1호).

[4] 유산·사산 휴가

① 사용자는 임신 중인 여성이 임신 유산(流産) 또는 사산(死産)한 경우로서 그 근로자가 청구하면 유·사산 휴가를 주어야 합니다. 다만, 인공 임신중절 수술에 따른 유산의 경우는 제외됩니다(「근 로기준법」제74조 제3항).

② 이 경우 인공 임신중절 수술이 허용되는 다음과 같은 정당화 사

유(규제「모자보건법」 제14조)가 있는 경우에는 유·사산 휴가를 받을 수 있습니다(「근로기준법」 제74조 제3항 단서).

1. 본인 또는 배우자가 다음의 어느 하나에 해당하는 우생학적 또는 유전학적 정신장애나 신체질환이 있는 경우(「모자보건법 시행령」 제15조 제2항)

   가. 연골무형성증

   나. 낭성섬유증

   다. 그 밖에 유전성 질환으로서 그 질환이 태아에 미치는 험성이 현저한 질환

2. 본인 또는 배우자에게 태아에 미치는 위험성이 높은 풍진·톡소플라즈마증 및 그 밖에 의학적으로 태아에 미치는 위험성이 높은 전염성질환이 있는 경우(「모자보건법 시행령」 제15조 제3항)

3. 강간 또는 준강간에 의해 임신된 경우

4. 법률상 혼인할 수 없는 혈족 또는 인척 간에 임신된 경우

5. 임신의 지속이 보건의학적 이유로 모체의 건강을 심히 해하고 있거나 해할 우려가 있는 경우

③ 이를 위반해서 유·사산 휴가를 주지 않은 사용자는 2년 이하의 징역 또는 2천만원 이하의 벌금에 처해집니다(「근로기준법」 제110조 제1호).

[5] 수유시간

① 생후 1년 미만의 유아를 가진 여성 외국인근로자가 청구하면 1일 2회 각각 30분 이상의 유급 수유 시간을 주어야 합니다(「근로기준법」 제75조).

② 이를 위반하면 2년 이하의 징역 또는 2천만원 이하의 벌금에 처해집니다(「근로기준법」 제110조 제1호).

[6] 임산부 정기검진시간

사용자는 임신한 여성 외국인근로자가 임산부 정기건강진단(「모자보건법」 제10조)을 받는데 필요한 시간을 청구하는 경우 이를 허용해 주어야 하며, 이를 이유로 그 근로자의 임금을 삭감해서는 안 됩니다(「근로기준법」 제74조의2).

[7] 육아휴직

① 사용자는 근로자가 만 8세 이하 또는 초등학교 2학년 이하의 자녀(입양한 자녀 포함)를 양육하기 위하여 휴직(육아휴직)을 신청하는 경우에 1년 이내의 기간으로 이를 허용해야 합니다(「남녀고용평등과 일·가정 양립 지원에 관한 법률」 제19조 제1항 본문 및 제2항).

② 다만, 다음의 어느 하나에 해당하는 경우에는 육아휴직을 허용하지 않아도 됩니다(「남녀고용평등과 일·가정 양립 지원에 관한 법률」 제19조제1항 단서 및 「남녀고용평등과 일·가정 양립 지원에 관한 법률 시행령」 제10조).

  1. 육아휴직을 시작하려는 날의 전날까지 해당사업에서 계속 근로한 기간이 6개월 미만인 근로자

  2. 같은 영유아에 대하여 배우자가 육아휴직(다른 법령에 따른 육아휴직 포함)을 하고 있는 근로자

③ 이를 위반하면 500만원 이하의 벌금에 처해집니다(「남녀고용평등과 일·가정 양립 지원에 관한 법률」 제37조 제4항 제4호).

④ 사용자는 육아휴직을 이유로 해고나 그 밖의 불리한 처우를 해서는 안 되며, 육아휴직 기간에는 그 근로자를 해고하지 못합니다. 다만, 사업을 계속할 수 없는 경우에는 육아휴직 기간에도 해고할 수 있습니다(「남녀고용평등과 일·가정 양립 지원에 관한 법률」 제19조 제3항).

⑤ 이를 위반하면 3년 이하의 징역 또는 3천만원 이하의 벌금에 처해집니다(「남녀고용평등과 일·가정 양립 지원에 관한 법률」 제37조 제2항 제3호).

⑥ 사용자는 육아휴직을 마친 후에는 휴직 전과 같은 업무 또는 같은 수준의 임금을 지급하는 직무에 복귀시켜야 하고, 육아휴직 기간은 근속기간에 포함됩니다(「남녀고용평등과 일·가정 양립 지원에 관한 법률」 제19조 제4항).

⑦ 이를 위반하면 500만원 이하의 벌금에 처해집니다(「남녀고용평등과 일·가정 양립 지원에 관한 법률」 제37조 제4항 제4호).

[8] 육아기 근로시간 단축

① 여성 외국인근로자는 만 8세 이하 또는 초등학교 2학년 이하의 자녀를 양육하기 위하여 근로시간 단축을 신청할 수 있는데, 사용자는 근로자가 육아기 근로시간 단축을 신청하는 경우에 1년 이내의 기간(육아휴직을 사용하지 않은 기간이 있으면 그 기간을 더한 기간 이내)으로 이를 허용해야 합니다. 다만 대체인력 채용이 불가능한 경우, 정상적인 사업 운영에 중대한 지장을 초래하는 경우 등은 예외로 합니다(「남녀고용평등과 일·가정 양립 지원에 관한 법률」 제19조의2 제1항 및 제4항).

② 사용자가 해당 근로자에게 육아기 근로시간 단축을 허용(「남녀고용평등과 일·가정 양립 지원에 관한 법률」 제19조의2제1항)하는 경우 단축 후 근로시간은 주당 15시간 이상이어야 하고 35시간을 넘어서는 안 됩니다(「남녀고용평등과 일·가정 양립 지원에 관한 법률」 제19조의2 제3항).

③ 사용자는 육아기 근로시간 단축을 이유로 해당 근로자에게 해고나 그 밖의 불리한 처우를 해서는 안 됩니다(「남녀고용평등과 일·가정 양립 지원에 관한 법률」 제19조의2 제5항).

④ 이를 위반하면 3년 이하의 징역 또는 3천만원 이하의 벌금에 처해집니다(「남녀고용평등과 일·가정 양립 지원에 관한 법률」 제37조 제2항 제4호).

⑤ 사용자는 근로자의 육아기 근로시간 단축기간이 끝난 후에 그 근로자를 육아기 근로시간 단축 전과 같은 업무 또는 같은 수준의 임금을 지급하는 직무에 복귀시켜야 합니다(「남녀고용평등과 일·가정 양립 지원에 관한 법률」 제19조의2 제6항).

⑥ 이를 위반하면 500만원 이하의 벌금에 처해집니다(「남녀고용평등과 일·가정 양립 지원에 관한 법률」 제37조 제4항 제5호).

⑦ 사용자는 육아기 근로시간 단축을 하고 있는 근로자에게 단축된 근로시간 외에 연장근로를 요구할 수 없습니다. 그 근로자가 명시적으로 청구하는 경우 사용자는 주 12시간 이내에서 연장근로를 시킬 수 있을 뿐입니다(「남녀고용평등과 일·가정 양립 지원에 관한 법률」 제19조의3 제3항).

⑧ 이를 위반하면 1천만원 이하의 벌금에 처해집니다(「남녀고용평등과 일·가정 양립 지원에 관한 법률」 제37조 제3항).

2. 직장 내 성희롱 예방 및 조치

2-1. 직장 내 성희롱의 의미 및 금지의무

① "직장 내 성희롱"이란 사용자·상급자 또는 근로자가 직장 내의 지위를 이용하거나 업무와 관련하여 다른 근로자에게 성적 언동 등으로 성적 굴욕감 또는 혐오감을 느끼게 하거나 성적 언동 또는 그 밖의 요구 등에 따르지 않았다는 이유로 근로조건 및 고용에서 불이익을 주는 것을 말합니다(「남녀고용평등과 일·가정 양립 지원에 관한 법률」 제2조 제2호).

② 여기서의 "성희롱"은 「형법」상 성립되는 강간, 강제추행 등의 성범죄와는 구분됩니다. 「형법」상 성범죄는 폭행, 협박을 수단으로 상대방의 뜻에 반하는 물리적인 강제력이 동원되어야 성립됩니다.

③ 사용자, 상급자 또는 근로자는 직장 내 성희롱을 해서는 안 됩니다(「남녀고용평등과 일·가정 양립 지원에 관한 법률」 제12조).

④ 이를 위반하면 아래의 구분에 따라 과태료가 부과됩니다(「남녀고용평등과 일·가정 양립 지원에 관한 법률」 제39조 제1항 및 「남녀고용평등과 일·가정 양립 지원에 관한 법률 시행령」 별표 제1호).

　1. 직장 내 성희롱과 관련해서 최근 3년 이내에 과태료를 받은 사실이 있는 사람이 다시 직장 내 성희롱을 한 경우: 1천만원의 과태료

　2. 한 사람에게 수차례 직장 내 성희롱을 하거나 2명 이상에게 직장 내 성희롱을 한 경우: 500만원

　3. 그 밖의 직장 내 성희롱을 한 경우: 300만원

2-2. 사용자의 의무

[1] 직장 내 성희롱 예방교육

① 사용자는 직장 내 성희롱을 예방하고 근로자가 안전한 근로환경에서 일할 수 있는 여건을 조성하기 위해 직장 내 성희롱의 예방을 위한 교육을 매년 실시해야 합니다(「남녀고용평등과 일·가정 양립 지원에 관한 법률」 제13조 제1항).

② 이를 위반하면 200만원의 과태료가 부과됩니다(「남녀고용평등과 일·가정 양립 지원에 관한 법률」 제39조 제2항 제1의2호 및 「남녀고용평등과 일·가정 양립 지원에 관한 법률 시행령」 별표 제9호).

③ 사업주 및 근로자는 성희롱 예방 교육을 받아야 합니다(「남녀고용평등과 일·가정 양립 지원에 관한 법률」 제13조 제2항).

④ 사용자는 성희롱 예방 교육을 고용노동부장관이 지정하는 성희롱 예방 교육기관에 위탁해서 실시할 수 있습니다(「남녀고용평등과 일·가정 양립 지원에 관한 법률」 제13조의2 제1항).

[2] 성희롱 행위자에 대한 징계조치

① 사용자는 직장 내 성희롱 신고를 받거나 직장 내 성희롱 발생 사실을 알게 된 경우에는 지체 없이 그 사실 확인을 위한 조사를 해야 하고, 이 과정에서 피해를 입은 근로자 또는 피해를 입었다고 주장하는 근로자(이하 "피해근로자 등"이라 함)가 성적 수치심 등을 느끼지 않도록 해야 합니다(「남녀고용평등과 일·가정 양립 지원에 관한 법률」 제14조 제2항).

② 사업주는 조사 기간 동안 피해근로자 등을 보호하기 위하여 필요한 경우 피해근로자 등의 근무장소 변경, 유급휴가 명령 등의 조치를 취하되, 피해근로자등의 의사에 반하여 조치를 하여서는 안 됩니다(「남녀고용평등과 일·가정 양립 지원에 관한 법률」 제14조 제3항).

③ 사업주는 조사 결과 직장 내 성희롱 발생 사실이 확인된 경우에는 피해근로자가 요청하면 근무장소의 변경, 배치전환, 유급휴가 명령 등 적절한 조치를 취해야 합니다(「남녀고용평등과 일·가정 양립 지원에 관한 법률」 제14조 제4항).

④ 사업주는 조사 결과 직장 내 성희롱 발생 사실이 확인된 경우에는 지체 없이 직장 내 성희롱 행위를 한 사람에 대하여 징계, 근무장소의 변경 등 필요한 조치를 취해야 합니다(「남녀고용평등과 일·가정 양립 지원에 관한 법률」 제14조 제5항 전단).

⑤ 사업주는 징계 등의 조치를 하기 전에 그 조치에 대하여 피해근로자 등의 의견을 들어야 합니다(「남녀고용평등과 일·가정 양립 지원에 관한 법률」 제14조 제5항후단).

⑥ 사업주가 이를 위반하여 직장 내 성희롱 발생 사실 확인을 위한 조사를 하지 아니한 경우나 징계, 근무장소의 변경 등 적절한 조치를 하지 아니한 경우에는 500만원의 과태료가 부과됩니다(「남녀고용평등과 일·가정 양립 지원에 관한 법률」 제39조 제2항 제1호의4·제1호의5·제1호의6 및 「남녀고용평등과 일·가정 양립 지원에 관한 법률 시행령」 별표 제2호).

[3] 성희롱 피해자에 대한 고려조치

사용자는 고객 등 업무와 밀접한 관련이 있는 사람이 업무수행 과정에서 성적인 언동 등을 통해 근로자에게 성적 굴욕감 또는 혐오감 등을 느끼게 해서 해당 근로자가 그로 인한 고충 해소를 요청할 경우 근무 장소 변경, 배치전환, 유급휴가의 명령 등의 적절한 조치를 취해야 합니다(「남녀고용평등과 일·가정 양립 지원에 관한 법률」 제14조의2 제1항).

[4] 성희롱 피해자에 대한 불이익 조치 금지

① 사용자는 성희롱 발생 사실을 신고한 근로자 및 피해근로자 등에게 다음 중 어느 하나에 해당하는 불리한 처우를 해서는 안 됩니다(「남녀고용평등과 일·가정 양립 지원에 관한 법률」제14조 제6항).

- 파면, 해임, 해고, 그 밖에 신분상실에 해당하는 불이익 조치
- 징계, 정직, 감봉, 강등, 승진 제한 등 부당한 인사조치
- 직무 미부여, 직무 재배치, 그 밖에 본인의 의사에 반하는 인사조치
- 성과평가 또는 동료평가 등에서 차별이나 그에 따른 임금 또는 상여금 등의 차별 지급
- 직업능력 개발 및 향상을 위한 교육훈련 기회의 제한
- 집단 따돌림, 폭행 또는 폭언 등 정신적·신체적 손상을 가져오는 행위를 하거나 그 행위의 발생을 방치하는 행위
- 그 밖에 신고를 한 근로자 및 피해근로자등의 의사에 반하는 불리한 처우

② 이를 위반하면 3년 이하의 징역 또는 3천만원 이하의 벌금에 처해집니다(「남녀고용평등과 일·가정 양립 지원에 관한 법률」제37조 제2항 제2호).

③ 사용자는 근로자가 고객 등에 의한 성희롱 피해를 주장하거나 고객 등으로부터의 성적 요구 등에 따르지 아니하였다는 것을 이유로 해고나 그 밖의 불이익한 조치를 해서는 안 됩니다(「남녀고용평등과 일·가정 양립 지원에 관한 법률」제14조의2 제2항).

④ 이를 위반하면 500만원의 과태료가 부과됩니다(「남녀고용평등과 일·가정 양립 지원에 관한 법률」제39조 제2항 제2호 및 「남녀고용평등과 일·가정 양립 지원에 관한 법률 시행령」별표 제3호).

2-3. 직장 내 성희롱 대처방법

[1] 사용자에 대한 조치 요청

직장 내 성희롱 피해를 입은 경우 사용자에게 해당 사실을 알리고, 성희롱 행위자에 대한 징계조치, 근무 장소 변경 등 필요한 조치를 요청합니다.

[2] 노사협의회 등에 신고

회사 내 노사협의회 등 고충처리기관에 신고할 수 있습니다.

[3] 고용노동부에 진정 또는 고소·고발

사용자가 「남녀고용평등과 일·가정 양립 지원에 관한 법률」에 따른 예방 교육, 행위자 조치, 피해 근로자에 대한 고용상 불이익 금지 등을 지키지 않았을 경우에는 사업장 소재 지방고용노동관서에 진정(陳情)이나 고소·고발을 할 수 있습니다. 진정이나 고발은 피해 당사자뿐만 아니라 제3자도 가능합니다.

[4] 국가인권위원회에 진정

직장 내 성희롱 피해를 입은 경우 국가인권위원회에 진정할 수도 있습니다. 진정 신청이 접수되면 상담 조사관이 조사를 하고, 조사 결과 성희롱으로 결정되면 시정 권고 조치를 하게 됩니다.

[5] 민사소송의 제기

사용자와 성희롱 행위자를 대상으로 정신적·물질적 고통을 입은 데 대한 손해배상을 구하는 민사소송을 법원에 제기할 수 있습니다.

Part 3. 국제결혼·자녀출생 및 사망

1. 국제결혼 관련 절차

1-1. 결혼(혼인)의 요건과 효과

1-1-1. 실질적 성립요건

① 혼인의 실질적 성립요건은 각 당사자에 관해 그 본국법에 따릅니다(「국제사법」 제63조 제1항).

② 예를 들어, 외국인근로자가 대한민국 국민과 혼인하면 외국인근로자에게는 자신의 본국법이, 대한민국 국민에게는 대한민국의 「민법」이 적용됩니다.

③ 이 경우 양당사자가 각자의 본국법이 요구하는 실질적 성립요건을 각각 구비하면 되는 것이지, 양당사자의 본국법이 중복적으로 적용되어 양당사자가 양자의 본국법이 요구하는 실질적 성립요건을 모두 구비해야 하는 것은 아닙니다.

② 대한민국 「민법」이 준거법인 경우

대한민국의 「민법」에 따른 혼인의 실질적 요건은 다음과 같습니다.

1. 혼인의사의 합치가 있을 것(「민법」 제815조 제1항)

2. 혼인적령(18세)에 도달했을 것(「민법」 제807조)

3. 미성년자가 혼인하는 경우에는 부모의 동의를 얻고, 피성년후견인이 혼인하는 경우에는 부모 또는 성년후견인의 동의를 얻을 것(「민법」 제808조제1항 및 제2항).

   ※ 미성년자가 혼인을 할 경우에는 부모의 동의를 얻어야 하며, 부모 중 일방이 동의권을 행사할 수 없는 경우에는 다른 일방의 동의를 얻어야 하고, 부모가 모두 동의권을 행사할 수 없는 경우에는 후견인의 동의를 얻어야 합니다(「민법」 제808조 제1항).

4. 근친혼금지의 규정(「민법」 제809조)을 위반하지 않을 것

※ "근친혼"이란, ⓐ 8촌 이내의 혈족(친양자의 입양 전의 혈족을 포함) 사이, ⓑ 6촌 이내의 혈족의 배우자, 배우자의 6촌 이내의 혈족, 배우자의 4촌 이내의 혈족의 배우자인 인척이거나 이러한 인척이었던 자 사이, ⓒ 6촌 이내의 양부모계의 혈족이었던 자와 4촌 이내의 양부모계의 인척이었던 자사이에서의 혼인을 말하며, 이러한 관계에서의 혼인은 금지됩니다.

※ "촌수"란 친족관계의 친밀도를 측정하는 단위로, 직계혈족은 자기로부터 직계존속에 이르고 자기로부터 직계비속에 이르러 그 세수를 정하며, 방계혈족은 자기로부터 동원의 직계존속에 이르는 세수와 그 동원의 직계존속으로부터 그 직계비속에 이르는 세수를 통산하여 그 촌수를 정합니다(「민법」제770조). 예를 들어 아버지·어머니는 1촌, 할아버지·할머니는 2촌, 증조부·모 또는 백·숙부는 3촌이고, 배우자 간에는 무촌(0촌)입니다.

※ "혈족"이란 혈연관계가 있는 친족을 말하며, 혈족에는 부모와 자녀, 형제자매 등의 자연혈족과 양부모와 양자녀의 법정혈족이 있습니다. 부모와 자녀와 같이 혈연이 수직으로 내려가서 연결되는 친족을 직계친족, 공동선조에서 혈통이 내려와 갈라지는 친족을 방계친족이라고 합니다.

※ "인척"이란 혈족의 배우자, 배우자의 혈족, 배우자의 혈족의 배우자를 말하며(「민법」 제769조), 인척은 배우자의 혈족에 대하여는 배우자의 그 혈족에 대한 촌수에 따르고, 혈족의 배우자에 대하여는 그 혈족에 대한 촌수에 따릅니다(「민법」 제771조).

5. 중혼이 아닐 것

※ "중혼"이란 배우자 있는 자의 혼인을 말하며, 중혼은 금지됩니다(「민법」 제810조).

1-1-2. 형식적 성립요건

① 혼인의 방식은 혼인을 한 곳의 법 또는 당사자 중 한쪽의 본국 법에 따릅니다. 다만, 대한민국에서 혼인을 하는 경우에 당사자 중 한쪽이 대한민국 국민인 경우에는 대한민국의 법에 따릅니다 (「국제사법」 제63조 제2항).

② 대한민국의 「민법」에 따른 혼인의 형식적 요건은 다음과 같습니다.

- 혼인은 신고해야 그 효력이 생깁니다(「민법」 제812조 제1 항 및 「가족관계의 등록 등에 관한 법률」 제23조).
- 혼인신고는 당사자쌍방과 성년자인 증인 2명이 연서한 서 면으로 해야 합니다(「민법」 제812조제2항).
- 혼인신고서에는 다음 사항을 기재해야 합니다. 제3호의 경 우에는 혼인당사자의 협의서를 첨부해야 합니다(「가족관계 의 등록 등에 관한 법률」 제71조).

  1. 당사자의 성명·본·출생연월일·주민등록번호 및 등록기준지

  ※ 당사자가 외국인인 경우에는 그 성명·출생연월일·국적 및 외국인등 록번호를 기재합니다.

  2. 당사자의 부모와 양부모의 성명·등록기준지 및 주민등록번 호

  3. 협의가 있는 경우 그 사실(「민법」 제781조 제1항 단서)

  4. 근친혼에 해당되지 않는다는 사실(「민법」 제809조제1항)

③ 신고는 그 거주지, 주소지 또는 현재지에서 할 수 있습니다 (「가족관계의 등록 등에 관한 법률」 제20조 제2항).

1-1-3. 혼인의 효과

[1] 일반적 사항에 관한 준거법의 결정

① 혼인의 일반적 효력은 다음의 법의 순위에 따릅니다(「국제사법」 제64조).

    1. 부부의 동일한 본국법

    2. 부부의 동일한 일상거소지법

> ※ "일상거소지법"(日常居所地法)이란 당사자의 일상거소가 있는 국가의 법을 말합니다. 따라서 대한민국에 체류하는 외국인의 경우에는 대한민국의 법이 됩니다(「국제사법」 제16조제2항 참조).

    3. 부부와 가장 밀접한 관련이 있는 곳의 법

② 따라서 대한민국 국민과 혼인한 외국인근로자라면 대한민국 법에 따르게 되고, 외국인과 혼인한 외국인인근로자의 경우에는 부부가 동일 국적인 경우에는 그 국가의 법에 따르게 되는 반면, 부부가 다른 국적을 가진 경우에는 대한민국의 법을 따르게 됩니다.

③ 대한민국 「민법」이 준거법인 경우

대한민국 「민법」에 따라 혼인을 하면 발생하는 법적 효과는 다음과 같습니다.

종류		내용
일반적 효과	친족관계의 발생	혼인과 동시에 서로의 배우자라는 신분을 취득하여 친족이 되고(「민법」 제777조제3호), 배우자의 4촌 이내의 부계·모계 혈족 및 그 배우자와 사이에 인척관계가 발생합니다(「민법」 제777조제2호). 혼인한 배우자 일방은 다른 배우자의 상권을 취득합니다(「민법」 제1003조).
	가족관계	한국인과 혼인한 외국인근로자는 한국인의

	등록부의 변동 (한국인과 혼인한 외국인근로자의 경우)	가족관계등록부에 배우자로 수기로 기재됩니다.
	부부의 동거·부양· 협조·정조 의무	부부는 혼인과 동시에 동거할 의무, 부양하고 협조할 의무, 정조의 의무를 가집니다(「민법」 제826조).
	성년의제	혼인적령(만 18세)에 이른 미성년자가 혼인을 하면, 그들은 성년자로 간주되어 성년자와 동일한 행위능력을 부여받습니다(「민법」 제826조의2).
	부부간의 일상가사대리권	부부는 일상의 가사에 관하여 서로 대리권이 있으며, 이에 가한 제한은 선의의 제3자에게 대항하지 못합니다(「민법」 제827조).
재산적 효과	부부재산계약	부부가 혼인성립 전에 그 재산에 관해 따로 약정을 하면 그에 따릅니다. 가. 부부가 혼인성립 전에 그 재산에 관하여 약정한 때에는 혼인중 이를 변경하지 못합니다. 다만, 정당한 사유가 있는 때에는 법원의 허가를 얻어 변경할 수 있습니다(「민법」 제829조제2항). 나. 부부재산계약에 따라 부부의 일방이 다른 일방의 재산을 관리하는 경우에 부적당한 관리로 인하여 그 재산을 위태롭게 한 때에는 다른 일방은 자기가 관리할 것을 법원에 청구할 수 있고 그 재산이 부부의 공유인 때에는 그 분할을 청구할 수 있습니다(「민법」 제829조제3항). 다. 부부가 그 재산에 관하여 따로 약정을 한 때에는 혼인성립 시까지 그 등기를

		하지 않으면 이로써 부부의 승계인 또는 제3자에게 대항하지 못합니다(「민법」 제829조제4항). 라. 나목과 다목에 따라 또는 약정에 따라 관리자를 변경하거나 공유재산을 분할하였을 때에는 그 등기를 하지 않으면 이로써 부부의 승계인 또는 제3자에게 대항하지 못합니다(「민법」제829조제5항).
	법정재산제	부부가 혼인성립 전에 그 재산에 관하여 따로 약정하지 않은 때에는 다음에 따릅니다 (「민법」 제829조제1항) 가. 부부의 일방이 혼인 전부터 가진 고유재산과 혼인 중 자기의 명의로 취득한 재산은 그 특유재산으로 하고, 부부의 누구에게 속한 것인지 분명하지 아니한 재산은 부부의 공유로 추정합니다(「민법」제830조) 나. 부부는 그 특유재산을 각자관리, 사용, 수익합니다(「민법」 제831조).
	가사로 인한 채무의 연대책임	부부의 일방이 일상의 가사에 관하여 제3자와 법률행위를 한 때에는 다른 일방은 이로 인한 채무에 대하여 연대책임 있습니다. 다만, 이미 제3자에 대하여 다른 일방의 책임 없음을 명시한 때에는 연대책임을 지지 않습니다(「민법」 제832조).
	생활비용의 공동부담	부부의 공동생활에 필요한 비용은 당사자간에 특별한 약정이 없으면 부부가 공동으로 부담합니다(「민법」 제833조).

1-2. 국제결혼의 절차

1-2-1. 대한민국 국민과의 혼인인 경우

① 외국인의 혼인성립요건 구비증명서[「한국인과 외국인 사이의 국제혼인 사무처리지침」(가족관계등록예규 제452호, 2015. 1. 8. 발령, 2015. 2. 1. 시행)]

② 외국인의 혼인성립요건 구비증명서는 「신분관계를 형성하는 국제신분행위를 함에 있어 신분행위의 성립요건구비여부의 증명절차에 관한 사무처리지침」(가족관계등록예규 제590호, 2022. 6. 8. 개정, 2022. 7. 5. 시행)에 따라 다음과 같습니다.

　1. 가족관계등록신고서

　2. 외국인이 해당 신분행위의 준거법과 그 신분행위당사자와의 관련을 증명하는 서면(「신분관계를 형성하는 국제신분행위를 함에 있어 신분행위의 성립요건구비여부의 증명절차에 관한 사무처리지침」 별표)

③ 중국인은 미혼임을 증명하는 서면 및 친족관계를 증명하는 서면을 제출하거나, 혼인성립요건 구비증명서로서 중국의 권한 있는 기관이 발급한 증명서에 중국외교부 또는 각 성, 자치구 및 직할시 외사판공실의 인증(확인)을 받아야 합니다(주중 한국 공관의 영사확인은 불필요).

④ 한국인과 베트남인 사이의 혼인에 관한 절차[「한국인과 베트남인 사이의 혼인에 관한 사무처리 지침」(가족관계등록예규 제596호, 2022. 6. 8. 발령, 2022. 7. 5. 시행)]

⑤ 가족관계등록공무원이 한국인과 베트남인 사이의 혼인신고를 수리하는 경우, 해당 한국인에 대해서는 「민법」 제813조에 따라, 해당 베트남인에 대해서는 베트남 「혼인·가족법」 중 혼인 관련

규정(제9조부터 제17조까지)에 의해 혼인성립요건의 구비여부를 각 심사합니다.

⑥ 한국인과 베트남인이 시(구)·읍·면의 장에게 혼인신고를 할 경우 혼인신고서에 첨부해야 할 서류는 다음과 같습니다.

1. 한국주재 베트남대사 또는 영사 명의로 발행된 혼인요건인증서[「한국인과 베트남인 사이의 혼인에 관한 사무처리 지침」 별지 제9호서식]

2. 그 베트남인의 국적이 베트남임을 증명하는 서면(예: 호적등본, 출생증명서, 여권사본 등)과 그 한국어 번역문

■ 대한민국 국민과 혼인한 외국인의 대한민국 국적 취득요건과 절차가 어떻게 되는지요?

Q. 대한민국 국민과 혼인한 외국인이 대한민국 국적을 취득하려고 합니다. 그 요건과 절차가 어떻게 되는지요?

A. 「국적법」 제6조 제2항은 "배우자가 대한민국의 국민인 외국인으로서 다음 각호의 1에 해당하는 자는 제5조 제1호의 요건(5년 이상 거주요건)을 갖추지 아니하여도 귀화허가를 받을 수 있다고 정하고 있습니다..

1. 그 배우자와 혼인한 상태로 대한민국에 2년 이상 계속하여 주소가 있는 자

2. 그 배우자와 혼인한 후 3년이 경과하고 혼인한 상태로 대한민국에 1년 이상 계속하여 주소가 있는 자

3. 제1호 또는 제2호의 기간을 충족하지 못하였으나, 그 배우자와 혼인한 상태로 대한민국에 주소를 두고 있던 중 그 배우자의 사망이나 실종 또는 그 밖에 자신에게 책임이 없는 사유로 정상적인 혼인생활을 할 수 없었던 자로서 제1호나 제2호의 잔여기간을 채웠고 법무부장관이 상당하다고 인정하는 자

4. 제1호 또는 제2호의 요건을 충족하지 못하였으나, 그 배우자와의 혼인에 따라 출생한 미성년의 자를 양육하고 있거나 양육하여야 할 자로서 제1호 또는 제2호의 기간을 채웠고 법무부장관이 상당하다고 인정하는 자"는 법무부장관의 귀화허가를 받아 대한민국국적을 취득할 수 있습니다.

국적법 제6조 2항 각호에 해당하는 경우에도 동법 제5조 제1호의 요건만이 배제되는 것이므로 동법 제2호 내지 5호의 요

건은 갖추어야 합니다. 즉 ①대한민국의 민법에 의하여 성년일 것, ②품행이 단정할 것, ③자신의 자산이나 기능에 의하거나 생계를 같이 하는 가족에 의존하여 생계를 유지할 능력이 있을 것, ④국어능력 및 대한민국의 풍습에 대한 이해 등 대한민국 국민으로서의 기본소양을 갖추고 있을 것이 요구됩니다(국적법 제5조).

따라서 대한민국국민과 혼인한 외국인이 한국의 국적을 취득하기 위해서는 「국적법」 제6조 제2항에 의한 간이귀화요건에 제5호 2호 내지 5호의 귀화요건을 갖추거나, 아니면 5년 이상 계속하여 대한민국에 주소가 있고 기타의 귀화요건을 갖추어야만 법무부장관의 허가를 받아 대한민국국적을 취득할 수 있습니다.

위와 같은 요건 중 혼인이란 법적으로 유효한 혼인을 의미하고 사실혼관계는 이에 해당되지 아니하며, 불법체류기간은 귀화에 필요한 국내체류기간으로 인정되지 않는다 할 것입니다. 한편 대한민국국민과 혼인하여 간이귀화요건을 갖추어 귀화한 자가 대한민국국민 배우자와 이혼하거나 그 대한민국국민 배우자가 사망한 경우에 그 사실만으로는 대한민국국적을 상실하는 것은 아닙니다.

그러나 구 「국적법」하에서 대한민국국민의 처로서 대한민국국적을 취득한 자가 정상적인 부부로서 혼인할 의사 없이 단지 장기체류를 목적으로 위장결혼한 경우에는 공정증서원본부실기재죄로 유죄판결이 확정되거나 혼인무효확인소송이 무효로 확정된 경우에는 소급하여 대한민국국적을 상실한다고 보아야 할 것입니다.

1-2-2. 외국인 사이의 혼인인 경우

① 혼인거행지법인 대한민국의 법에 의해 외국인 사이의 혼인이 유효하게 성립하려면 각 당사자의 혼인성립요건 구비에 관한 증명(본국 관청 또는 주한공관의 증명)을 첨부해서 거주지 또는 현재지의 가족관계등록공무원에게 신고해야 합니다. 이 경우 가족관계등록공무원은 당사자의 청구에 의해 혼인신고수리의 증명을 발급할 수 있습니다[「한국에 거주하는 외국인 사이의 혼인신고」(대법원 가족관계등록예규 제167호, 2007. 12. 10. 발령, 2008. 1. 1. 시행)].

② 한국에 머물고 있는 중국 남자와 프랑스 여자가 중국 풍습에 따른 혼례식을 마치고 주한 중화인민공화국 대사관에 그 혼인신고를 한 것만으로는 혼인거행지법인 대한민국의 법에 의한 혼인이 유효하게 성립한 것으로 볼 수는 없습니다.

■ 외국인과의 혼인으로 상실하였던 대한민국 국적 회복방법은 어떤 절차가 필요한지요?

Q. 저는 외국남자와 혼인하여 외국국적을 취득하고 대한민국 국적을 상실하였으나 가족관계등록부상 국적상실의 기록이 되어 있지 않다고 합니다. 저는 다시 대한민국국적을 회복하고 싶은데 그 방법과 등록부 관계는 어떻게 되는지요?

A. 국적회복이란 과거에 한국사람이었으나 대한민국 국적을 상실하였던 자, 혹은 이중국적자로서 대한민국 국적을 이탈하였던 자가 법무부장관의 허가를 받아 다시 대한민국국적을 취득하는 제도입니다.

국적회복허가신청을 하고자 할 때에는 ①국적회복신청서 ② 외국인임을 증명하는 서류 ③ 가족관계기록사항에 관한 증명서·제적등본 또는 신청인이 대한민국 국민이었던 사실을 증명할 수 있는 서류 ④ 국적상실의 원인 및 연월일을 증명하는 서류 ⑤ 수반취득을 신청하는 자가 있는 때에는 그 관계를 증명하는 서류 ⑥ 신원진술서 2통 등의 서류를 제출하여야 합니다(국적법시행규칙 제6조 제2항).

국적회복의 경우 구「호적법」 시행 당시에는 국적회복허가를 받은 당사자가 국적회복신고를 하여야 호적이 편제되었으나, 2008. 1. 1.부터 시행중인 「가족관계의 등록 등에 관한 법률」은 법무부장관은 국적회복을 허가한 경우 지체 없이 국적회복을 한 사람이 정한 등록기준지의 시(구)·읍·면의 장에게 대법원규칙으로 정하는 사항을 통보하고, 시(구)·읍·면의 장은 통보사항을 기초로 등록부를 작성하도록 하였습니다(같은 법 제95조). 다만, 이러한 통보제의 시행은 2008. 9. 1.로 정하고 있습니다(같은 법 부칙 제1조 단서).

한편, 귀하의 경우처럼 등록부상 국적상실의 원인기록이 없어 회복정리를 할 수 없는 경우에는, 먼저 「가족관계의 등록 등에 관한 법률」 제38조에 따라 배우자 또는 4촌 이내의 친족 등에게 국적상실신고를 하도록 최고하고, 최고를 하여도 그 신고를 하지 아니하거나 또는 최고를 할 수 없을 때(신고의무자가 없는 때 또는 외국거주 등으로 소재불명일 때) 등에는 가족관계의 등록 등에 관한 법률 제18조 제2항에 따라 감독법원의 허가를 받아 직권으로 국적상실의 처리를 한 다음에 국적회복허가 통보에 의해 등록부를 정리해야 할 것이며, 국적상실기록(폐쇄)이 되어 있지 아니하다고 하여 국적회복신고를 불수리할 것은 아니며, 대한민국 국적상실 원인 및 연월일과 인적사항은 법무부장관의 통지서에 나타나므로 직권으로 기록할 사항은 그 통지서 내용에 의하여 처리(폐쇄)한 다음 국적회복절차에 따라 새로이 등록부를 작성하도록 하고 있습니다(대법원 가족관계등록예규 제432호).

그리고 국적회복허가를 받은 날로부터 1년 내에 국적회복 직전에 가지고 있던 외국국적에 대하여는 포기절차를 마쳐야 합니다. 1년 내에 그 외국국적을 포기하지 않으면 회복했던 대한민국국적이 다시 상실되기 때문입니다.

그러나 대한민국의 국적을 상실한 자가 그 후 1년 내에 그 외국 국적을 포기한 때에는 법무부장관에게 신고함으로써 대한민국의 국적을 재취득할 수 있는바, 국적의 재취득을 신고한 자는 그 신고를 한 때에 대한민국의 국적을 취득한다 하겠습니다(국적법 제11조).

참고로 현행 「국적법」 제9조 제2항은 ①국가 또는 사회에 위해(危害)를 끼친 사실이 있는 자, ②품행이 단정하지 못한 자, ③병역을 기피할 목적으로 대한민국국적을 상실하였거나 이탈하였던 자 ④국가안전보장, 질서유지 또는 공공복리를 위하여 법무부장관이 국적회복을 허가함이 적당하지 아니하다고 인정하는 자에 대하여서는 국적회복을 허가하지 아니한다고 규정하고 있습니다.

그리고 판례는 국적회복절차에 의한 국적취득의 효력은 국적회복허가로서 즉시 발생한다고 하였습니다(대법원 1991. 12. 27. 선고 91다32596 판결).

1-3. 혼인의 해소(혼인의 무효·취소, 이혼)

1-3-1. 혼인의 무효·취소

　외국인근로자가 대한민국에서 체류하고 있는 중에 대한민국 국민이나 다른 외국인근로자와 혼인하는 경우에 그 혼인에 흠이 있을 수 있습니다. 혼인이 효력이 없거나, 효력이 없게 만드는 사유가 있는 것을 혼인의 무효·취소라고 합니다.

1-3-2. 사유

　어떤 사유가 혼인의 무효·취소의 효과를 낳는지 여부는 각 국의 법에 따라 다르게 정해져 있습니다. 통상 혼인의 무효·취소의 사유는 다음과 같습니다.

1. 혼인의사의 합치가 없는 경우
2. 중혼인 경우
3. 근친혼인 경우

1-3-3. 준거법의 결정

① 이러한 혼인의 무효·취소사유가 혼인에 미치는 효과는 그 무효·취소를 정하는 준거법에 따릅니다.

② 그 준거법은 혼인의 성립(「국제사법」 제63조)과 혼인의 효력(「국제사법」 제64조)에 관한 규정에 따라 다음의 순서로 결정됩니다.

③ 혼인의 성립요건에 관해 흠결이 있는 경우에는 다음의 순위에 따라 준거법이 결정됩니다.

  1. 실질적 성립요건에 관한 흠결은 각 당사자에 관해 그 본국법에 따름
  2. 혼인의 방식에 있어서의 흠결은 혼인을 한 곳의 법(즉, 여기

서는 대한민국) 또는 당사자 중 한 쪽의 본국법에 따름

※ 다만, 대한민국에서 혼인을 하는 경우에 당사자 중 한쪽이 대한민국 국민인 경우에는 대한민국 법에 따름

④ 혼인의 효력에 관해 흠결이 있는 경우에는 다음의 순위에 따라 준거법이 결정됩니다.

1. 부부의 동일한 본국법

2. 부부의 동일한 일상거소지법

3. 부부와 가장 밀접한 관련이 있는 곳의 법

⑤ 따라서 대한민국 국민과 혼인한 외국인근로자라면 대한민국의 법을 따르게 되고, 외국인과 혼인한 외국인인근로자의 경우에는 부부가 동일 국적인 경우에는 그 국가의 법을 따르게 되는 반면, 부부가 다른 국적을 가진 경우에는 대한민국 법에 따르게 됩니다.

1-3-4. 대한민국 「민법」이 준거법인 경우

[1] 혼인의 무효

혼인의 무효의 사유는 다음과 같습니다(「민법」 제815조).

1. 당사자 간에 혼인의 합의가 없는 경우

2. 혼인이 근친혼금지(「민법」 제809조제1항) 규정을 위반한 경우

3. 당사자 간에 직계인척관계가 있거나 있었던 경우

4. 당사자 간에 양부모계의 직계혈족관계가 있었던 경우

혼인무효의 효과는 다음과 같습니다.

- 혼인의 무효는 당사자가 언제든지 어떠한 방법으로도 주장할 수 있습니다.

- 무효혼인 중에 태어난 출생자는 혼인 외의 출생자로 됩니다

(「민법」제855조 제1항).

> ※ '혼인 외의 출생자'란 혼인신고를 하지 않은 남녀 사이에 태어난 자녀를 말합니다.

- 혼인이 무효가 되면 당사자는 과실 있는 상대방에 대해 손해배상을 청구할 수 있습니다(「민법」제825조 및 제806조).

[2] 혼인의 취소

① 혼인의 취소의 사유는 다음과 같습니다.

1. 혼인적령이 미달한 경우(「민법」제817조 및 제807조)

> ※ 18세 미만인 자의 혼인이 이에 해당합니다.

2. 동의를 요하는 혼인에서 동의가 없는 경우(「민법」제817조 및 제808조)

3. 근친혼인 경우(「민법」제816조 제1호 및 제809조)

> ※ 이 경우 무효혼인 사유를 제외한 경우에만 취소혼인의 사유가 됩니다.

4. 혼인 당시 당사자 일방에 부부생활을 계속할 수 없는 악질이나 그 밖의 중대한 사유가 있음을 알지 못한 경우(「민법」제816조 제2호)

5. 사기 또는 강박으로 인한 혼인인 경우(「민법」제816조 제3호)

6. 중혼인 경우(「민법」제818조 및 제810조)

② 혼인취소의 절차는 다음과 같습니다.

ⓐ 취소권자가 가정법원의 조정을 거쳐야 합니다(「가사소송법」제50조 제1항).

> ※ 취소권자는 다음과 같습니다(「민법」제817조).

1. 혼인적령의 미달, 동의를 요하는 혼인에서 동의가 없는 경우: 당사자 또는 그 법정대리인

2. 근친혼금지에 위반한 경우: 당사자, 그 직계존속 또는 4촌 이내의 방계혈족

3. 중혼인 경우: 당사자 및 그 배우자, 직계존속, 4촌 이내의 방계혈족 또는 검사

ⓑ 혼인취소는 재판으로서 이루어지므로, 반드시 가정법원에 혼인취소의 소를 제기해야 합니다.

③ 혼인취소의 효과는 다음과 같습니다.

ⓐ 혼인취소의 효과는 소급효가 인정되지 않고, 장래에 향해 효력이 발생합니다(「민법」 제824조).

ⓑ 혼인의 취소에 따라 인척관계는 종료됩니다(「민법」 제775조 제1항).

ⓒ 혼인취소가 있더라도 자녀가 있는 경우 그 자녀는 여전히 혼인 중의 자녀입니다.

ⓓ 혼인이 취소된 경우에 가정법원이 직권으로 친권자를 정하며(「민법」 제909조제5항), 자녀의 양육책임과 면접교섭권에 관해서는 이혼시의 양육 및 면접교섭에 관한 규정이 준용됩니다(「민법」 제824조의2, 제837조 및 제837조의2).

ⓔ 혼인이 취소된 경우에 과실 있는 상대방에 대해 손해배상을 청구할 수 있습니다(「민법」 제825조 및 제806조).

■ 외국인과의 사실혼 부당파기에 따른 손해배상청구권은 어느 나라의 법이 적용되는지요?

Q. 저는 중국국적을 가진 조선족 여자 甲과 혼인신고는 하지 않은 채, 국내에서 1년 동안 동거하면서 甲의 중국가족에게는 3,000만원을 보내주기도 하였습니다. 그런데 甲은 집을 나가 1주일 이상씩 들어오지 않는 경우가 많아지더니 동거생활을 정리하자고 합니다. 이 경우 저는 甲에게 위 3,000만원과 위자료를 청구할 수 있는지, 가능하다면 한국법과 甲의 본국법인 중국법 중 어느 나라의 법이 적용되는지요?

A. 귀하와 甲은 사실혼관계에 있었다고 보입니다. 사실혼이라 함은 혼인신고는 되어 있지 않지만 당사자 사이에 혼인의 의사가 있고, 객관적으로 사회관념 상으로 가족질서적인 면에서 부부공동생활을 인정할 만한 혼인생활의 실체가 있는 경우를 일컫는 것으로서 이에 대하여는 상속 등 법률혼에 대한 「민법」의 규정 중 혼인신고를 전제로 하는 규정은 유추 적용할 수 없으나, 동거, 부양, 협조, 정조의 의무, 재산분할청구권 등 법률혼에 준하는 일정한 효력이 인정됩니다.

이러한 사실혼관계에서도 사실혼관계의 일방이 사실혼관계를 부당하게 파기하는 경우 다른 일방은 사실혼관계를 파기한 자에 대하여 「민법」 제750조에 근거하여 불법행위로 인한 손해배상을 청구할 수 있고, 그 손해배상에는 재산적 손해와 정신적 손해가 모두 포함되어 있습니다. 특히 재산적 손해의 범위는 사실혼관계의 성립·유지와 인과관계에 있는 모든 손해가 포함된다고 할 것입니다(대법원 1989. 2. 14. 선고 88므146 판결).

귀하의 경우 혼인의사와 부부공동생활의 실체가 있었다고 보여

지므로 사실혼관계에 있다고 할 것이고, 상대방의 잦은 가출로 인하여 혼인생활을 지속하기 어려운 상태에 이르렀으므로 甲이 사실혼을 부당하게 파기하였다고 할 것입니다.

그러므로 귀하는 甲에게 재산적 손해와 정신적 손해로서 위자료를 청구할 수 있고, 甲과 같이 살기 위하여 甲의 중국가족에게 지급한 돈 3,000만원도 사실혼관계의 성립·유지와 인과관계 있는 손해라고 주장해 볼 수 있을 듯합니다.

한편, 이 경우 귀하와 甲이 국적이 다르므로 어느 나라의 법을 적용할 것인지가 문제됩니다.

그런데 「국제사법」 제32조는 "①불법행위는 그 행위가 행하여진 곳의 법에 의한다. ②불법행위가 행하여진 당시 동일한 국가 안에 가해자와 피해자의 상거소가 있는 경우에는 제1항의 규정에 불구하고 그 국가의 법에 의한다. ③ 가해자와 피해자 간에 존재하는 법률관계가 불법행위에 의하여 침해되는 경우에는 제1항 및 제2항의 규정에 불구하고 그 법률관계의 준거법에 의한다. ④제1항 내지 제3항의 규정에 의하여 외국법이 적용되는 경우에 불법행위로 인한 손해배상청구권은 그 성질이 명백히 피해자의 적절한 배상을 위한 것이 아니거나 또는 그 범위가 본질적으로 피해자의 적절한 배상을 위하여 필요한 정도를 넘는 때에는 이를 인정하지 아니한다."라고 규정하고 있고, 같은 법 제33조는 "당사자는 제30조 내지 제32조의 규정에 불구하고 사무관리·부당이득·불법행위가 발생한 후 합의에 의하여 대한민국법을 그 준거법으로 선택할 수 있다. 다만, 그로 인하여 제3자의 권리에 영향을 미치지 아니한다."라고 규정하고 있습니다.

따라서 귀하는 불법행위발생지인 대한민국의 법률에 따라 손해배상을 청구할 수 있을 것입니다. 판례도 "외국의 국적을 가진

자와 사실혼관계에 있다가 그 사실혼이 상대방의 귀책사유로 인하여 파탄에 이르게 되었다 하여 그 부당파기로 말미암아 입게 된 정신적 손해의 배상을 구하는 위자료청구는 불법행위로 인한 손해의 배상을 구하는 것으로서 구 섭외사법 제13조 제1항(현행 국제사법 제32조 제1항)의 규정에 따라 그 불법행위의 발생지인 우리나라의 민법이 적용된다."라고 하였습니다(대법원 1994. 11. 4. 선고 94므1133 판결).

1-3-5. 이혼

① 외국인근로자가 대한민국 국민 또는 외국인과 혼인한 뒤 이혼하는 경우에 그 준거법은 다음과 같은 순위에 따라 결정됩니다. 다만, 부부 중 한쪽이 대한민국에 일상거소가 있는 대한민국 국민인 경우에는 대한민국 법에 따릅니다(「국제사법」 제66조 및 제64조).

  1. 부부의 동일한 본국법

  2. 부부의 동일한 일상거소지법

  3. 부부와 가장 밀접한 관련이 있는 곳의 법

② 따라서 대한민국 국민과 혼인한 외국인근로자라면 대한민국의 법을 따르게 되고, 외국인과 혼인한 외국인근로자의 경우에는 부부가 동일 국적인 경우에는 그 국가의 법을 따르게 되는 반면, 부부가 다른 국적을 가진 경우에는 대한민국 법에 따릅니다.

③ 대한민국 「민법」이 준거법인 경우

  ⓐ 이혼은 당사자 간 이혼의사의 합치에 의한 협의이혼(「민법」 제834조)과 당사자 일방의 법원에의 이혼청구에 의한 재판상 이혼(「민법」 제840조)이 있습니다.

  ⓑ 협의이혼은 이혼 사유에 상관없이 당사자의 이혼의사의 합치에 따라 이루어집니다.

  ⓒ 재판상이혼은 다음의 사유가 있어야 가정법원에 청구할 수 있습니다(「민법」 제840조).

    1. 배우자에 부정한 행위가 있었을 경우

    2. 배우자가 악의로 다른 일방을 유기한 경우

    3. 배우자 또는 그 직계존속으로부터 심히 부당한 대우를 받았을 경우

    4. 자기의 직계존속이 배우자로부터 심히 부당한 대우를 받았을 경우

5. 배우자의 생사가 3년 이상 분명하지 않은 경우

6. 그 밖에 혼인을 계속하기 어려운 중대한 사유가 있을 경우

④ 절차

ⓐ 협의이혼은 가정법원에 이혼의사의 확인을 받고(「민법」 제836조의2), 「가족관계의 등록 등에 관한 법률」이 정한 바에 따라 신고함으로써 그 효력이 생깁니다(「민법」 제836조).

ⓑ 재판상 이혼을 위해서는 다음과 같은 절차에 따릅니다.

- 재판상 이혼을 하기 전에 조정을 받아야 합니다(「가사소송법」 제50조).

- 이혼판결은 선고로 그 효력이 생기며(「가사소송법」 제12조 및 「민사소송법」 제205조), 이혼소송을 제기한 사람(원고)은 재판의 확정일부터 1개월 이내에 재판서의 등본 및 확정증명서를 첨부해서 그 취지를 신고해야 합니다(「가족관계의 등록 등에 관한 법률」 제78조 및 제58조).

⑤ 효과

ⓐ 이혼이 성립되면 친족관계가 소멸하고, 이로 인한 인척관계가 소멸됩니다(「민법」 제775조 제1항). 따라서 이혼한 사람은 다른 사람과 재혼할 수 있고(「민법」 제809조 제2항), 전배우자의 사망으로 인한 상속을 받지 못합니다.

ⓑ 이혼이 성립되면 미성년인 자녀가 있는 경우에 친권자를 결정(「민법」 제909조)하고, 양육에 대한 사항을 결정(「민법」 제837조)합니다.

ⓒ 이혼이 성립되면 재산분할을 청구할 수 있습니다(「민법」 제839조의2).

ⓓ 이혼이 성립되면 과실 있는 상대방에 대해 손해배상을 청구할 수 있습니다(「민법」 제843조 및 「민법」 제806조).

■ 한국에 거주하는 외국인 부부가 한국에서 이혼을 할 수 있는 방법은 없나요?

Q. 저는 미국 유학 중 미국인인 아내를 만나 대한민국에서 결혼하였고, 그 후 한국국적을 포기하고 미국국적을 취득하였습니다. 저희 부부는 현재 아이들과 함께 한국에 들어와 생활하고 있습니다. 그런데 아내가 최근 외도를 하여, 저는 아내에게 이혼을 요구하였습니다. 그러나 아내는 절대 이혼은 해줄 수 없고, 저희 가족이 모두 미국 시민권자이므로 이혼 소송을 하려면 미국 법원에 소를 제기하여야 한다면서 제게 소송을 할 수 있으면 해보라는 식의 태도를 보이고 있습니다. 한국에서 제가 이혼을 할 수 있는 방법은 없나요?

A. 미국 국적을 가진 귀하께서 미국 국적의 아내를 상대로 대한민국 법원에 이혼 청구를 하는 경우, 본 사건은 대한민국 국제사법 제1조 소정의 외국적 요소가 구비된 사건에 해당합니다.

국제사법은 "법원은 당사자 또는 분쟁이 된 사안이 대한민국과 실질적 관련이 있는 경우에 국제재판관할권을 가진다. 이 경우 법원은 실질적 관련의 유무를 판단함에 있어 국제재판관할 배분의 이념에 부합하는 합리적인 원칙에 따라야 한다."고 규정하는 한편(제2조 제1항), "법원은 국내법의 관할 규정을 참작하여 국제재판관할권의 유무를 판단하되, 제1항의 규정의 취지에 비추어 국제재판관할의 특수성을 충분히 고려하여야 한다."고 하고 있는데(제2조 제2항), 판례는 유사한 사안에서 "원·피고 모두 대한민국에 주소를 가지고 있고, 그 혼인생활의 대부분이 대한민국에서 형성된 점 등을 고려하면 원고의 위 청구는 대한민국과 실질적 관련이 있다고 볼 수 있으므로 위 규정에 의하여 대한민국 법원이 재판관할권을 가진다고 할 수 있다"고

판시한바 있습니다(대법원 2006.5.26. 선고 2005므884 판결 참조). 따라서 귀하는 귀하의 주소지를 관할하는 대한민국 가정법원에 남편을 상대로 이혼 등 청구의 소를 제기할 수 있을 것입니다.

■ 외국인 남성과 한국인 여성 사이의 재판상 이혼에 있어 우리나라법원에 관할이 존재하는지요?

Q. 甲(미국인)은 미국 미주리 주에 법률상 주소를 두고 있는 자인데, 乙(한국인)과 대한민국에서 혼인하였습니다. 甲과 乙은 대한민국에서 거주하다 甲이 乙을 상대로 재판상 이혼을 청구한 경우 대한민국 법원에 재판권이 있는가요?

A. 대법원 2006. 5. 26. 선고 2005므884 전원합의체 판결에서는 "미합중국 미주리 주에 법률상 주소를 두고 있는 미합중국 국적의 남자(원고)가 대한민국 국적의 여자(피고)와 대한민국에서 혼인 후, 미합중국 국적을 취득한 피고와 거주기한을 정하지 아니하고 대한민국에 거주하다가 피고를 상대로 이혼, 친권자 및 양육자지정 등을 청구한 사안에서, 원·피고 모두 대한민국에 상거소(常居所)를 가지고 있고, 혼인이 대한민국에서 성립되었으며, 그 혼인생활의 대부분이 대한민국에서 형성된 점 등을 고려하면 위 청구는 대한민국과 실질적 관련이 있다고 볼 수 있으므로 국제사법 제2조 제1항 의 규정에 의하여 대한민국 법원이 재판관 할권을 가진다고 할 수 있고, 원·피고가 선택에 의한 주소를 대한민국에 형성했고, 피고가 소장 부본을 적법하게 송달받고 적극적으로 응소한 점까지 고려하면 국제사법 제2조 제2항 에 규정된 '국제재판관 할의 특수성'을 고려하더라도 대한민국 법원의 재판관 할권 행사에 아무런 문제가 없다."고 판시하고 있습니다.

이어 "미합중국 국적을 보유하고 대한민국에 거주하는 부부 쌍방이 모두 선택에 의한 주소를 대한민국에 형성한 상태에서 남편(원고)이 처(피고)를 상대로 대한민국 법원에 이혼, 친권자 및 양육자지정 청구의 소를 제기한 경우, 원·피고의 현재 주소가 소속된 법정지의 법률이 준거법이 되어야 할 것이므로, '준거법 지정시의 반정(反定)'에 관한 국제사법 제9조 제1항 을 유추적용한 '숨은 반정'의 법리에 따라 법정지법인 대한민국 민법을 적용해야 한다."고 판시하여 위와 같은 사안에서는 대한민국 민법이 적용된다고 보고 있습니다.

즉, 사안에서 甲은 乙을 상대로 대한민국 법원에 재판상 이혼 청구를 할 수 있을 것으로 보입니다.

1-4. 결혼에 의한 국적취득

1-4-1. 간이귀화의 요건

[1] 귀화 요건

① 배우자가 대한민국의 국민인 외국인으로서 다음 중 어느 하나에 해당하는 사람은 일반귀화요건을 갖추지 않아도 귀화허가를 받을 수 있습니다(「국적법」 제6조 제2항).

1. 그 배우자와 혼인한 상태로 대한민국에 2년 이상 계속해서 주소가 있는 사람

2. 그 배우자와 혼인한 후 3년이 지나고 혼인한 상태로 대한민국에 1년 이상 계속해서 주소가 있는 사람

3. 제1호나 제2호의 기간을 채우지 못하였지만, 그 배우자와 혼인한 상태로 대한민국에 주소를 두고 있던 중 그 배우자의 사망이나 실종 또는 그 밖에 자신에게 책임이 없는 사유로 정상적인 혼인 생활을 할 수 없었던 사람으로서 제1호나 제2호의 잔여기간을 채웠고 법무부장관이 상당하다고 인정하는 사람

4. 제1호나 제2호의 요건을 충족하지 못했지만, 그 배우자와의 혼인에 따라 출생한 미성년의 자녀를 양육하고 있거나 양육해야 할 사람으로서 제1호나 제2호의 기간을 채웠고 법무부장관이 상당하다고 인정하는 사람

② 그 밖에 다음의 요건을 모두 충족해야 합니다(「국적법」 제5조).

1. 대한민국의 「민법」상 성년일 것

2. 「국적법 시행규칙」 제5조의2에 따른 품행 단정의 요건을 갖출 것

3. 자신의 자산이나 기능에 의하거나 생계를 같이하는 가족에 의존해서 생계를 유지할 능력이 있을 것

4. 국어능력과 대한민국의 풍습에 대한 이해 등 대한민국 국민으로서의 기본 소양을 갖추고 있을 것

5. 귀화를 허가하는 것이 국가안전보장·질서유지 또는 공공복리를 해치지 아니한다고 법무부장관이 인정할 것

1-4-2. 효과

① 위와 같은 요건을 갖추어 법무부장관으로부터 귀화허가를 받은 경우 대한민국의 국적을 취득해서 대한민국의 국민이 됩니다.

② 대한민국 국적을 취득한 외국인으로서 외국 국적을 가지고 있는 자는 대한민국 국적을 취득한 날부터 1년 내에 그 외국 국적을 포기해야 합니다(「국적법」 제10조 제1항).

③ 그러나 대한민국 국적 취득자의 외국 국적 포기 의무에도 불구하고, 다음 어느 하나에 해당하는 자는 법무부장관이 정하는 바에 따라 대한민국에서 외국 국적을 행사하지 않겠다는 뜻을 법무부장관에서 서약하면 외국국적을 유지하면서 대한민국 국적을 계속 보유할 수 있습니다(「국적법」 제10조 제2항 및 「국직법 시행령」 제13조 제1항).

1. 귀화허가를 받을 때 다음 어느 하나에 해당하는 사유가 있는 사람

   가. 대한민국의 국민인 배우자와 혼인한 상태로 대한민국에 2년 이상 계속하여 주소가 있는 사람

   나. 대한민국의 국민인 배우자와 혼인한 후 3년이 지나고 혼인한 상태로 대한민국에 1년 이상 계속하여 주소가 있는 사람

   다. 대한민국에 특별한 공로가 있는 사람

   라. 과학·경제·문화·체육 등 특정 분야에서 매우 우수한 능력을 보유한 자로서 대한민국의 국익에 기여할 것으로 인정되는 사람

2. 국적회복허가를 받은 자로서 다음 중 어느 하나의 사유에 해당한다고 법무부장관이 인정하는 사람

   가. 대한민국에 특별한 공로가 있는 사람

   나. 과학·경제·문화·체육 등 특정 분야에서 매우 우수한 능력을 보유한 자로서 대한민국의 국익에 기여할 것으로 인정되는 사람

3. 대한민국의 「민법」상 성년이 되기 전에 외국인에게 입양된 후 외국 국적을 취득하고 외국에서 계속 거주하다가 국적회복허가를 받은 사람

4. 외국에서 거주하다가 영주할 목적으로 만 65세 이후에 입국해서 국적회복허가를 받은 사람

5. 본인의 뜻에도 불구하고 외국의 법률 및 제도로 인해서 외국 국적 포기 의무를 이행하기 어려운 다음의 사람

   가. 외국의 법률 및 제도로 인해서 외국 국적의 포기가 불가능하거나 그에 준하는 사정이 인정되는 사람

   나. 대한민국 국적을 취득한 후 3개월 이내에 외국 국적 포기 절차를 개시했으나 외국의 법률 및 제도로 인해서 외국국적 포기 기간 내에 국적포기절차를 마치기 어려운 사정을 증명하는 서류를 법무부장관에게 제출한 사람

④ 대한민국 국적을 취득한 날부터 1년 내에 외국 국적을 포기하지 않거나 대한민국에서 외국 국적을 행사하지 않겠다는 뜻을 법무부장관에서 서약하지 않으면, 그 기간이 지난 때에 대한민국 국적을 상실하게 됩니다(「국적법」 제10조 제3항).

■ 국적취득시 생계유지능력의 기준은 어떻게 되는지요?

Q. 저의 엄마는 중국인이고 새 아빠는 한국 분입니다 , 새 아빠가 가정형편상 집도 없고 전세집도 아닌데다 시집편에서는 새아빠가 나이도 있고 하니까 이젠 엄마한테 막말로 국적취득 시켜주면 나중에 도망간다고 안해 준다고들 합니다. 도망갈 거면 벌써 도망갔지 20년 넘게 새 아빠를 돌봐 주셨겠습니까? 이제 새 아빠 나이 70세입니다 ,엄마가 국적취득도 안되지, 그렇다고 F-1 비자로 회사 취직도 안되고, 54세 나이에 받아 주는데가 없네요, 국적취득할라니까 은행잔고 3,000만원짜리 있어야 한다는데 월세사는 사람이, 기초수급자에 어디 그런 돈이 있겠습니까, 취직도 안 되니까 재직증명서 뗄수 없습니다. 저의 어머닌 어릴쩍 저희들 못 키워주서서 나중에 새 아빠 나이들어 돌아가셔도 한국에 그냥 뼈 묻는다고 하는데 달리 방법이 없겠습니까?

A. 귀하의 가정에 건강과 행복이 함께하시기를 기원합니다. 귀하 민원의 요지는 귀하 어머니의 귀화신청에 따른 생계유지능력입증이 어려우니 선처를 바란다는 것으로 판단됩니다. 대한민국 국적법 제5조는 외국인이 귀화허가를 받기 위하여서는 다음과 같은 사항에 따라 생계유지능력을 갖추어야 함을 규정하고 있습니다. ◦ 특별귀화 대상자가 아닌 외국인이 귀화허가를 받기 위해서는 생계유지능력을 갖추고 있어야 합니다.

① 귀화신청자 본인이 생계유지능력을 갖춘 경우는 물론이고 귀화신청자 본인에게 그러한 능력이 없다 하더라도 생계를 같이 하는 가족이 생계유지능력을 갖추고 있으면 됩니다.

② 생계유지능력의 기준은 3,000만원 이상의 현금자산이나 이에 준하는 부동산을 보유하고 있거나, 일정한 보수를 받는 직업에 종사하거나 기타 자격 또는 기능을 갖춘 것을 의미

하며,

③ 이를 증명하기 위해서는 3,000만원 이상의 예금잔고증명·3
천만원 이상에 해당하는 부동산등기부등본·부동산전세계약
서사본, 재직증명서·취업예정사실증명서 기타 이에 준하는
서류 중에서 어느 것이나 1가지 이상을 제출하면 됨.(시행
규칙 제3조 제2항 제4호) 요약하면 다음과 같습니다.

첫째 : 본인 또는 생계를 같이하는 가족명의의 3,000만원
　　　 이상의 은행잔고증명

둘째 : 3,000만원 이상에 해당하는 전세계약서 또는 부동
　　　 산등기부등본

셋째 : 재직증명서(사업주의 사업자등록증 사본 첨부)

넷째 : 취업예정사실증명서(적격여부 심사 당시 취업여부
　　　 확인) 생계유지능력 입증은 외국인이 귀화함에 따라
　　　 한국사회에서 같이 살아갈 수 있는 최소한의 경제적
　　　 요건으로 규정하고 있습니다. 귀하의 사정 안타깝게
　　　 생각합니다만 위에서 말씀드린 국적법 규정을 갖추
　　　 어야 귀화신청 및 심사가 가능함을 알려드립니다.

■ 귀화신청에 대하여 문의드립니다.

Q. 저의 집사람이 조선족 교포입니다. 한국에 입국해서 생활한 지는 만 5년이 넘었습니다. 첫 결혼에 실패하고 저랑 재혼을 해서 지금은 22개월된 아들과 둘째를 임신한 지 5개월된 상태 입니다. 결혼생활을 한지도 만 2년이 넘었습니다. 혼인신고한 날짜로 부터인 지 아님 외국인등록증 발급받은 날짜부터 국적신청을 해야 하는지요? 신청해서는 얼마나 시간이 필요한지요?

A. 국민의 배우자로 국적을 신청하시기 위해서는 혼인신고한 상태에서 국내 2년이상 계속적으로 주소를 두고 있어야 국적신청 거주요건이 충족됩니다.

여기서 주소를 두고 있다는 것은 외국인등록을 의미합니다. 따라서 외국인 등록 발급일로 부터 2년동안 계속적으로 거주해야 합니다.

기타 출입국 업무에 더 궁금한 점이 있으시면

○ 외국인종합안내센타 : ☎ 국번없이 1345

○ 출입국외국인정책본부 및 외국인을 위한 전자정부 하이코리아(www.hikorea.go.kr) 홈페이지에서 더 많은 정보를 확인하실 수 있으니 참고하여 주시기 바랍니다.

2. 자녀 출생·취학 관련 절차

2-1. 외국인 사이의 혼인에 의한 출생자인 경우 자녀의 출생 관련 절차

[1] 국적의 결정

외국인과 외국인 사이에 출생한 자녀는 그 부모의 국적에 따라 국적이 결정됩니다(「국제사법」 제67조 제1항 및 제68조 제1항).

[2] 체류자격부여 및 외국인등록 의무

① 외국인 사이에 출생한 자녀는 출생한 날부터 90일 이내에 체류자격을 받아야 하고, 체류자격을 받는 날부터 90일을 초과해서 대한민국에 체류하려는 경우에는 체류자격을 받을 때 외국인등록을 함께 해야 합니다(「출입국관리법」 제23조 제1항제1호 및 제31조 제3항).

② 외국인 사이의 출생자는 부모의 체류자격, 체류목적 등에 따라 방문동거(F-1), 동반(F-3) 또는 영주(F-5)의 체류자격을 받을 수 있습니다(「출입국관리법 시행령」 별표 1).

[3] 체류자격부여 및 외국인등록 신청 시 구비서류

체류자격부여 및 외국인등록을 신청하려는 사람(그 출생자를 대신해서 부모, 사실상의 부양자, 형제자매, 신원보증인, 그 밖의 동거인의 순서로 신청 가능)은 다음의 서류를 갖추어 출입국·외국인청의 장, 출입국·외국인사무소의 장, 출입국·외국인청 출장소의 장 또는 출입국·외국인사무소 출장소의 장에게 제출해야 합니다(「출입국관리법」 제79조 제2호·제5호, 「출입국관리법 시행령」 제29조 제1항, 제40조 제1항, 제89조, 「출입국관리법 시행규칙」 제34조 제2항, 제76조 제2항 제4호·제7호 및 별표 5의2).

1. 체류자격부여 신청의 경우: 체류자격부여신청서에 다음의 체류자격 구분에 따른 서류를 첨부

구분	개별 서류	공통 서류
방문동거 (F-1)	대사관 또는 자녀가 출생한 국내병원에서 발행한 출생증명서	자녀 본인의 여권(여권이 발행되지 않았을 경우에는 여권신청접수증) 부(父) 또는 모(母)의 외국인등록증 사본
동반(F-3)	대사관 또는 자녀가 출생한 국내병원에서 발행한 출생증명서	
영주(F-5)	가족관계 입증서류 대사관 또는 자녀가 출생한 국내병원에서 발행한 출생증명서 국적국의 신분을 증명하는 서류	

2. 외국인등록 신청의 경우: 외국인등록 신청서(「출입국관리법 시행규칙」 별지 제34호의2서식)에 여권용 사진(3.5cm × 4.5cm) 1장과 체류지 입증서류를 첨부

3. 대리 신청의 경우: 위 제1호 및 제2호의 서류에 다음의 서류를 함께 제출

　가. 주민등록증, 운전면허증, 여권 또는 외국인등록증 등 대리인의 신원확인이 가능한 증명서

　나. 위임장(직계가족이 가족구성원에 대해 신청하는 경우는 제외)

　다. 가족관계증명서, 주민등록표등(초)본, 재직증명서 등 본인과의 관계를 증명할 수 있는 서류(청장·사무소장 또는 출장소장이 보관 중인 등록외국인기록에 의해 본인과의 관계가 명백한 경우는 제외)

[4] 위반 시 제재

① 외국인 사이에 출생한 자녀가 체류자격을 부여받지 않으면 대한 민국 밖으로 강제퇴거될 수 있으며(「출입국관리법」 제46조제1항 제8호), 3년 이상의 징역 또는 3천만원 이하의 벌금에 처해집니 다(「출입국관리법」 제94조제15호).

또한, 외국인 사이에 출생한 자녀가 외국인등록을 하지 않으면 대한민국 밖으로 강제퇴거될 수 있으며(「출입국관리법」 제46조 제1항 제12호), 1년 이상의 징역 또는 1천만원 이하의 벌금에 처해집니다(「출입국관리법」 제95조 제7호).

[5] 출생신고

① 부모가 외국인인 경우에도 그 자녀의 출생신고를 할 수 있는데, 출생신고를 할 경우에는 출생 후 1개월 이내에 다음의 사항을 기재한 출생신고서[「가족관계등록사무의 문서 양식에 관한 예규」 (가족관계등록예규 제625호, 2023. 11. 13. 발령·시행) 양식 제 1호]에 출생증명서[의사·조산사나 그 밖에 분만에 관여한 사람이 작성한 것이어야 함, 「출생신고서에 첨부할 출생증명서 등에 관 한 처리지침」(가족관계등록예규 제610호, 2022. 12. 23 개정· 시행) 별지 서식]를 첨부해서 제출하면 됩니다(「가족관계의 등록 등에 관한 법률」 제24조, 제44조 및 「가족관계의 등록 등에 관 한 규칙」 제29조).

  1. 자녀의 성명·본·성별 및 등록기준지
  2. 자녀의 혼인 중 또는 혼인 외의 출생자의 구별
  3. 출생의 연월일시 및 장소
  4. 부모의 성명·출생연월일·국적 및 외국인등록번호

② 외국인 사이에 출생한 자녀에 대해서 위의 방법으로 출생신고를 할 수는 있지만, 그 부모에게 가족관계등록부가 없기 때문에 부

모의 가족관계등록부에 자녀의 출생 사실이 기재될 수는 없습니다(「가족관계의 등록 등에 관한 법률」 제20조 제1항 및 「가족관계의 등록 등에 관한 규칙」 제69조 제1항).

2-2. 한국인과 외국인 사이의 혼인에 의한 출생자인 경우 자녀의 출생 관련 절차

2-2-1. 국적의 결정

[1] 출생에 의한 대한민국 국적의 취득

출생 당시에 부(父) 또는 모(母) 중 어느 한명이 대한민국 국민인 경우에 그 자녀는 출생과 동시에 대한민국의 국적을 취득합니다(「국적법」 제2조 제1항 제1호).

[2] 복수국적자의 국적 선택

① 그런데 부 또는 모 중 어느 한 명의 본국법이 속인주의를 취하고 있어 대한민국에서 출생한 외국인의 자녀가 외국국적도 함께 취득하게 되는 경우도 있습니다. 이 경우 그 자녀는 복수국적자가 됩니다.

② "속인주의(屬人主義)"란 국가 영역의 내외를 불문하고 국적을 기준으로 모든 자국민에 대해 법을 적용하는 원칙을 말하며, 자국 영역을 기준으로 그 영역 내에 있는 모든 사람에 대해 법을 적용하는 "속지주의(屬地主義)"와 대비되는 원칙입니다.

③ "복수국적자"란 출생이나 그 밖에 「국적법」에 따라 대한민국 국적과 외국 국적을 함께 가지게 된 다음의 사람을 말합니다(「국적법」 제11조의2 제1항).

 1. 외국국적불행사서약을 한 사람

 2. 대한민국의 국민으로서 외국 국적을 취득하게 된 후 6개월 내에 법무부장관에게 대한민국 국적의 보유 의사를 신고한 사람

 3. 법무부장관에게 외국국적불행사서약을 하고 대한민국 국적을 재취득하거나 외국 국적을 재취득한 후 외국국적불행사서약을 한 사람

④ 복수국적자는 일정한 연령이 되면 하나의 국적을 선택해야 합니다.

즉, 복수국적자는 만 22세가 되기 전까지 대한민국 국적의 선택 절차(「국적법」 제13조)와 대한민국 국적의 이탈 절차(「국적법」 제14조)에 따라 하나의 국적을 선택해야 합니다(「국적법」 제12조 제1항 본문).

2-2-2. 한국인 부와 외국인 모 사이의 출생자 신고

[1] 혼인 중 자녀인 경우

법률상 혼인 중의 자녀인 경우 부(夫) 또는 기타 출생신고 의무자(국내에 거주하는 외국인 모를 포함함)의 신고로써 가족관계등록부를 작성합니다(특정등록사항란에 부모의 성명을 기록해야 함)[「한국인과 외국인 사이에서 출생한 자녀에 대한 출생신고 처리방법」(대법원 가족관계등록예규 제429호, 2015. 1. 8. 발령, 2015. 2. 1. 시행)].

[2] 혼인 외의 자녀인 경우

① 법률상 혼인 중이 아닌 상태에서 태어난 경우 부(夫)의 출생신고만으로 가족관계등록부를 작성할 수 없으며 따로 외국인(대한민국 국민이 아닌 사람)에 대한 인지절차에 따라 부(父)가 인지신고를 한 다음 자녀가 국적법에 따라 법무부장관에게 신고함으로써 국적을 취득하거나(미성년인 경우) 법무부장관으로부터 귀화허가를 받은 후(성년인 경우), 국적취득 또는 귀화허가통보가 된 때 가족관계등록부를 작성할 수 있습니다.

② 따라서 외국의 국적을 취득하지 않은 출생자에 대한 출생신고를 수리하여 특종신고서류편철장에 편철한 후 자녀가 우리나라 국적을 취득하여 그 가족관계등록부를 작성할 때 출생사유를 기록합니다. 다만, 태아인지 신고된 피인지자는 그 부(父)의 출생신고로써 가족관계등록부를 작성할 수 있습니다(「한국인과 외국인 사이에서 출생한 자녀에 대한 출생신고 처리방법」).

③ '인지'란 부모가 혼인 외의 출생자를 자기의 자녀라고 인정하는

행위를 말합니다.

[3] 출생신고

출생신고는 출생 후 1개월 이내에 다음의 사항을 기재한 신고서와 출생증명서, 신분증명서를 제출함으로써 이루어집니다(「가족관계의 등록 등에 관한 법률」 제44조 제1항·제2항).

1. 자녀의 성명·본·성별 및 등록기준지
2. 자녀의 혼인 중 또는 혼인 외의 출생자의 구별
3. 출생의 연월일시 및 장소
4. 부의 성명·본·등록기준지 및 주민등록번호와 모의 성명·출생연월일·국적 및 외국인등록번호
5. 부모가 혼인신고 시 모의 성과 본을 따르기로 협의한 경우
6. 자녀가 복수국적자인 경우 그 사실 및 취득한 외국 국적

2-2-3. 한국인 모와 외국인 부 사이의 출생자 신고

[1] 혼인 중 자녀인 경우

① 법률상 혼인 중의 자녀인 경우 자녀는 대한민국의 국적을 취득하므로(「국적법」 제2조 제1항 제1호) 모 또는 그 밖의 출생 신고의무자(국내에 거주하는 외국인 부를 포함함)의 신고(특정등록사항란에 부모의 성명을 기록해야 함)로써 가족관계등록부를 작성합니다(「한국인과 외국인 사이에서 출생한 자녀에 대한 출생신고 처리방법」).

② 출생신고서에 기재할 수 있는 자녀의 성

그 자녀가 외국인 부의 성을 따라 부의 나라의 신분등록관계장부가 작성되어 있는 경우이든 아직 출생신고를 하지 않아 부의 나라의 신분등록관계장부가 작성되어 있지 않은 경우이든 불문하고 외국인 부의 성을 따르거나 한국인 모의 성과 본을 따라 신고할 수

있습니다「외국인 부와 한국인 모 사이에 출생한 혼인 중의 자의 성과 이름 표기 및 가족관계등록부에 기록하는 절차」(가족관계등록 예규 제573호, 2021. 12. 10. 발령, 2021. 12. 15. 시행) 3.].

③ 출생신고서에 기재할 자녀의 이름

그 자녀가 외국인 부의 성을 따라 외국식 이름으로 부의 나라의 신분등록관계장부에 기록되어 있는 경우에도 부 또는 모의 어느 성을 사용하든 외국인 부의 성을 따라 부의 나라의 신분등록관계 장부에 기록된 외국식 이름 또는 새로운 한국식 이름을 신고서에 기재하여 신고할 수 있습니다. 그러나 부의 나라의 신분등록관계 장부에 외국인 부의 성을 따라 외국식 이름으로 기록되어 있는 경우에는 그 이외의 새로운 외국식 이름을 신고할 수 없습니다 (「외국인 부와 한국인 모 사이에 출생한 혼인 중의 자의 성과 이름 표기 및 가족관계등록부에 기록하는 절차」 4. 가 및 나).

[2] 혼인 외의 자녀인 경우

법률상 혼인 중이 아닌 상태에서 태어난 경우 모 또는 그 밖의 출생 신고의무자의 신고(모의 성과 본을 따르며, 부를 표시할 수는 없음)로써 가족관계등록부를 작성할 수 있습니다. 그러나 부의 인지가 있으면 그 인지신고에 따라 그 사유를 기록하고 부의 국적을 취득하면 국적상실신고 또는 국적상실통보에 따라 폐쇄해야 합니다(「한국인과 외국인 사이에서 출생한 자녀에 대한 출생신고 처리방법」).

[3] 출생신고

출생신고는 출생 후 1개월 이내에 다음의 사항을 기재한 신고서를 제출함으로써 이루어집니다(「가족관계의 등록등에 관한 법률」 제44조 제1항·제2항).

1. 자녀의 성명·본·성별 및 등록기준지
2. 자녀의 혼인 중 또는 혼인 외의 출생자의 구별

3. 출생의 연월일시 및 장소
4. 모의 성명·본·등록기준지 및 주민등록번호와 부의 성명·출생연월일·국적 및 외국인등록번호
5. 부모가 혼인신고 시 모의 성과 본을 따르기로 협의한 경우
6. 자녀가 복수국적자인 경우 그 사실 및 취득한 외국 국적

2-3. 자녀의 취학 절차

① 다음 중 어느 하나에 해당하는 아동이나 학생이 초등학교나 중학교에 입학하거나 전학하려는 경우에는 거주지가 속하는 학구 안에 있는 초등학교나 중학교의 장에게 입학 또는 전학을 신청할 수 있습니다(「초·중등교육법 시행령」 제19조 제1항 및 제75조).

1. 외국에서 귀국한 아동 또는 학생

2. 재외국민의 자녀인 아동 또는 학생

3. 북한이탈주민인 아동 또는 학생

4. 외국인인 아동 또는 학생

5. 그 밖에 초등학교나 중학교에 입학하거나 전학하기 전에 국내에 거주하지 않았거나 국내에 학적이 없는 등의 사유로 「초·중등교육법 시행령」 제17조 및 제21조에 따른 입학 또는 전학 절차를 거칠 수 없는 아동 또는 학생

② 이들의 고등학교 입학·전학 또는 편입학은 해당 고등학교의 학칙이 정하는 바에 따라 이루어집니다(「초·중등교육법 시행령」 제89조의2).

3. 장례 관련 절차

3-1. 시신 처리 절차

[1] 질병 또는 사고 등으로 병원에서 사망한 경우

① 이 경우에는 ⓐ 본국의 유족에게 연락해서 유족이 입국하게 하거나 입국할 수 없는 경우 유족위임장 발급, ⓑ 병원에서 사망진단서 발급, ⓒ 본국대사관에서 사망확인서와 송환하는 경우 본국송환에 관한 확인서 발급, ⓓ 시신 처리의 순서로 이루어집니다.

② "사망진단서"란 의사가 환자를 진료하였고 그 환자가 사망한 원인이 그 의사가 알고 있는 질병 때문일 경우에 작성되는 사망에 관한 증명서를 말하며, 의사·치과의사 또는 한의사가 발급하는 사망진단서는 「의료법 시행규칙」 별지 제6호서식에 따릅니다(「의료법 시행규칙」 제10조).

③ 시신 처리에 관한 자세한 사항은 본국 대사관과 상의하시기 바랍니다.

[2] 원인불명의 사망이거나 범죄의 대상이 된 사망인 경우

① 이 경우에는 ⓐ 본국의 유족에게 연락해서 유족이 입국하게 하거나 입국할 수 없는 경우 유족위임장 발급, ⓑ 변사자의 검시, ⓒ 사체의 인도, ⓓ 병원에서 시체검안서 발급, ⓔ 본국대사관에서 사망확인서와 송환하는 경우 본국송환에 관한 확인서 발급, ⓕ 시신 처리의 순서로 이루어집니다.

② "변사자의 검시"란 변사자 또는 변사의 의심 있는 사체가 있는 경우에 그 소재지를 관할하는 지방검찰청검사가 검시하는 것을 말합니다(「형사소송법」 제222조). '변사자'란 일반적으로 자연사가 아닌 사망으로써 그 사인이 분명하지 않은 사람을 의미하고,

'검시'란 변사자의 사체를 오감을 통해 조사하거나(검안) 사체를 해부해서 조사하는 것(부검)을 통틀어 이르는 말입니다.

③ "시체검안서"란 의사가 사망의 원인을 알 수 없거나 또는 사망의 원인을 알더라도 외부의 원인에 의한 사망이어서 특별하게 다루어야 할 죽음(예컨대 수사를 받아야할 죽음)일 때 작성하는 증명서를 말하며, 의사·치과의사 또는 한의사가 발급하는 시체검안서는 「의료법 시행규칙」 별지 제6호서식에 따릅니다(「의료법 시행규칙」 제10조).

④ 시신 처리에 관한 자세한 사항은 본국대사관과 상의하시기 바랍니다.

3-2. 화장하는 경우

[1] 화장의 시기

① 사망하거나 사산(死産)한 시점부터 24시간이 지나야 화장할 수 있습니다. 다만, 다음의 어느 하나에 해당하면 24시간이 지나기 전이라도 화장할 수 있습니다(「장사 등에 관한 법률」 제6조 및 「장사 등에 관한 법률 시행령」 제5조).

1. 다른 법률에 특별한 규정이 있는 경우

2. 임신 7개월이 되기 전에 죽은 태아인 경우

3. 감염병(「감염병의 예방 및 관리에 관한 법률」 제2조)으로 사망한 시신인 경우(특별자치시장·특별자치도지사·시장·군수·구청장이 감염병의 확산을 방지하기 위해 긴급한 조치가 필요하다고 인정하는 경우만 해당)

4. 뇌사의 판정(「장기등 이식에 관한 법률」 제18조)을 받은 후 장기 등의 적출(「장기등 이식에 관한 법률」 제4조 제1호)이 끝난 시신인 경우

② 이를 위반하면 1년 이하의 징역 또는 1천만원 이하의 벌금에 처해집니다(「장사 등에 관한 법률」 제40조 제1호).

[2] 화장의 장소

① 화장시설에서만 화장을 해야 합니다. 다만, 다음 중 어느 하나에 해당하는 경우로서 보건위생상의 위험이 없는 경우에는 화장시설 외에서도 화장할 수 있습니다(「장사 등에 관한 법률」 제7조 제2항 및 「장사 등에 관한 법률 시행령」 제6조).

1. 사찰(寺刹)경내에서 다비(茶毘)의식으로 화장을 하는 경우

2. 화장장이 설치되지 않은 도서(島嶼)지역에서 「감염병의 예방 및 관리에 관한 법률」 제2조에 따른 감염병으로 사망한 시신

을 화장하는 경우

② 이를 위반하면 1년 이하의 징역 또는 1천만원 이하의 벌금에 처해집니다(「장사 등에 관한 법률」 제40조 제2호).

[3] 화장의 신고

① 화장을 하려는 사람은 화장시설을 관할하는 특별자치시장·특별자치도지사·시장·군수·구청장에게 신고해야 합니다(「장사 등에 관한 법률」 제8조 제2항).

② 이를 위반하면 100만원의 과태료가 부과됩니다(「장사 등에 관한 법률」 제42조 제1항 제1호, 「장사 등에 관한 법률 시행령」 제41조 및 별표 7 제2호가목).

③ 화장의 신고를 하려는 사람은 시신화장신고서[「장사 등에 관한 법률 시행규칙」 별지 제1호서식(죽은 태아의 경우에는 별지 제2호서식)]에 사망진단서(시체검안서)(「의료법 시행규칙」 별지 제6호서식) 또는 읍·면·동장의 확인서(죽은 태아의 경우)를 첨부해서 관할 특별자치시장·특별자치도지사·시장·군수·구청장에게 제출해야 합니다(「장사 등에 관한 법률 시행규칙」 제2조 제2항).

[4] 화장 후 처리

화장이 끝난 유골은 ① 대한민국 내의 공설봉안시설 또는 사설봉안시설에 안치하는 방법, ② 묻기에 적합하도록 분쇄시켜 생화학적으로 분해가 가능한 용기에 담아 묻는 방법(자연장), ③ 용기에 담아 본국으로 송환하는 방법으로 처리할 수 있습니다.

3-3. 매장하는 경우

[1] 매장의 시기

① 사망하거나 사산(死産)한 시점부터 24시간이 지나야 매장할 수 있습니다. 다만, 다음 중 어느 하나에 해당하면 24시간이 지나기 전이라도 화장할 수 있습니다(「장사 등에 관한 법률」 제6조 및 「장사 등에 관한 법률 시행령」 제5조).

   1. 다른 법률에 특별한 규정이 있는 경우
   2. 임신 7개월이 되기 전에 죽은 태아인 경우
   3. 감염병(「감염병의 예방 및 관리에 관한 법률」 제2조)으로 사망한 시신인 경우(특별자치시장·특별자치도지사·시장·군수·구청장이 감염병의 확산을 방지하기 위해 긴급한 조치가 필요하다고 인정하는 경우만 해당)
   4. 뇌사의 판정(「장기등 이식에 관한 법률」 제18조)을 받은 후 장기 등의 적출(「장기등 이식에 관한 법률」 제4조 제1호)이 완료된 시신인 경우

② 이를 위반하면 1년 이하의 징역 또는 1천만원 이하의 벌금에 처해집니다(「장사 등에 관한 법률」 제40조 제1호).

[2] 매장의 장소

① 공설묘지 또는 사설묘지에서만 매장을 해야 합니다(「장사 등에 관한 법률」 제7조 제1항).

② 이를 위반하면 1년 이하의 징역 또는 1천만원 이하의 벌금에 처해집니다(「장사 등에 관한 법률」 제40조 제2호).

③ 사설묘지인 개인묘지(1기의 분묘 또는 해당 분묘에 매장된 사람과 배우자 관계였던 사람의 분묘를 같은 구역 안에 설치하는 묘지를 말함)를 설치해서 시신을 매장하려면 묘지를 설치한 후 30

일 이내에 해당 묘지를 관할하는 특별자치시장·특별자치도지사·시장·군수·구청장에게 신고해야 합니다. 신고한 사항 중 다음의 어느 하나에 해당하는 사항을 변경한 경우에도 신고해야 합니다(「장사 등에 관한 법률」 제14조 제2항, 「장사 등에 관한 법률 시행령」 제12조 및 「장사 등에 관한 법률 시행규칙」 제5조).

1. 개인묘지의 면적에 관한 사항

2. 개인묘지 관련 시설물의 설치에 관한 사항

3. 분묘의 형태에 관한 사항(다만, 봉분(封墳) 또는 평분(平墳)에서 평장(平葬)으로 변경한 경우는 제외)

④ 이를 위반하고 1) 개인묘지 설치신고를 하지 않은 경우에는 200만원, 2) 개인묘지 변경신고를 하지 않은 경우에는 150만원의 과태료가 부과됩니다(「장사 등에 관한 법률」 제42조 제1항 제3호 및 「장사 등에 관한 법률 시행령」 제41조 및 별표 7 제2호 다목).).

[3] 매장의 방법

① 매장을 하는 경우에는 공중위생에 해를 끼치지 않아야 하며, 다음의 기준을 지켜야 합니다(「장사 등에 관한 법률」 제9조 제2항 및 「장사 등에 관한 법률 시행령」 제7조 제1호).

1. 시신 또는 화장하지 않은 유골을 입관해서 위생적으로 처리해야 하며, 매장깊이는 1미터 이상이어야 합니다.

2. 화장한 유골을 매장하는 경우의 매장깊이는 30센티미터 이상이어야 합니다.

② 이를 위반하면 1년 이하의 징역 또는 1천만원 이하의 벌금에 처해집니다(「장사 등에 관한 법률」 제40조 제3호).

[4] 매장의 신고

① 매장을 한 사람은 매장 후 30일 이내에 매장지를 관할하는 특별
   자치시장·특별자치도지사·시장·군수·구청장에게 신고해야 합니다
   (「장사 등에 관한 법률」 제8조 제1항).

② 이를 위반하면 100만원의 과태료가 부과됩니다(「장사 등에 관한
   법률」 제42조 제1항 제1호 및 「장사 등에 관한 법률 시행령」
   제41조 및 별표 7 제2호가목).

③ 매장의 신고를 하려는 사람은 시신매장신고서[「장사 등에 관
   한 법률 시행규칙」 별지 제1호서식(죽은 태아의 경우에는
   별지 제2호서식)]를 관할 특별자치시장·특별자치도지사·시장·
   군수·구청장에게 제출해야 합니다(「장사 등에 관한 법률 시
   행규칙」 제2조 제1항).

3-4. 본국 송환 절차

[1] 간이통관절차 적용

① 유해·유골을 국외로 운송할 경우 송품장 목록통관수출 신고(수리)서 및 송품장, (검사대상)통관목록 또는 우편물목록을 세관에 제출하면 됩니다[「수출통관 사무처리에 관한 고시」(관세청고시 제2023-7호, 2023. 2. 1. 발령·시행) 제36조 제1항제1호, 별지 제6호서식 및 별지 제17호서식].

② "송품장"이란 보내는 짐의 내용을 적은 문서를 말하며, 송장(送狀)이라고도 합니다.

③ 세관에 서류를 제출할 경우에는 통상 세관에 직접 방문하지 않고, 세관에서 파견된 직원이 상주하고 있는 화물터미널(세관창고)에 제출하면 됩니다.

[2] 유형별 송환 절차

① 유해(시신)를 송환하는 경우

    ⓐ 유족이 있는 경우에는 직접, 유족이 없는 경우에는 유족위임장을 받은 사람이 병원에서 시신을 방부처리합니다.

    ⓑ 사체인도서 또는 시체검안서, 방부처리확인서, 대사관확인서를 구비한 후 항공사로부터 항공화물운송장을 발급받습니다.

    ⓒ 시신을 입관한 후 항공사에 인도합니다.

[3] 화장 후 유골을 송환하는 경우

화장을 한 유골을 항공·화물회사(대한항공, 한국공항, 아시아나, DHL 등)에 특수화물로 운송합니다.

Chapter 5.
부록 : 관련법령

외국인근로자의 고용 등에 관한 법률
외국인근로자의 고용 등에 관한 법률 시행령
외국인근로자의 고용 등에 관한 법률 시행규칙

외국인근로자의 고용 등에 관한 법률

(약칭: 외국인고용법)

[시행 2022. 12. 11.] [법률 제18929호, 2022. 6. 10., 일부개정]

제1장 총칙

제1조(목적) 이 법은 외국인근로자를 체계적으로 도입·관리함으로써 원활한 인력수급 및 국민경제의 균형 있는 발전을 도모함을 목적으로 한다.

[전문개정 2009. 10. 9.]

제2조(외국인근로자의 정의) 이 법에서 "외국인근로자"란 대한민국의 국적을 가지지 아니한 사람으로서 국내에 소재하고 있는 사업 또는 사업장에서 임금을 목적으로 근로를 제공하고 있거나 제공하려는 사람을 말한다. 다만, 「출입국관리법」 제18조제1항에 따라 취업활동을 할 수 있는 체류자격을 받은 외국인 중 취업분야 또는 체류기간 등을 고려하여 대통령령으로 정하는 사람은 제외한다.

[전문개정 2009. 10. 9.]

제3조(적용 범위 등) ① 이 법은 외국인근로자 및 외국인근로자를 고용하고 있거나 고용하려는 사업 또는 사업장에 적용한다. 다만, 「선원법」의 적용을 받는 선박에 승무(乘務)하는 선원 중 대한민국 국적을 가지지 아니한 선원 및 그 선원을 고용하고 있거나 고용하려는 선박의 소유자에 대하여는 적용하지 아니한다.

② 외국인근로자의 입국·체류 및 출국 등에 관하여 이 법에서 규정하지 아니한 사항은 「출입국관리법」에서 정하는 바에 따른다.

[전문개정 2009. 10. 9.]

제4조(외국인력정책위원회) ① 외국인근로자의 고용관리 및 보호에 관한 주요 사항을 심의·의결하기 위하여 국무총리 소속으로 외국인력정책위원회(이하 "정책위원회"라 한다)를 둔다.

② 정책위원회는 다음 각 호의 사항을 심의·의결한다. 〈개정 2021. 4. 13.〉

　1. 외국인근로자 관련 기본계획의 수립에 관한 사항

　2. 외국인근로자 도입 업종 및 규모 등에 관한 사항

　3. 외국인근로자를 송출할 수 있는 국가(이하 "송출국가"라 한다)의 지정 및 지정 취소에 관한 사항

　4. 제18조의2제2항에 따른 외국인근로자의 취업활동 기간 연장에 관한 사항

　5. 그 밖에 대통령령으로 정하는 사항

③ 정책위원회는 위원장 1명을 포함한 20명 이내의 위원으로 구성한다.

④ 정책위원회의 위원장은 국무조정실장이 되고, 위원은 기획재정부·외교부·법무부·산업통상자원부·고용노동부·중소벤처기업부의 차관 및 대통령령으로 정하는

관계 중앙행정기관의 차관이 된다. 〈개정 2010. 6. 4., 2013. 3. 23., 2017. 7. 26.〉

⑤ 외국인근로자 고용제도의 운영 및 외국인근로자의 권익보호 등에 관한 사항을 사전에 심의하게 하기 위하여 정책위원회에 외국인력정책실무위원회(이하 "실무위원회"라 한다)를 둔다.

⑥ 정책위원회와 실무위원회의 구성·기능 및 운영 등에 필요한 사항은 대통령령으로 정한다.

[전문개정 2009. 10. 9.]

제5조(외국인근로자 도입계획의 공표 등) ① 고용노동부장관은 제4조제2항 각 호의 사항이 포함된 외국인근로자 도입계획을 정책위원회의 심의·의결을 거쳐 수립하여 매년 3월 31일까지 대통령령으로 정하는 방법으로 공표하여야 한다. 〈개정 2010. 6. 4.〉

② 고용노동부장관은 제1항에도 불구하고 국내의 실업증가 등 고용사정의 급격한 변동으로 인하여 제1항에 따른 외국인근로자 도입계획을 변경할 필요가 있을 때에는 정책위원회의 심의·의결을 거쳐 변경할 수 있다. 이 경우 공표의 방법에 관하여는 제1항을 준용한다. 〈개정 2010. 6. 4.〉

③ 고용노동부장관은 필요한 경우 외국인근로자 관련 업무를 지원하기 위하여 조사·연구사업을 할 수 있으며, 이에 관하여 필요한 사항은 대통령령으로 정한다.

〈개정 2010. 6. 4.〉[전문개정 2009. 10. 9.]

제2장 외국인근로자 고용절차

〈개정 2009. 10. 9.〉

제6조(내국인 구인 노력) ① 외국인근로자를 고용하려는 자는 「직업안정법」 제2조의2 제1호에 따른 직업안정기관(이하 "직업안정기관"이라 한다)에 우선 내국인 구인 신청을 하여야 한다.

② 직업안정기관의 장은 제1항에 따른 내국인 구인 신청을 받은 경우에는 사용자가 적절한 구인 조건을 제시할 수 있도록 상담·지원하여야 하며, 구인 조건을 갖춘 내국인이 우선적으로 채용될 수 있도록 직업소개를 적극적으로 하여야 한다.

[전문개정 2009. 10. 9.]

제7조(외국인구직자 명부의 작성) ① 고용노동부장관은 제4조제2항제3호에 따라 지정된 송출국가의 노동행정을 관장하는 정부기관의 장과 협의하여 대통령령으로 정하는 바에 따라 외국인구직자 명부를 작성하여야 한다. 다만, 송출국가에 노동행정을 관장하는 독립된 정부기관이 없을 경우 가장 가까운 기능을 가진 부서를 정하여 정책위원회의 심의를 받아 그 부서의 장과 협의한다. 〈개정 2010. 6. 4.〉

② 고용노동부장관은 제1항에 따른 외국인구직자 명부를 작성할 때에는 외국인구직자 선발기준 등으로 활용할 수 있도록 한국어 구사능력을 평가하는 시험(이하 "한국어능력시험"이라 한다)을 실시하여야 하며, 한국어능력시험의 실시기관 선정 및 선정취소, 평가의 방법, 그 밖에 필요한 사항은 대통령령으로 정한다.

〈개정 2010. 6. 4.〉

③ 한국어능력시험의 실시기관은 시험에 응시하려는 사람으로부터 대통령령으로 정하는 바에 따라 수수료를 징수하여 사용할 수 있다. 이 경우 수수료는 외국인근로자 선발 등을 위한 비용으로 사용하여야 한다. 〈신설 2014. 1. 28., 2020. 5. 26.〉

④ 고용노동부장관은 제1항에 따른 외국인구직자 선발기준 등으로 활용하기 위하여 필요한 경우 기능 수준 등 인력 수요에 부합되는 자격요건을 평가할 수 있다.

〈개정 2010. 6. 4., 2014. 1. 28.〉

⑤ 제4항에 따른 자격요건 평가기관은 「한국산업인력공단법」에 따른 한국산업인력공단(이하 "한국산업인력공단"이라 한다)으로 하며, 자격요건 평가의 방법 등 필요한 사항은 대통령령으로 정한다. 〈개정 2014. 1. 28.〉

[전문개정 2009. 10. 9.]

제8조(외국인근로자 고용허가) ① 제6조제1항에 따라 내국인 구인 신청을 한 사용자는 같은 조 제2항에 따른 직업소개를 받고도 인력을 채용하지 못한 경우에는 고용노동부령으로 정하는 바에 따라 직업안정기관의 장에게 외국인근로자 고용허가를 신청하여야 한다. 〈개정 2010. 6. 4.〉

② 제1항에 따른 고용허가 신청의 유효기간은 3개월로 하되, 일시적인 경영악화 등으로 신규 근로자를 채용할 수 없는 경우 등에는 대통령령으로 정하는 바에 따라 1회에 한정하여 고용허가 신청의 효력을 연장할 수 있다.

③ 직업안정기관의 장은 제1항에 따른 신청을 받으면 외국인근로자 도입 업종 및 규모 등 대통령령으로 정하는 요건을 갖춘 사용자에게 제7조제1항에 따른 외국인구직자 명부에 등록된 사람 중에서 적격자를 추천하여야 한다.

④ 직업안정기관의 장은 제3항에 따라 추천된 적격자를 선정한 사용자에게는 지체 없이 고용허가를 하고, 선정된 외국인근로자의 성명 등을 적은 외국인근로자 고용허가서를 발급하여야 한다.

⑤ 제4항에 따른 외국인근로자 고용허가서의 발급 및 관리 등에 필요한 사항은 대통령령으로 정한다.

⑥ 직업안정기관이 아닌 자는 외국인근로자의 선발, 알선, 그 밖의 채용에 개입하여서는 아니 된다.

[전문개정 2009. 10. 9.]

제9조(근로계약) ① 사용자가 제8조제4항에 따라 선정한 외국인근로자를 고용하려면 고용노동부령으로 정하는 표준근로계약서를 사용하여 근로계약을 체결하여야 한다. 〈개정 2010. 6. 4.〉

② 사용자는 제1항에 따른 근로계약을 체결하려는 경우 이를 한국산업인력공단에 대행하게 할 수 있다. 〈개정 2014. 1. 28.〉

③ 제8조에 따라 고용허가를 받은 사용자와 외국인근로자는 제18조에 따른 기간 내에서 당사자 간의 합의에 따라 근로계약을 체결하거나 갱신할 수 있다.

《개정 2012. 2. 1.》

④ 제18조의2에 따라 취업활동 기간이 연장되는 외국인근로자와 사용자는 연장된 취업활동 기간의 범위에서 근로계약을 체결할 수 있다.

⑤ 제1항에 따른 근로계약을 체결하는 절차 및 효력발생 시기 등에 관하여 필요한 사항은 대통령령으로 정한다.

[전문개정 2009. 10. 9.]

제10조(사증발급인정서) 제9조제1항에 따라 외국인근로자와 근로계약을 체결한 사용자는 「출입국관리법」 제9조제2항에 따라 그 외국인근로자를 대리하여 법무부장관에게 사증발급인정서를 신청할 수 있다.

[전문개정 2009. 10. 9.]

제11조(외국인 취업교육) ① 외국인근로자는 입국한 후에 고용노동부령으로 정하는 기간 이내에 한국산업인력공단 또는 제11조의3에 따른 외국인 취업교육기관에서 국내 취업활동에 필요한 사항을 주지(周知)시키기 위하여 실시하는 교육(이하 "외국인 취업교육"이라 한다)을 받아야 한다. 《개정 2010. 6. 4., 2022. 6. 10.》

② 사용자는 외국인근로자가 외국인 취업교육을 받을 수 있도록 하여야 한다.

③ 외국인 취업교육의 시간과 내용, 그 밖에 외국인 취업교육에 필요한 사항은 고용노동부령으로 정한다. 《개정 2010. 6. 4.》

[전문개정 2009. 10. 9.]

제11조의2(사용자 교육) ① 제8조에 따라 외국인근로자 고용허가를 최초로 받은 사용자는 노동관계법령·인권 등에 관한 교육(이하 "사용자 교육"이라 한다)을 받아야 한다.

② 사용자 교육의 내용, 시간, 그 밖에 사용자 교육에 필요한 사항은 고용노동부령으로 정한다.

[본조신설 2021. 4. 13.]

제11조의3(외국인 취업교육기관의 지정 등) ① 고용노동부장관은 외국인 취업교육을 전문적·효율적으로 수행하기 위하여 외국인 취업교육기관(이하 "외국인 취업교육기관"이라 한다)을 지정할 수 있다.

② 제1항에 따라 외국인 취업교육기관으로 지정을 받으려는 자는 전문인력·시설 등 대통령령으로 정하는 지정기준을 갖추어 고용노동부장관에게 신청하여야 한다.

③ 제1항 및 제2항에서 규정한 사항 외에 외국인 취업교육기관의 지정절차 등에 필요한 사항은 고용노동부령으로 정한다.

[본조신설 2022. 6. 10.]

제11조의4(외국인 취업교육기관의 지정취소 등) ① 고용노동부장관은 외국인 취업교육기관이 다음 각 호의 어느 하나에 해당하는 경우에는 고용노동부령으로 정하는 바에 따라 지정취소, 6개월 이내의 업무정지 또는 시정명령을 할 수 있다. 다만, 제1호에 해당하는 경우에는 지정을 취소하여야 한다.

1. 거짓이나 그 밖의 부정한 방법으로 지정을 받은 경우
2. 제11조의3제2항에 따른 지정기준에 적합하지 아니하게 된 경우
3. 정당한 사유 없이 1년 이상 운영을 중단한 경우
4. 임직원이 외국인 취업교육 업무와 관련하여 형사처분을 받는 등 사회적으로 중대한 물의를 일으킨 경우
5. 운영성과의 미흡 등 대통령령으로 정하는 경우에 해당하는 경우
6. 그 밖에 이 법 또는 이 법에 따른 명령을 위반한 경우

② 제1항에 따라 지정이 취소된 외국인 취업교육기관은 지정이 취소된 날부터 1년이 경과하지 아니하면 제11조의3제2항에 따른 외국인 취업교육기관 지정신청을 할 수 없다.

③ 고용노동부장관은 제1항에 따라 외국인 취업교육기관의 지정을 취소하는 경우에는 청문을 실시하여야 한다.

[본조신설 2022. 6. 10.]

제12조(외국인근로자 고용의 특례) ① 다음 각 호의 어느 하나에 해당하는 사업 또는 사업장의 사용자는 제3항에 따른 특례고용가능확인을 받은 후 대통령령으로 정하는 사증을 발급받고 입국한 외국인으로서 국내에서 취업하려는 사람을 고용할 수 있다. 이 경우 근로계약의 체결에 관하여는 제9조를 준용한다. *〈개정 2021. 4. 13.〉*

1. 건설업으로서 정책위원회가 일용근로자 노동시장의 현황, 내국인근로자 고용기회의 침해 여부 및 사업장 규모 등을 고려하여 정하는 사업 또는 사업장
2. 서비스업, 제조업, 농업, 어업 또는 광업으로서 정책위원회가 산업별 특성을 고려하여 정하는 사업 또는 사업장

② 제1항에 따른 외국인으로서 제1항 각 호의 어느 하나에 해당하는 사업 또는 사업장에 취업하려는 사람은 외국인 취업교육을 받은 후에 직업안정기관의 장에게 구직 신청을 하여야 하고, 고용노동부장관은 이에 대하여 외국인구직자 명부를 작성·관리하여야 한다. *〈개정 2010. 6. 4.〉*

③ 제6조제1항에 따라 내국인 구인 신청을 한 사용자는 같은 조 제2항에 따라 직업안정기관의 장의 직업소개를 받고도 인력을 채용하지 못한 경우에는 고용노동부령으로 정하는 바에 따라 직업안정기관의 장에게 특례고용가능확인을 신청할 수 있다. 이 경우 직업안정기관의 장은 외국인근로자의 도입 업종 및 규모 등 대통령령으로 정하는 요건을 갖춘 사용자에게 특례고용가능확인을 하여야 한다. *〈개정 2010. 6. 4.〉*

④ 제3항에 따라 특례고용가능확인을 받은 사용자는 제2항에 따른 외국인구직자 명부에 등록된 사람 중에서 채용하여야 하고, 외국인근로자가 근로를 시작하면 고용노동부령으로 정하는 바에 따라 직업안정기관의 장에게 신고하여야 한다. *〈개정 2010. 6. 4.〉*

⑤ 특례고용가능확인의 유효기간은 3년으로 한다. 다만, 제1항제1호에 해당하는 사

업 또는 사업장으로서 공사기간이 3년보다 짧은 경우에는 그 기간으로 한다.

⑥ 직업안정기관의 장이 제3항에 따라 특례고용가능확인을 한 경우에는 대통령령으로 정하는 바에 따라 해당 사용자에게 특례고용가능확인서를 발급하여야 한다.

⑦ 제1항에 따른 외국인근로자에 대하여는 「출입국관리법」 제21조를 적용하지 아니한다.

⑧ 고용노동부장관은 제1항에 따른 외국인이 취업을 희망하는 경우에는 입국 전에 고용정보를 제공할 수 있다. 〈개정 2010. 6. 4.〉

[전문개정 2009. 10. 9.]

제3장 외국인근로자의 고용관리

〈개정 2009. 10. 9.〉

제13조(출국만기보험·신탁) ① 외국인근로자를 고용한 사업 또는 사업장의 사용자(이하 "사용자"라 한다)는 외국인근로자의 출국 등에 따른 퇴직금 지급을 위하여 외국인근로자를 피보험자 또는 수익자(이하 "피보험자등"이라 한다)로 하는 보험 또는 신탁(이하 "출국만기보험등"이라 한다)에 가입하여야 한다. 이 경우 보험료 또는 신탁금은 매월 납부하거나 위탁하여야 한다. 〈개정 2014. 1. 28.〉

② 사용자가 출국만기보험등에 가입한 경우 「근로자퇴직급여 보장법」 제8조제1항에 따른 퇴직금제도를 설정한 것으로 본다.

③ 출국만기보험등의 가입대상 사용자, 가입방법·내용·관리 및 지급 등에 필요한 사항은 대통령령으로 정하되, 지급시기는 피보험자등이 출국한 때부터 14일(체류자격의 변경, 사망 등에 따라 신청하거나 출국일 이후에 신청하는 경우에는 신청일부터 14일) 이내로 한다. 〈개정 2014. 1. 28.〉

④ 출국만기보험등의 지급사유 발생에 따라 피보험자등이 받을 금액(이하 "보험금등"이라 한다)에 대한 청구권은 「상법」 제662조에도 불구하고 지급사유가 발생한 날부터 3년간 이를 행사하지 아니하면 소멸시효가 완성한다. 이 경우 출국만기보험등을 취급하는 금융기관은 소멸시효가 완성한 보험금등을 1개월 이내에 한국산업인력공단에 이전하여야 한다. 〈신설 2014. 1. 28.〉

[전문개정 2009. 10. 9.]

제13조의2(휴면보험금등관리위원회) ① 제13조제4항에 따라 이전받은 보험금등의 관리·운용에 필요한 사항을 심의·의결하기 위하여 한국산업인력공단에 휴면보험금등관리위원회를 둔다.

② 제13조제4항에 따라 이전받은 보험금등은 우선적으로 피보험자등을 위하여 사용되어야 한다.

③ 휴면보험금등관리위원회의 구성 및 운영, 그 밖에 필요한 사항은 대통령령으로 정한다.

[본조신설 2014. 1. 28.]

제14조(건강보험) 사용자 및 사용자에게 고용된 외국인근로자에게 「국민건강보험법」을 적용하는 경우 사용자는 같은 법 제3조에 따른 사용자로, 사용자에게 고용된 외국인근로자는 같은 법 제6조제1항에 따른 직장가입자로 본다.

[전문개정 2009. 10. 9.]

제15조(귀국비용보험·신탁) ① 외국인근로자는 귀국 시 필요한 비용에 충당하기 위하여 보험 또는 신탁에 가입하여야 한다.

② 제1항에 따른 보험 또는 신탁의 가입방법·내용·관리 및 지급 등에 필요한 사항은 대통령령으로 정한다.

③ 제1항에 따른 보험 또는 신탁의 지급사유 발생에 따라 가입자가 받을 금액에 대한 청구권의 소멸시효, 소멸시효가 완성한 금액의 이전 및 관리·운용 등에 관하여는 제13조제4항 및 제13조의2를 준용한다. 〈신설 2014. 1. 28.〉

[전문개정 2009. 10. 9.]

제16조(귀국에 필요한 조치) 사용자는 외국인근로자가 근로관계의 종료, 체류기간의 만료 등으로 귀국하는 경우에는 귀국하기 전에 임금 등 금품관계를 청산하는 등 필요한 조치를 하여야 한다.

[전문개정 2009. 10. 9.]

제17조(외국인근로자의 고용관리) ① 사용자는 외국인근로자와의 근로계약을 해지하거나 그 밖에 고용과 관련된 중요 사항을 변경하는 등 대통령령으로 정하는 사유가 발생하였을 때에는 고용노동부령으로 정하는 바에 따라 직업안정기관의 장에게 신고하여야 한다. 〈개정 2010. 6. 4.〉

② 사용자가 제1항에 따른 신고를 한 경우 그 신고사실이 「출입국관리법」 제19조제1항 각 호에 따른 신고사유에 해당하는 때에는 같은 항에 따른 신고를 한 것으로 본다. 〈신설 2016. 1. 27.〉

③ 제1항에 따라 신고를 받은 직업안정기관의 장은 그 신고사실이 제2항에 해당하는 때에는 지체 없이 사용자의 소재지를 관할하는 지방출입국·외국인관서의 장에게 통보하여야 한다. 〈신설 2016. 1. 27.〉

④ 외국인근로자의 적절한 고용관리 등에 필요한 사항은 대통령령으로 정한다. 〈개정 2016. 1. 27.〉

[전문개정 2009. 10. 9.]

제18조(취업활동 기간의 제한) 외국인근로자는 입국한 날부터 3년의 범위에서 취업활동을 할 수 있다.

[전문개정 2012. 2. 1.]

제18조의2(취업활동 기간 제한에 관한 특례) ① 다음 각 호의 외국인근로자는 제18조에도 불구하고 한 차례만 2년 미만의 범위에서 취업활동 기간을 연장받을 수 있다. 〈개정 2010. 6. 4., 2012. 2. 1., 2020. 5. 26.〉

1. 제8조제4항에 따른 고용허가를 받은 사용자에게 고용된 외국인근로자로서 제18조에 따른 취업활동 기간 3년이 만료되어 출국하기 전에 사용자가 고용노동부장관에게 재고용 허가를 요청한 근로자
2. 제12조제3항에 따른 특례고용가능확인을 받은 사용자에게 고용된 외국인근로자로서 제18조에 따른 취업활동 기간 3년이 만료되어 출국하기 전에 사용자가 고용노동부장관에게 재고용 허가를 요청한 근로자
② 고용노동부장관은 제1항 및 제18조에도 불구하고 감염병 확산, 천재지변 등의 사유로 외국인근로자의 입국과 출국이 어렵다고 인정되는 경우에는 정책위원회의 심의ㆍ의결을 거쳐 1년의 범위에서 취업활동 기간을 연장할 수 있다. 〈신설 2021. 4. 13.〉
③ 제1항에 따른 사용자의 재고용 허가 요청 절차 및 그 밖에 필요한 사항은 고용노동부령으로 정한다. 〈개정 2010. 6. 4., 2012. 2. 1., 2021. 4. 13.〉
[전문개정 2009. 10. 9.]

제18조의3(재입국 취업의 제한) 국내에서 취업한 후 출국한 외국인근로자(제12조제1항에 따른 외국인근로자는 제외한다)는 출국한 날부터 6개월이 지나지 아니하면 이 법에 따라 다시 취업할 수 없다.

[본조신설 2012. 2. 1.]

제18조의4(재입국 취업 제한의 특례) ① 고용노동부장관은 제18조의3에도 불구하고 다음 각 호의 요건을 모두 갖춘 외국인근로자로서 제18조의2에 따라 연장된 취업활동 기간이 끝나 출국하기 전에 사용자가 재입국 후의 고용허가를 신청한 외국인근로자에 대하여 출국한 날부터 1개월이 지나면 이 법에 따라 다시 취업하도록 할 수 있다. 〈개정 2021. 4. 13.〉
1. 다음 각 목의 어느 하나에 해당할 것
   가. 제18조 및 제18조의2에 따른 취업활동 기간 중에 사업 또는 사업장을 변경하지 아니하였을 것
   나. 제25조제1항제1호 또는 제3호에 해당하는 사유로 사업 또는 사업장을 변경하는 경우(재입국 후의 고용허가를 신청하는 사용자와 취업활동 기간 종료일까지의 근로계약 기간이 1년 이상인 경우만 해당한다)로서 동일업종 내 근속기간 등 고용노동부장관이 정하여 고시하는 기준을 충족할 것
   다. 제25조제1항제2호에 해당하는 사유로 사업 또는 사업장을 변경하는 경우로서 재입국 후의 고용허가를 신청하는 사용자와 취업활동 기간 종료일까지의 근로계약 기간이 1년 이상일 것
   라. 제25조제1항제2호에 해당하는 사유로 사업 또는 사업장을 변경하는 경우로서 재입국 후의 고용허가를 신청하는 사용자와 취업활동 기간 종료일까지의 근로계약 기간이 1년 미만이나 직업안정기관의 장이 제24조의2제1항에 따른 외국인근로자 권익보호협의회의 의견을 들어 재입국 후의 고용허가를 하는 것이 타당하다고 인정하였을 것
2. 정책위원회가 도입 업종이나 규모 등을 고려하여 내국인을 고용하기 어렵다고

정하는 사업 또는 사업장에서 근로하고 있을 것

3. 재입국하여 근로를 시작하는 날부터 효력이 발생하는 1년 이상의 근로계약을 해당 사용자와 체결하고 있을 것

② 제1항에 따른 재입국 후의 고용허가 신청과 재입국 취업활동에 대하여는 제6조, 제7조제2항, 제11조를 적용하지 아니한다.

③ 제1항에 따른 재입국 취업은 한 차례만 허용되고, 재입국 취업을 위한 근로계약의 체결에 관하여는 제9조를 준용하며, 재입국한 외국인근로자의 취업활동에 대하여는 제18조, 제18조의2 및 제25조를 준용한다. 〈개정 2020. 5. 26.〉

④ 제1항에 따른 사용자의 고용허가 신청 절차 및 그 밖에 필요한 사항은 고용노동부령으로 정한다.

[본조신설 2012. 2. 1.]

제19조(외국인근로자 고용허가 또는 특례고용가능확인의 취소) ① 직업안정기관의 장은 다음 각 호의 어느 하나에 해당하는 사용자에 대하여 대통령령으로 정하는 바에 따라 제8조제4항에 따른 고용허가나 제12조제3항에 따른 특례고용가능확인을 취소할 수 있다.

1. 거짓이나 그 밖의 부정한 방법으로 고용허가나 특례고용가능확인을 받은 경우
2. 사용자가 입국 전에 계약한 임금 또는 그 밖의 근로조건을 위반하는 경우
3. 사용자의 임금체불 또는 그 밖의 노동관계법 위반 등으로 근로계약을 유지하기 어렵다고 인정되는 경우

② 제1항에 따라 외국인근로자 고용허가나 특례고용가능확인이 취소된 사용자는 취소된 날부터 15일 이내에 그 외국인근로자와의 근로계약을 종료하여야 한다.

[전문개정 2009. 10. 9.]

제20조(외국인근로자 고용의 제한) ① 직업안정기관의 장은 다음 각 호의 어느 하나에 해당하는 사용자에 대하여 그 사실이 발생한 날부터 3년간 외국인근로자의 고용을 제한할 수 있다. 〈개정 2014. 1. 28., 2022. 6. 10.〉

1. 제8조제4항에 따른 고용허가 또는 제12조제3항에 따른 특례고용가능확인을 받지 아니하고 외국인근로자를 고용한 자
2. 제19조제1항에 따라 외국인근로자의 고용허가나 특례고용가능확인이 취소된 자
3. 이 법 또는 「출입국관리법」을 위반하여 처벌을 받은 자

3의2. 외국인근로자의 사망으로 「산업안전보건법」 제167조제1항에 따른 처벌을 받은 자

4. 그 밖에 대통령령으로 정하는 사유에 해당하는 자

② 고용노동부장관은 제1항에 따라 외국인근로자의 고용을 제한하는 경우에는 그 사용자에게 고용노동부령으로 정하는 바에 따라 알려야 한다. 〈개정 2010. 6. 4.〉

[전문개정 2009. 10. 9.]

제21조(외국인근로자 관련 사업) 고용노동부장관은 외국인근로자의 원활한 국내 취업

활동 및 효율적인 고용관리를 위하여 다음 각 호의 사업을 한다. 〈개정 2010. 6. 4.〉

1. 외국인근로자의 출입국 지원사업
2. 외국인근로자 및 그 사용자에 대한 교육사업
3. 송출국가의 공공기관 및 외국인근로자 관련 민간단체와의 협력사업
4. 외국인근로자 및 그 사용자에 대한 상담 등 편의 제공 사업
5. 외국인근로자 고용제도 등에 대한 홍보사업
6. 그 밖에 외국인근로자의 고용관리에 관한 사업으로서 대통령령으로 정하는 사업

[전문개정 2009. 10. 9.]

제4장 외국인근로자의 보호

제22조(차별 금지) 사용자는 외국인근로자라는 이유로 부당하게 차별하여 처우하여서는 아니 된다.

[전문개정 2009. 10. 9.]

제22조의2(기숙사의 제공 등) ① 사용자가 외국인근로자에게 기숙사를 제공하는 경우에는 「근로기준법」 제100조에서 정하는 기준을 준수하고, 건강과 안전을 지킬 수 있도록 하여야 한다.

② 사용자는 제1항에 따라 기숙사를 제공하는 경우 외국인근로자와 근로계약을 체결할 때에 외국인근로자에게 다음 각 호의 정보를 사전에 제공하여야 한다. 근로계약 체결 후 다음 각 호의 사항을 변경하는 경우에도 또한 같다.

1. 기숙사의 구조와 설비
2. 기숙사의 설치 장소
3. 기숙사의 주거 환경
4. 기숙사의 면적
5. 그 밖에 기숙사 설치 및 운영에 필요한 사항

③ 제2항에 따른 기숙사 정보 제공의 기준 등에 필요한 사항은 대통령령으로 정한다.

[본조신설 2019. 1. 15.]

제23조(보증보험 등의 가입) ① 사업의 규모 및 산업별 특성 등을 고려하여 대통령령으로 정하는 사업 또는 사업장의 사용자는 임금체불에 대비하여 그가 고용하는 외국인근로자를 위한 보증보험에 가입하여야 한다.

② 산업별 특성 등을 고려하여 대통령령으로 정하는 사업 또는 사업장에서 취업하는 외국인근로자는 질병·사망 등에 대비한 상해보험에 가입하여야 한다.

③ 제1항 및 제2항에 따른 보증보험, 상해보험의 가입방법·내용·관리 및 지급 등에 필요한 사항은 대통령령으로 정한다.

[전문개정 2009. 10. 9.]

제24조(외국인근로자 관련 단체 등에 대한 지원) ① 국가는 외국인근로자에 대한 상담

과 교육, 그 밖에 대통령령으로 정하는 사업을 하는 기관 또는 단체에 대하여 사업에 필요한 비용의 일부를 예산의 범위에서 지원할 수 있다.

② 제1항에 따른 지원요건·기준 및 절차 등에 관하여 필요한 사항은 대통령령으로 정한다.

[전문개정 2009. 10. 9.]

제24조의2(외국인근로자 권익보호협의회) ① 외국인근로자의 권익보호에 관한 사항을 협의하기 위하여 직업안정기관에 관할 구역의 노동자단체와 사용자단체 등이 참여하는 외국인근로자 권익보호협의회를 둘 수 있다.

② 외국인근로자 권익보호협의회의 구성·운영 등에 필요한 사항은 고용노동부령으로 정한다. 〈개정 2010. 6. 4.〉

[본조신설 2009. 10. 9.]

제25조(사업 또는 사업장 변경의 허용) ① 외국인근로자(제12조제1항에 따른 외국인근로자는 제외한다)는 다음 각 호의 어느 하나에 해당하는 사유가 발생한 경우에는 고용노동부령으로 정하는 바에 따라 직업안정기관의 장에게 다른 사업 또는 사업장으로의 변경을 신청할 수 있다. 〈개정 2010. 6. 4., 2012. 2. 1., 2019. 1. 15.〉

1. 사용자가 정당한 사유로 근로계약기간 중 근로계약을 해지하려고 하거나 근로계약이 만료된 후 갱신을 거절하려는 경우

2. 휴업, 폐업, 제19조제1항에 따른 고용허가의 취소, 제20조제1항에 따른 고용의 제한, 제22조의2를 위반한 기숙사의 제공, 사용자의 근로조건 위반 또는 부당한 처우 등 외국인근로자의 책임이 아닌 사유로 인하여 사회통념상 그 사업 또는 사업장에서 근로를 계속할 수 없게 되었다고 인정하여 고용노동부장관이 고시한 경우

3. 그 밖에 대통령령으로 정하는 사유가 발생한 경우

② 사용자가 제1항에 따라 사업 또는 사업장 변경 신청을 한 후 재취업하려는 외국인근로자를 고용할 경우 그 절차 및 방법에 관하여는 제6조·제8조 및 제9조를 준용한다.

③ 제1항에 따른 다른 사업 또는 사업장으로의 변경을 신청한 날부터 3개월 이내에 「출입국관리법」 제21조에 따른 근무처 변경허가를 받지 못하거나 사용자와 근로계약이 종료된 날부터 1개월 이내에 다른 사업 또는 사업장으로의 변경을 신청하지 아니한 외국인근로자는 출국하여야 한다. 다만, 업무상 재해, 질병, 임신, 출산 등의 사유로 근무처 변경허가를 받을 수 없거나 근무처 변경신청을 할 수 없는 경우에는 그 사유가 없어진 날부터 각각 그 기간을 계산한다.

④ 제1항에 따른 외국인근로자의 사업 또는 사업장 변경은 제18조에 따른 기간 중에는 원칙적으로 3회를 초과할 수 없으며, 제18조의2제1항에 따라 연장된 기간 중에는 2회를 초과할 수 없다. 다만, 제1항제2호의 사유로 사업 또는 사업장을 변경한 경우는 포함하지 아니한다. 〈개정 2014. 1. 28.〉

[전문개정 2009. 10. 9.]

제5장 보칙

〈개정 2009. 10. 9.〉

제26조(보고 및 조사 등) ① 고용노동부장관은 필요하다고 인정하면 사용자나 외국인근로자 또는 제24조제1항에 따라 지원을 받는 외국인근로자 관련 단체에 대하여 보고, 관련 서류의 제출이나 그 밖에 필요한 명령을 할 수 있으며, 소속 공무원으로 하여금 관계인에게 질문하거나 관련 장부·서류 등을 조사하거나 검사하게 할 수 있다. 〈개정 2010. 6. 4.〉

② 제1항에 따라 조사 또는 검사를 하는 공무원은 그 신분을 표시하는 증명서를 지니고 이를 관계인에게 내보여야 한다.

[전문개정 2009. 10. 9.]

제26조의2(관계 기관의 협조) ① 고용노동부장관은 중앙행정기관·지방자치단체·공공기관 등 관계 기관의 장에게 이 법의 시행을 위하여 다음 각 호의 자료 제출을 요청할 수 있다.

  1. 업종별·지역별 인력수급 자료
  2. 외국인근로자 대상 지원사업 자료

② 제1항에 따라 자료의 제출을 요청받은 기관은 정당한 사유가 없으면 요청에 따라야 한다.

[본조신설 2014. 1. 28.]

제27조(수수료의 징수 등) ① 제9조제2항에 따라 사용자와 외국인근로자의 근로계약 체결(제12조제1항 각 호 외의 부분 후단, 제18조의4제3항 및 제25조제2항에 따라 근로계약 체결을 준용하는 경우를 포함한다. 이하 이 조에서 같다)을 대행하는 자는 고용노동부령으로 정하는 바에 따라 사용자로부터 수수료와 필요한 비용을 받을 수 있다. 〈개정 2010. 6. 4., 2012. 2. 1.〉

② 고용노동부장관은 제21조에 따른 외국인근로자 관련 사업을 하기 위하여 필요하면 고용노동부령으로 정하는 바에 따라 사용자로부터 수수료와 필요한 비용을 받을 수 있다. 〈개정 2010. 6. 4.〉

③ 제27조의2제1항에 따라 외국인근로자의 고용에 관한 업무를 대행하는 자는 고용노동부령으로 정하는 바에 따라 사용자로부터 수수료와 필요한 비용을 받을 수 있다. 〈개정 2010. 6. 4.〉

④ 다음 각 호의 어느 하나에 해당하는 자가 아닌 자는 근로계약 체결의 대행이나 외국인근로자 고용에 관한 업무의 대행 또는 외국인근로자 관련 사업을 하는 대가로 어떠한 금품도 받아서는 아니 된다. 〈개정 2010. 6. 4., 2020. 5. 26.〉

  1. 제9조제2항에 따라 사용자와 외국인근로자의 근로계약 체결을 대행하는 자
  2. 제27조의2제1항에 따라 외국인근로자의 고용에 관한 업무를 대행하는 자

3. 제21조에 따른 고용노동부장관의 권한을 제28조에 따라 위임·위탁받아 하는 자

[전문개정 2009. 10. 9.]

제27조의2(각종 신청 등의 대행) ① 사용자 또는 외국인근로자는 다음 각 호에 따른 신청이나 서류의 수령 등 외국인근로자의 고용에 관한 업무를 고용노동부장관이 지정하는 자(이하 "대행기관"이라 한다)에게 대행하게 할 수 있다.

〈개정 2010. 6. 4., 2012. 2. 1.〉

1. 제6조제1항에 따른 내국인 구인 신청(제25조제2항에 따라 준용하는 경우를 포함한다)
2. 제18조의2에 따른 사용자의 재고용 허가 요청
3. 제18조의4제1항에 따른 재입국 후의 고용허가 신청
4. 제25조제1항에 따른 사업 또는 사업장 변경 신청
5. 그 밖에 고용노동부령으로 정하는 외국인근로자 고용 등에 관한 업무

② 제1항에 따른 대행기관의 지정요건, 업무범위, 지정절차 및 대행에 필요한 사항은 고용노동부령으로 정한다. *〈개정 2010. 6. 4.〉*

[본조신설 2009. 10. 9.]

제27조의3(대행기관의 지정취소 등) ① 고용노동부장관은 대행기관이 다음 각 호의 어느 하나에 해당하는 경우에는 고용노동부령으로 정하는 바에 따라 지정취소, 6개월 이내의 업무정지 또는 시정명령을 할 수 있다. *〈개정 2010. 6. 4.〉*

1. 거짓이나 그 밖의 부정한 방법으로 지정을 받은 경우
2. 지정요건에 미달하게 된 경우
3. 지정받은 업무범위를 벗어나 업무를 한 경우
4. 그 밖에 선량한 관리자의 주의를 다하지 아니하거나 업무처리 절차를 위배한 경우

② 고용노동부장관은 제1항에 따라 대행기관을 지정취소할 경우에는 청문을 실시하여야 한다. *〈개정 2010. 6. 4.〉*

[본조신설 2009. 10. 9.]

제28조(권한의 위임·위탁) 고용노동부장관은 이 법에 따른 권한의 일부를 대통령령으로 정하는 바에 따라 지방고용노동관서의 장에게 위임하거나 한국산업인력공단 또는 대통령령으로 정하는 자에게 위탁할 수 있다. 다만, 제21조제1호의 사업은 한국산업인력공단에 위탁한다. *〈개정 2010. 6. 4., 2014. 1. 28.〉*

[전문개정 2009. 10. 9.]

제6장 벌칙

〈개정 2009. 10. 9.〉

제29조(벌칙) 다음 각 호의 어느 하나에 해당하는 자는 1년 이하의 징역 또는 1천만

원 이하의 벌금에 처한다. 〈개정 2014. 1. 28.〉

1. 제8조제6항을 위반하여 외국인근로자의 선발, 알선, 그 밖의 채용에 개입한 자
2. 제16조를 위반하여 귀국에 필요한 조치를 하지 아니한 사용자
3. 제19조제2항을 위반하여 근로계약을 종료하지 아니한 사용자
4. 제25조에 따른 외국인근로자의 사업 또는 사업장 변경을 방해한 자
5. 제27조제4항을 위반하여 금품을 받은 자

[전문개정 2009. 10. 9.]

제30조(벌칙) 다음 각 호의 어느 하나에 해당하는 자는 500만원 이하의 벌금에 처한다.
1. 제13조제1항 전단을 위반하여 출국만기보험등에 가입하지 아니한 사용자
2. 제23조에 따른 보증보험 또는 상해보험에 가입하지 아니한 자

[전문개정 2009. 10. 9.]

제31조(양벌규정) 법인의 대표자나 법인 또는 개인의 대리인, 사용인, 그 밖의 종업원
이 그 법인 또는 개인의 업무에 관하여 제29조 또는 제30조의 위반행위를 하면 그
행위자를 벌하는 외에 그 법인 또는 개인에게도 해당 조문의 벌금형을 과(科)한다.
다만, 법인 또는 개인이 그 위반행위를 방지하기 위하여 해당 업무에 관하여 상당한
주의와 감독을 게을리하지 아니한 경우에는 그러하지 아니하다.

[전문개정 2009. 10. 9.]

제32조(과태료) ① 다음 각 호의 어느 하나에 해당하는 자에게는 500만원 이하의 과
태료를 부과한다. 〈개정 2021. 4. 13.〉

1. 제9조제1항을 위반하여 근로계약을 체결할 때 표준근로계약서를 사용하지 아
   니한 자
2. 제11조제2항을 위반하여 외국인근로자에게 취업교육을 받게 하지 아니한 사용자
2의2. 제11조의2제1항을 위반하여 사용자 교육을 받지 아니한 사용자
3. 제12조제3항에 따른 특례고용가능확인을 받지 아니하고 같은 조 제1항에 따른
   사증을 발급받은 외국인근로자를 고용한 사용자
4. 제12조제4항을 위반하여 외국인구직자 명부에 등록된 사람 중에서 채용하지
   아니한 사용자 또는 외국인근로자가 근로를 시작한 후 직업안정기관의 장에게
   신고를 하지 아니하거나 거짓으로 신고한 사용자
5. 제13조제1항 후단을 위반하여 출국만기보험등의 매월 보험료 또는 신탁금을 3
   회 이상 연체한 사용자
6. 제15조제1항을 위반하여 보험 또는 신탁에 가입하지 아니한 외국인근로자
7. 제17조제1항을 위반하여 신고를 하지 아니하거나 거짓으로 신고한 사용자
8. 제20조제1항에 따라 외국인근로자의 고용이 제한된 사용자로서 제12조제1항에
   따른 사증을 발급받은 외국인근로자를 고용한 사용자
9. 제26조제1항에 따른 명령을 따르지 아니하여 보고를 하지 아니하거나 거짓으
   로 보고한 자, 관련 서류를 제출하지 아니하거나 거짓으로 제출한 자, 같은 항

에 따른 질문 또는 조사·검사를 거부·방해하거나 기피한 자

10. 제27조제1항·제2항 또는 제3항에 따른 수수료 및 필요한 비용 외의 금품을 받은 자

② 제1항에 따른 과태료는 대통령령으로 정하는 바에 따라 고용노동부장관이 부과·징수한다. 〈개정 2010. 6. 4.〉

[전문개정 2009. 10. 9.]

부칙

〈제18929호, 2022. 6. 10.〉

제1조(시행일) 이 법은 공포 후 6개월이 경과한 날부터 시행한다.

제2조(외국인근로자 고용의 제한에 관한 적용례) 제20조제1항제3호의2의 개정규정은 이 법 시행 이후 사용자가 「산업안전보건법」 제167조제1항에 따른 처벌을 받은 경우부터 적용한다.

외국인근로자의 고용 등에 관한 법률 시행규칙

(약칭: 외국인고용법 시행규칙)

[시행 2024. 1. 10.] [고용노동부령 제408호, 2024. 1. 10., 일부개정]

제1장 총칙

제1조(목적) 이 규칙은 「외국인근로자의 고용 등에 관한 법률」 및 같은 법 시행령에서 위임된 사항과 그 시행에 필요한 사항을 규정함을 목적으로 한다.

[전문개정 2010. 4. 12.]

제2장 외국인근로자 고용절차

제2조(직업소개) 「직업안정법」 제2조의2제1호에 따른 직업안정기관(이하 "직업안정기관"이라 한다)의 장은 「외국인근로자의 고용 등에 관한 법률」(이하 "법"이라 한다) 제6조제2항에 따라 사용자에게 직업소개를 할 때 지방자치단체 등 공공기관과 「직업안정법」 제18조에 따른 국내 무료직업소개사업자가 하는 직업소개사업을 적극 활용하여야 한다.

[전문개정 2010. 4. 12.]

제3조 삭제 〈2006. 6. 30.〉

제4조 삭제 〈2006. 6. 30.〉

제5조(고용허가서의 발급) ① 법 제8조제1항에 따라 사용자가 외국인근로자 고용허가를 신청할 때에는 별지 제4호서식의 외국인근로자 고용허가서 발급신청서에 다음 각 호의 서류를 첨부하여 제5조의2에 따른 내국인 구인노력 기간이 지난 후 3개월 이내에 사업 또는 사업장의 소재지를 관할하는 직업안정기관의 장(이하 "소재지관할 직업안정기관의 장"이라 한다)에게 제출해야 한다. 〈개정 2022. 12. 9.〉

1. 「외국인근로자의 고용 등에 관한 법률 시행령」(이하 "영"이라 한다) 제13조의4 제1호에 해당함을 증명할 수 있는 서류
2. 별지 제4호의2서식의 농어업인안전보험 가입 확약서(「산업재해보상보험법」 및 「어선원 및 어선 재해보상보험법」을 적용받지 않는 사업 또는 사업장만 제출한다)

② 법 제8조제3항에 따라 소재지관할 직업안정기관의 장이 사용자에게 외국인구직자를 추천하는 경우에는 사용자가 신청한 구인 조건을 갖춘 사람을 3배수 이상 추천하여야 한다. 다만, 적격자가 3배수가 되지 아니하는 경우에는 해당하는 적격자 수만큼 추천한다.

③ 사용자는 제1항에 따라 외국인근로자 고용허가서 발급을 신청한후 3개월 이내에 제2항에 따라 추천받은 적격자를 선정하여야 하며, 그 기간 동안 추천받은 적격자를 선정하지 아니한 사용자가 외국인근로자를 고용하려면 외국인근로자 고용허

가를 재신청하여야 한다.

④ 영 제13조의4제6호 후단에 따른 확약서는 별지 제4호의2서식에 따른다. 〈신설 2022. 12. 9.〉

⑤ 법 제8조제4항에 따른 고용허가서는 별지 제5호서식에 따른다. 〈개정 2022. 12. 9.〉

[전문개정 2010. 4. 12.]

제5조의2(내국인 구인노력 기간) ① 영 제13조의4제2호 본문에서 "고용노동부령으로 정하는 기간"이란 7일을 말한다. 〈개정 2024. 1. 10.〉

② 제1항에도 불구하고 다음 각 호의 어느 하나에 해당하는 경우에는 제1항의 기간을 3일로 단축할 수 있다. 〈개정 2024. 1. 10.〉

1. 소재지관할 직업안정기관의 장이 사용자가 제출한 별지 제5호의2서식의 내국인 구인노력 증명서를 검토한 결과 사용자의 적극적인 내국인 채용노력 사실을 인정하는 경우

2. 사용자가 소재지관할 직업안정기관을 통한 구인노력을 하면서 다음 각 목의 어느 하나에 해당하는 매체를 통하여 3일 이상 내국인 구인 사실을 알리는 구인노력을 한 경우

   가. 「신문 등의 진흥에 관한 법률」 제2조제1호가목에 따른 일반일간신문 또는 같은 호 나목에 따른 특수일간신문(경제 및 산업 분야에 한정한다)

   나. 「잡지 등 정기간행물의 진흥에 관한 법률」 제2조제1호나목에 따른 정보간행물, 같은 호 다목에 따른 전자간행물 또는 같은 호 라목에 따른 기타간행물

   다. 「방송법」 제2조제1호에 따른 방송

[전문개정 2015. 12. 30.]

제6조(고용허가서의 재발급) 영 제14조제2항에 따라 사용자가 외국인근로자 고용허가서를 재발급받으려면 재발급 사유가 발생한 사실을 안 날부터 7일 이내에 별지 제4호서식의 외국인근로자 고용허가서 재발급신청서에 다음 각 호의 서류를 첨부하여 소재지관할 직업안정기관의 장에게 제출하여야 한다. 〈개정 2022. 12. 9.〉

1. 외국인근로자 고용허가서 원본

2. 영 제13조의4제1호에 해당함을 증명하는 서류(고용허가서 발급 시와 사업 또는 사업장의 업종 또는 규모가 다른 경우만 해당한다)

[전문개정 2010. 4. 12.]

제7조 삭제 〈2006. 6. 30.〉

제8조(표준근로계약서) 법 제9조제1항에 따른 표준근로계약서는 별지 제6호서식에 따르되, 농업·축산업·어업분야는 별지 제6호의2서식에 따른다. 〈개정 2015. 10. 22., 2017. 2. 28.〉

[전문개정 2010. 4. 12.]

제9조(고용허가기간 연장허가) ① 사용자는 영 제17조제2항에 따라 고용허가기간 연

장허가를 받으려면 별지 제7호서식의 외국인근로자 고용허가기간 연장신청서에 다음 각 호의 서류를 첨부하여 소재지관할 직업안정기관의 장에게 제출하여야 한다. 이 경우 직업안정기관의 장은 「전자정부법」 제36조제1항에 따른 행정정보의 공동이용을 통하여 사업자등록증을 확인하여야 하며, 신청인이 확인에 동의하지 아니하면 그 사본을 첨부하도록 하여야 한다. 〈개정 2012. 5. 14., 2014. 7. 28.〉

1. 갱신된 근로계약서 사본
2. 삭제 〈2014. 7. 28.〉
3. 「출입국관리법」 제33조에 따른 외국인등록증(이하 "외국인등록증"이라 한다) 사본
4. 여권 사본

② 제1항에 따른 고용허가기간 연장허가의 신청을 받은 소재지관할 직업안정기관의 장은 신청일부터 7일 이내에 별지 제5호서식의 외국인근로자 고용허가서에 고용허가기간 연장일을 적어 발급하여야 한다.

[전문개정 2010. 4. 12.]

제10조(외국인 취업교육 이수기한) 법 제11조제1항에서 "고용노동부령으로 정하는 기간"이란 15일을 말한다. 〈개정 2010. 7. 12.〉

[전문개정 2010. 4. 12.]

제11조(외국인 취업교육의 시간·내용 등) ① 외국인 취업교육의 시간은 16시간 이상으로 한다. 다만, 법 제18조 및 제18조의2의 취업활동 기간이 만료된 외국인근로자가 법에 따른 절차를 거쳐 다시 입국한 경우에는 그 외국인근로자의 취업교육 시간을 16시간 미만으로 단축할 수 있다. 〈개정 2011. 7. 5., 2022. 12. 9.〉

② 외국인 취업교육의 내용에는 다음 각 호의 사항이 포함되어야 한다. 다만, 법 제18조 및 제18조의2에 따라 취업활동 기간이 만료되어 출국한 후 재입국한 외국인근로자로서 영 제19조에 따른 외국인근로자 고용 특례 대상자에 대해서는 제1호 및 제5호에 해당하는 내용의 취업교육을 생략할 수 있다. 〈개정 2010. 7. 12., 2015. 12. 30., 2022. 12. 9.〉

1. 취업활동에 필요한 업종별 기초적 기능에 관한 사항
2. 외국인근로자 고용허가제도에 관한 사항
3. 산업안전보건에 관한 사항
4. 「근로기준법」, 「출입국관리법」 등 관련 법령에 관한 사항
5. 한국의 문화와 생활에 관한 사항
6. 그 밖에 취업활동을 위하여 고용노동부장관이 필요하다고 인정하는 사항

③ 외국인 취업교육에 드는 비용은 사용자가 부담하여야 한다. 다만, 영 제19조에 해당하는 사람에 대한 취업교육에 드는 비용은 그러하지 아니하다. 〈개정 2022. 12. 9.〉

④ 외국인 취업교육기관의 장은 외국인근로자가 외국인 취업교육을 이수하였을 때에는 별지 제8호서식의 외국인 취업교육 수료증을 발급하여야 한다.

〈개정 2022. 12. 9.〉

⑤ 외국인 취업교육기관의 장은 외국인 취업교육을 실시하였을 때에는 그 결과를 지체 없이 고용노동부장관에게 보고하여야 한다. 〈개정 2010. 7. 12., 2022. 12. 9.〉

[전문개정 2010. 4. 12.]

제11조의2(사용자 교육) ① 사용자는 법 제11조의2제1항에 따른 노동관계법령·인권 등에 관한 교육(이하 "사용자교육"이라 한다)을 법 제8조제4항에 따라 외국인근로자의 고용허가서를 최초로 발급받은 날부터 6개월 이내에 받아야 한다.

② 사용자교육의 내용에는 다음 각 호의 사항이 포함되어야 한다.
1. 외국인근로자 고용허가제도에 관한 사항
2. 「근로기준법」 등 노동관계 법령에 관한 사항
3. 외국인근로자의 산업재해예방 등 산업안전보건에 관한 사항
4. 외국인근로자의 출입국관리 및 체류관리에 관한 사항
5. 직장 내 성희롱·성폭력 예방 및 대응 등 외국인근로자의 인권보호에 관한 사항

③ 사용자교육의 시간은 총 6시간으로 한다.

④ 사용자교육은 집합교육이나 원격교육의 방법으로 실시할 수 있다.

⑤ 「한국산업인력공단법」에 따른 한국산업인력공단(이하 "한국산업인력공단"이라 한다)은 사용자교육의 원활한 시행을 위하여 매년 1월말까지 해당 연도의 사용자교육 실시계획을 수립하여 고용노동부장관에게 보고해야 한다.

⑥ 한국산업인력공단은 사용자교육을 실시한 경우에는 해당 교육을 실시한 날이 속하는 달의 다음 달 15일까지 그 결과를 고용노동부장관에게 보고해야 한다.

[본조신설 2021. 10. 14.]

제11조의3(외국인 취업교육기관의 지정절차 등) ① 법 제11조의3에 따라 외국인 취업교육기관으로 지정을 받으려는 자는 별지 제8호의2서식의 외국인 취업교육기관 지정신청서에 다음 각 호의 서류를 첨부하여 고용노동부장관에게 제출해야 한다. 이 경우 고용노동부장관은 「전자정부법」 제36조제1항에 따른 행정정보의 공동이용을 통하여 법인 등기사항증명서(법인인 경우만 해당한다) 및 사업자등록증을 확인해야 한다. 다만, 신청인이 사업자등록증의 확인에 동의하지 않으면 그 사본을 첨부하도록 해야 한다.
1. 신청인이 비영리단체인 경우 이를 증명하는 서류
2. 별지 제8호의3서식의 인력 현황
3. 별지 제8호의4서식의 교육장 시설·장비 현황
4. 교육사업 운영 경력을 확인할 수 있는 서류(해당되는 경우만 제출한다)

② 고용노동부장관은 법 제11조의3에 따라 외국인 취업교육기관을 지정한 경우에는 별지 제8호의5서식의 외국인 취업교육기관 지정서를 발급하고, 그 사실을 고용노동부 인터넷 홈페이지에 공고해야 한다.

③ 제1항 및 제2항에서 규정한 사항 외에 외국인 취업교육기관의 지정절차 등에 필요한 세부사항은 고용노동부장관이 정하여 고시한다.

[본조신설 2022. 12. 9.]

제11조의4(외국인 취업교육기관의 운영) ① 한국산업인력공단과 법 제11조의3에 따라 지정된 외국인 취업교육기관은 법 제5조제1항 및 제2항에 따른 고용노동부장관의 외국인근로자 도입계획(변경된 경우를 포함한다) 공표 후 1개월 이내에 해당 연도의 외국인 취업교육 실시계획, 외국인 취업교육비 등 고용노동부장관이 정하는 사항을 고용노동부장관에게 보고해야 하며, 이를 변경하는 경우에는 그 변경사항을 지체 없이 고용노동부장관에게 보고해야 한다.

② 제1항에서 규정한 사항 외에 외국인 취업교육기관의 운영에 관한 세부사항은 고용노동부장관이 정하여 고시한다.

[본조신설 2022. 12. 9.]

제11조의5(외국인 취업교육기관의 지정취소 등) ① 법 제11조의4제1항에 따른 외국인 취업교육기관에 대한 지정취소 등 행정처분기준은 별표와 같다.

② 법 제11조의4제1항에 따라 외국인 취업교육기관의 지정취소 처분을 받은 자는 외국인 취업교육기관 지정서를 지체 없이 고용노동부장관에게 반납해야 한다.

③ 고용노동부장관은 외국인 취업교육기관의 지정을 취소한 경우에는 그 사실을 고용노동부 인터넷 홈페이지에 공고해야 한다.

[본조신설 2022. 12. 9.]

제12조(구직신청) 법 제12조제2항에 따라 구직신청을 하려는 외국인근로자는 별지 제9호서식의 특례외국인근로자 구직신청서에 다음 각 호의 서류를 첨부하여 소재지 관할 직업안정기관의 장에게 제출하여야 한다. *〈개정 2012. 5. 14.〉*

1. 외국인등록증 사본 또는 여권 사본
2. 「출입국관리법 시행령」에 따른 방문취업 체류자격(H-2)에 해당하는 사증 사본

[전문개정 2010. 4. 12.]

제12조의2(특례고용가능확인서의 발급) ① 법 제12조제3항 전단에 따라 특례고용가능확인을 신청하려는 사용자는 별지 제10호서식의 특례고용가능확인서 발급신청서에 영 제20조제1항에 따라 준용되는 영 제13조의4에 따른 고용허가서의 발급요건에 해당함을 증명할 수 있는 서류를 첨부하여 소재지관할 직업안정기관의 장에게 제출하여야 한다.

② 제1항에 따라 신청을 받은 소재지관할 직업안정기관의 장은 특례고용가능확인서 발급신청서를 검토한 결과 해당 요건을 충족하는 경우에는 신청일부터 7일 이내에 별지 제10호의2서식의 특례고용가능확인서를 발급하여야 한다.

[전문개정 2010. 4. 12.]
[제12조의3에서 이동, 종전 제12조의2는 제12조의3으로 이동 *〈2010. 4. 12.〉*]

제12조의3(근로개시 신고) 법 제12조제4항에 따라 외국인근로자의 근로개시를 신고해야 하는 사용자는 외국인근로자가 근로를 시작한 날부터 14일 이내에 별지 제11호서식의 특례고용외국인근로자 근로개시 신고서에 다음 각 호의 서류를 첨부하여 소

재지관할 직업안정기관의 장에게 제출하여야 한다. 〈개정 2012. 5. 14., 2014. 9. 30., 2020. 1. 10.〉

1. 표준근로계약서 사본
2. 외국인등록증 사본 또는 여권 사본
3. 삭제 〈2020. 1. 10.〉

[전문개정 2010. 4. 12.]

[제12조의2에서 이동, 종전 제12조의3은 제12조의2로 이동 〈2010. 4. 12.〉]

제13조(특례고용가능확인서의 변경 확인) ① 영 제20조의2제1항에서 "고용노동부령으로 정하는 중요 사항"이란 다음 각 호의 어느 하나의 사항을 말한다. 〈개정 2010. 7. 12.〉

1. 사업 또는 사업장에서 고용할 수 있는 외국인근로자의 수
2. 사업 또는 사업장의 업종 · 규모

② 영 제20조의2제1항에 따라 특례고용가능확인서의 변경 확인을 받아야 하는 사용자는 별지 제10호서식의 특례고용가능확인서 변경신청서에 다음 각 호의 서류를 첨부하여 소재지관할 직업안정기관의 장에게 제출하여야 한다.

1. 외국인근로자 특례고용가능확인서 원본
2. 제1항 각 호의 어느 하나의 사항을 변경할 필요가 있음을 증명하는 서류

③ 제2항에 따라 신청을 받은 소재지관할 직업안정기관의 장은 특례고용가능확인서 변경신청서를 검토한 결과 제1항 각 호의 어느 하나의 사항을 변경하여야 할 필요가 있다고 인정되는 경우에는 변경 신청일부터 7일 이내에 별지 제10호의2서식의 특례고용가능 변경확인서를 발급하여야 한다.

[전문개정 2010. 4. 12.]

제3장 외국인근로자의 고용 관리

제14조(고용변동 등의 신고) 사용자는 법 제17조제1항에 해당하는 사유가 발생하거나 발생한 사실을 안 날부터 15일 이내에 별지 제12호서식의 외국인근로자 고용변동 등 신고서 또는 별지 제12호의2서식의 외국인근로자 고용사업장 정보변동 신고서에 그 사실을 적어 소재지관할 직업안정기관의 장에게 제출하여야 한다. 〈개정 2014. 7. 28.〉

[전문개정 2010. 4. 12.]

제14조의2(취업활동 기간 제한에 관한 특례 절차) ① 사용자가 법 제18조의2에 따른 재고용 허가를 받으려면 취업활동 기간 만료일까지의 근로계약 기간이 1개월 이상인 외국인근로자를 대상으로 해당 근로자의 취업활동 기간 만료일의 7일 전까지 별지 제12호의3서식의 취업기간 만료자 취업활동 기간 연장신청서에 다음 각 호의 서류를 붙여 소재지 관할 직업안정기관의 장에게 제출하여야 한다. 이 경우 직업안정기관의 장은 「전자정부법」 제36조제1항에 따른 행정정보의 공동이용을 통하여 사업자등록증을 확인하여야 하며, 신청인이 확인에 동의하지 아니하면 그 사본을 첨부하도록 하

여야 한다. 〈개정 2011. 7. 5., 2014. 7. 28.〉

1. 삭제 〈2014. 7. 28.〉
2. 외국인등록증 사본
3. 여권 사본
4. 표준근로계약서 사본

② 제1항 각 호 외의 부분 전단에도 불구하고 사용자는 외국인근로자가 사용자와 근로계약을 체결하기 직전에 다른 사업 또는 사업장에서 근로한 경우로서 법 제25조제1항제2호에 따른 사유로 사업 또는 사업장을 변경하여 사용자와 근로계약을 체결하게 된 경우에는 취업활동 기간 만료일까지의 근로계약 기간이 1개월 미만인 외국인근로자에 대해서도 법 제18조의2에 따른 재고용 허가를 신청할 수 있다. 〈신설 2024. 1. 10.〉

③ 제1항 또는 제2항에 따라 신청을 받은 소재지관할 직업안정기관의 장은 연장신청서를 검토한 결과 해당 요건을 충족하는 경우에는 신청서를 접수한 날부터 7일 이내에 별지 제12호의4서식의 취업기간 만료자 취업활동 기간 연장 확인서를 발급해야 한다. 〈개정 2024. 1. 10.〉

④ 소재지관할 직업안정기관의 장은 제3항에 따른 취업기간 만료자 취업활동 기간 연장확인서를 법무부장관과 한국산업인력공단에 통보하고, 한국산업인력공단은 취업활동 기간 연장자 명부를 따로 작성하여 관리한다.

〈개정 2021. 10. 14., 2024. 1. 10.〉

[전문개정 2010. 4. 12.]

제14조의3(재입국 취업 제한의 특례에 관한 절차) ① 사용자는 법 제18조의4제1항에 따른 재입국 후의 고용허가를 신청하려면 법 제18조의2에 따라 연장된 취업활동 기간의 만료일 7일 전까지 별지 제12호의5서식의 재고용 만료자 재입국 고용허가 신청서에 다음 각 호의 서류를 붙여 소재지관할 직업안정기관의 장에게 제출하여야 한다.

1. 외국인등록증 사본
2. 여권 사본
3. 표준근로계약서 사본

② 제1항에 따라 신청을 받은 소재지관할 직업안정기관의 장은 「전자정부법」 제36조제1항에 따른 행정정보의 공동이용을 통하여 신청인의 사업자등록증을 확인하여야 한다. 다만, 신청인이 확인에 동의하지 아니하는 경우에는 그 서류를 첨부하도록 하여야 한다.

③ 제1항에 따라 신청을 받은 소재지관할 직업안정기관의 장은 신청서를 검토한 결과 해당 외국인근로자가 법 제18조의4제1항 각 호의 요건과 「출입국관리법 시행령」 별표 1 및 「출입국관리법 시행규칙」 제17조의3에 따른 사증발급인정서 발급기준을 충족하는 경우에는 신청서를 접수한 날부터 7일 이내에 별지 제5호서식의 외국인근로자 고용허가서를 발급하여야 한다. 〈개정 2017. 12. 8.〉

④ 소재지관할 직업안정기관의 장은 제3항에 따른 외국인근로자 고용허가서 발급 내용을 법무부장관과 한국산업인력공단에 통보하고, 한국산업인력공단은 재입국 취업활동을 하는 외국인근로자의 명부를 따로 작성하여 관리한다.

[본조신설 2012. 5. 14.]

제15조(고용 제한의 통지) 법 제20조제2항에 따른 통지는 외국인근로자 고용 제한의 사유를 명시하여 문서로 하여야 한다.

[전문개정 2010. 4. 12.]

제4장 외국인근로자의 보호

제15조의2(외국인근로자 권익보호협의회의 구성 및 운영) ①법 제24조의2에 따른 외국인근로자 권익보호협의회는 직업안정기관의 장이 추천한 다음 각 호의 단체로 구성한다.

　　가. 노동자 단체
　　나. 사용자 단체
　　다. 외국인근로자 단체
　　라. 그 밖에 외국인근로자 지원과 관련하여 필요하다고 인정되는 단체
② 외국인근로자 권익보호협의회는 다음 각 호의 사항을 협의할 수 있다.
　　1. 외국인근로자의 사업장 변경에 관한 사항
　　2. 외국인근로자와 사용자 간 갈등사항의 해소 방안
　　3. 외국인근로자의 국내 구직활동 및 생활에 대한 지원 방안
　　4. 그 밖에 외국인근로자의 권익보호와 관련하여 필요하다고 인정되는 사항
③ 직업안정기관의 장은 외국인근로자 관련 업무 수행 시에 외국인근로자 권익보호협의회에서 협의된 내용이 반영되도록 노력하여야 한다.

[본조신설 2010. 4. 12.]

제16조(사업 또는 사업장의 변경) ① 법 제25조제1항에 따라 외국인근로자가 사업 또는 사업장을 변경하려면 별지 제13호서식 또는 별지 제13호의2서식의 사업장 변경 신청서에 여권 사본(제3항에 따른 외국인등록 사실증명을 확인할 수 없는 경우만 해당한다)을 첨부하여 소재지관할 직업안정기관의 장에게 제출하여야 하며, 소재지관할 직업안정기관의 장은 법 제25조제1항 각 호의 어느 하나의 사유를 확인하기 위하여 필요한 경우에는 관련 자료를 제출하게 할 수 있다.
② 외국인근로자가 법 제25조제3항 단서에 해당하는 경우에는 별지 제13호의3서식의 사업장 변경 신청기간 연장신청서에 여권 사본(제3항에 따른 외국인등록 사실증명을 확인할 수 없는 경우만 해당한다)과 업무상 재해, 질병, 임신, 출산 등의 사유를 증명할 수 있는 서류를 첨부하여 소재지관할 직업안정기관의 장에게 제출하여야 한다.

③ 제1항 및 제2항에 따른 신청서를 제출받은 소재지관할 직업안정기관의 장은 「전자정부법」 제36조제1항에 따른 행정정보의 공동이용을 통하여 「출입국관리법」 제88조에 따른 외국인등록 사실증명을 확인하여야 한다. 다만, 신청인이 확인에 동의하지 아니하는 경우에는 그 서류를 첨부하도록 하여야 한다. 〈개정 2012. 5. 14.〉

④ 제1항 또는 제2항에 따른 신청서를 제출받은 소재지관할 직업안정기관의 장은 신청서를 접수한 날부터 15일 이내에 사업장 변경신청 또는 사업장 변경 신청기간 연장신청을 처리해야 한다. 다만, 부득이한 사유로 그 기간에 처리할 수 없는 경우에는 15일 이내의 범위에서 한 차례만 그 처리기간을 연장할 수 있다. 〈신설 2024. 1. 10.〉

[전문개정 2010. 4. 12.]

제5장 보칙

제17조(자료 제출의 요구 등) ① 고용노동부장관 또는 지방고용노동관서의 장은 법 제26조제1항에 따라 명령을 하는 경우에는 7일 이상의 기간을 주되, 부득이한 사유가 있는 경우에는 그 기간을 한 차례 연장할 수 있다. 〈개정 2010. 7. 12.〉

② 고용노동부장관 또는 지방고용노동관서의 장이 법 제26조제1항 및 영 제23조제2항에 따라 외국인근로자를 고용하고 있는 사업 또는 사업장의 조사·검사 또는 지도·점검을 실시한 경우에는 그 결과를 별지 제14호서식의 지도·점검 등 기록부에 기록·관리하여야 한다. 〈개정 2010. 7. 12.〉

[전문개정 2010. 4. 12.]

제18조(수수료 등의 징수) ① 법 제27조제1항에 따라 근로계약의 체결을 대행하는 자와 같은 조 제3항에 따라 외국인근로자의 고용에 관한 업무를 대행하는 자가 사용자로부터 수수료와 필요한 비용을 받으려면 다음 각 호의 사항에 대하여 고용노동부장관의 승인을 받은 후에 이를 징수할 수 있다. 〈개정 2010. 7. 12.〉

1. 수수료 등의 금액 및 그 산정기준
2. 수수료 등의 징수 방법 및 절차
3. 수수료 등의 징수 명세
4. 그 밖에 수수료 등의 징수에 필요한 사항

② 법 제28조 및 영 제31조제2항 및 제3항에 따라 법 제21조제1호부터 제4호까지의 사업을 위탁받아 수행하는 자가 사용자로부터 수수료와 필요한 비용을 받으려는 경우에는 제1항을 준용한다. 〈개정 2012. 5. 14.〉

[전문개정 2010. 4. 12.]

제18조의2(대행기관의 지정 및 운영) ① 법 제27조의2제1항에 따른 대행기관은 다음 각 호의 요건을 모두 충족하는 기관 중에서 고용노동부장관이 지정한다. 〈개정 2010. 7. 12.〉

1. 사업수행을 위한 행정능력과 경험이 있을 것
2. 사용자 및 외국인근로자 지원사업의 실적이 있을 것
3. 업무수행 시 공공성을 확보할 수 있을 것

② 법 제27조의2제1항제5호에서 "고용노동부령으로 정하는 외국인근로자 고용 등에 관한 업무"란 다음 각 호의 업무를 말한다. 〈개정 2010. 7. 12., 2011. 7. 5., 2012. 5. 14.〉

1. 법 제8조제4항 및 영 제14조제2항에 따른 고용허가서 발급 및 재발급의 신청
2. 법 제12조제3항에 따른 특례고용가능확인의 신청
3. 법 제12조제4항에 따른 근로개시의 신고
4. 법 제17조제1항에 따른 고용변동 신고
5. 영 제20조의2제1항에 따른 특례고용가능확인서의 변경 확인 신청
6. 그 밖에 고용노동부장관이 지정하는 업무

③ 고용노동부장관은 제1항에 따라 지정한 대행기관에 대해서는 업무범위를 명시한 대행기관 지정서를 발급한다. 〈개정 2010. 7. 12.〉

④ 제1항부터 제3항까지에서 규정한 사항 외에 대행기관의 지정요건 및 지정절차 등에 관하여 필요한 세부적인 사항은 고용노동부장관이 정하여 고시한다. 〈개정 2010. 7. 12.〉

[본조신설 2010. 4. 12.]

제18조의3(대행기관의 지정취소 등) 고용노동부장관은 법 제27조의3제1항에 따라 대행기관에 대하여 다음 각 호의 구분에 따른 지정취소, 시정명령 또는 업무정지를 할 수 있다.

1. 대행기관이 법 제27조의3제1항제1호에 해당하는 경우: 지정취소
2. 대행기관이 법 제27조의3제1항제2호에 해당하는 경우: 시정명령 또는 지정취소
3. 대행기관이 법 제27조의3제1항제3호 또는 제4호에 해당하는 경우: 시정명령 또는 6개월 이내의 업무정지

[전문개정 2015. 12. 30.]

제19조(업무처리규정) 한국산업인력공단은 영 제31조제2항 및 제3항에 따라 고용노동부장관으로부터 위탁받은 업무에 대해서는 고용노동부장관의 승인을 받아 해당 업무처리에 필요한 규정을 정할 수 있다. 〈개정 2010. 7. 12.〉

[전문개정 2010. 4. 12.]

제20조(규제의 재검토) ①고용노동부장관은 제5조의2에 따른 내국인을 구인하기 위하여 노력하여야 하는 기간에 대하여 2014년 1월 1일을 기준으로 5년마다(매 5년이 되는 해의 1월 1일 전까지를 말한다) 그 타당성을 검토하여 개선 등의 조치를 하여야 한다. 〈개정 2014. 12. 31.〉

② 고용노동부장관은 다음 각 호의 사항에 대하여 다음 각 호의 기준일을 기준으로 3년마다(매 3년이 되는 해의 기준일과 같은 날 전까지를 말한다) 그 타당성을 검

토하여 개선 등의 조치를 해야 한다. *〈신설 2014. 12. 31., 2017. 2. 3., 2020. 1. 10.〉*

1. 삭제 *〈2020. 1. 10.〉*

2. 제11조에 따른 외국인 취업교육의 시간·내용 등: 2017년 1월 1일

3. 삭제 *〈2020. 1. 10.〉*

[본조신설 2013. 12. 30.]

부칙

〈제408호, 2024. 1. 10.〉

이 규칙은 공포한 날부터 시행한다.

▣ 편 저 임영만 ▣

- · 1985. 충남대 법과대 법학과 졸업
- · 2001. 법원주사
- · 2016. 사법보좌관연수교육
- · 2016. 대덕등기소장
- · 2018. 사법보좌관 대전지방법원 근무

상담사례와 함께 살펴본
외국인근로자와 사용자가 꼭 알아야 할 법적규정!

2024년 8월 25일 초판 인쇄
2024년 8월 30일 초판 발행

편 저 임영만
발행인 김현호
발행처 법문북스
공급처 법률미디어

주소 서울 구로구 경인로 54길4(구로동 636-62)
전화 02)2636-2911~2, 팩스 02)2636-3012

홈페이지 www.lawb.co.kr
페이스북 www.facebook.com/bummun3011
인스타그램 www.instagram.com/bummun3011
네이버 블로그 blog.naver.com/bubmunk

등록일자 1979년 8월 27일
등록번호 제5-22호

ISBN 979-11-93350-56-0(13330)

정가 28,000원